신앙 없는 세상은 가능하다
: 무신론자 만들기 매뉴얼

A Manual for Creating Atheists by Peter Boghossian
Copyright © 2013 Peter Boghossian

Korean translation rights © 2016 Leebook Publishing
Korean translation rights are arranged with Pitchstone Publishing
through Amo Agency Korea.

All rights reserved.

이 책의 한국어판 저작권은 아모 에이전시를 통해
저자권자와 독점 계약한 리북출판사에 있습니다.
저작권법에 의해 한국 내에서 보호를 받는 저작물이므로
무단 전재 및 무단 복제를 금합니다.

신앙 없는 세상은 가능하다: 무신론자 만들기 매뉴얼

초판1쇄 발행일 • 2016년 6월 30일

지은이 • 피터 보고시안
옮긴이 • 이재호
펴낸이 • 이재호
펴낸곳 • 리북
등   록 • 1995년 12월 21일 제406-1995-000144호
주   소 • 경기도 파주시 광인사길 68, 2층(문발동)
전   화 • 031-955-6435
팩   스 • 031-955-6437
홈페이지 • www.leebook.com

정   가 • 14,000원

ISBN 978-89-97496-40-2

신앙 없는 세상은 가능하다
: 무신론자 만들기 매뉴얼

피터 보고시안 지음 | 마이클 셔머 서문
이재호 옮김

리북

마이클 셔머와 샘 해리스에게 바친다.

불공정과 어리석음을 방관하지 말라 …
침묵은 무덤에서 한없이 할 수 있다.
_ 크리스토퍼 히친스, 〈젊은 회의주의자에게 보내는 편지〉

종교적 믿음이 인류의 고귀한 관습이라는
– 터무니없고 증거도 빈약한 – 그 생각은
영예로운 것으로 인정하기에는
너무 끔찍한 것이다.
_ 샘 해리스, 〈종교의 종말〉

차례

추천서문 거듭난 무신론자 마이클 셔머 11

1장 행동하는 무신론자 16

이 책의 목적에 대해 설명한다. 종교와 신앙에 대한 비판에서 한걸음 더 나아가 이제 해결 방안을 실천해야 한다. 그것은 바로 신자들이 신앙에서 벗어나고 이성적 사유를 할 수 있도록 실질적으로 돕는 일이다.

2장 신앙 바로 알기 21

신앙, 무신론자, 불가지론자에 대해 명료하게 설명한다. 신앙은 증거 없는 믿음이며, 알지 못하는 것을 아는 체 하는 것이다. 그리고 신앙은 하나의 인식원리이며, 신앙 주장은 지식 주장이다. 아울러 신앙의 문제점과 위험에 대해 정리한다.

3장 믿음 닫힘과 믿음 열림 38

신자들이 가진 병적으로 닫혀있는 믿음체계가 어떻게 완고하게 굳어졌는지를 설명한다. 신앙에 기반한 믿음들은 바뀔 수 있다. 자신의 믿음이 진리가 아닐 수도 있다는 것을 깨닫는 순간인 '믿음 열림'을 만드는 일이 가장 중요하다.

4장 중재 전략 64

신자들이 가진 믿음과 행동을 바꿀 대화를 통한 중재 전략을 설명한다. 그들의 믿음과 행동의 변화를 목적으로 한 중재의 핵심은 종교가 아니라 신앙을 신이 아니라 신앙을 사유의 결론이 아니라 사유방법을 공략하는 것이다.

5장 소크라테스 되기 104

무지를 깨닫게 하는 소크라테스 문답법을 신자들에게 어떻게 활용할 지 설명한다. 소크라테스 문답법의 단계와 그에 걸맞은 실제적인 기법들을 설명한다. 문답법과 중재 전략의 효과적 결합을 안내한다.

6장 신앙을 벗어난 이후 135

신앙에서 빠져 나오게 되면 무슨 일이 나타나고 그들을 어떻게 도와야 하는지 설명한다. 신앙을 버린 이후 무엇을 대신 채워야 할까? 그것은 의심이다. 그리고 회의와 탐구의 성향이 문화적으로 칭찬받는 다음 세대의 희망을 말한다.

7장 신앙 옹호론 부수기 150

신앙을 옹호하는 일반적인 논리들을 범주 구분하여 분석하고, 효과적인 대응을 설명한다. 신앙은 진리이며, 신앙은 유용하며, 사회적으로 요청된다는 11가지 신앙 옹호론에 대한 정곡을 찌르는 반론을 소개한다.

8장 신앙에 제대로 대처하기 179

교육현장에서 신앙에 대처하는 올바른 원칙들을 설명한다. 신앙 관련 학교 교육의 실패를 분석하고, 인식론적 상대주의를 가진 학생들을 교정하기 위한 로드맵을 제안한다. 상대주의 극복이 관건이다.

9장 신앙 봉쇄 방안들 211

신앙을 극복하기 위한 장기적인 과제와 신앙이 확산되는 것을 막기 위한 방책들을 제안한다. 회의주의적 사고방식을 가진 아이들을 어떻게 키울 것인가에 대해서도 함께 고민한다.

주 238
감사의 글 281
옮긴이 글 285

부록(A. B. C) 289
용어 해설 296
참고문헌 303
찾아보기 316

서문
거듭난 무신론자

1971년, 남부 캘리포니아의 크레센타 밸리 고등학교 3학년에 다닐 때, 요한복음 3장 16절(충성스런 팬들이 스포츠 응원 배너에 수도 없이 바로 새기는 구절)을 큰소리로 외우며, 나는 마음에 예수를 받아들였고 기독교인으로 거듭났다: "하나님께서 세상을 이처럼 사랑하셔서 외아들을 주셨으니, 이는 그를 믿는 사람마다 멸망하지 않고 영생을 얻게 하려는 것이다."

영원한 삶. 놀랍고 엄청난 주장이다. 우리 회의론자들은 이렇게 말한다. "놀라운 주장은 특별한 증거를 요구한다." 나사렛의 예수를 받아들이면 영원히 살 수 있다는 주장을 뒷받침하는 특별한 증거는 있는가? 없다. 그렇다면 이 놀라운 주장에 변변찮은 증거라도 있는가? 없다. 그 어떤 증거도 없고, 죽었던 사람 그 누구도 여태껏 1세기의 한 목수가 그의 아버지(신)와 함께 살고 있는 천상의 나라에 대한 이야기를 전해 온 적이 없다. 이성과 과학적 사고를 가진 사람으로서 이 주장을 따져 보자.

1. 기독교인들은 신은 전지전능 무소부재하다고 주장한다. 신

은 모든 것을 다 알고, 모든 것을 할 수 있으며, 어디에나 존재하고, 한없이 선하고, 우주의 창조자이자 우리를 포함한 모든 것들 안에 있다고 한다.

2. 인간은 본래 죄 없이 창조되었으나, 신이 우리에게 자유의지를 주었고 아담과 이브가 선과 악을 알게 하는 금지된 열매를 먹는 것을 선택했기 때문에, 우리 모두는 자신이 죄가 될 행동을 하지 않았더라도 우리 본성의 일부로 원죄를 가지고 태어났다고 기독교인들은 믿는다.

3. 신은 우리가 짓지 않은 죄를 용서할 수 있지만, 굳이 그의 아들 예수를 제물로 바쳐 용서했고, 예수는 실제로는 기독교인들이 믿는 오직 하나의 신 그 자신이 육체의 형상으로 나타난 것이고, 예수와 성령은 신이 우리에게 나타나는 다른 모습이라고 한다. 셋이 하나 속에 있고 하나는 셋으로 있다는 것이다.

4. 모든 것을 사랑하시는 신으로부터, 우리가 짓지도 않은 죄에 대한 영영 끝나지 않을 벌을 피하는 유일한 길은 우리의 구원자로 그의 아들—실제로는 그 자신—을 받아들이는 것이다. 그래서...

신은 자신에게서 나온 우리를 구원하기 위해 자신을 자신에게 제물로 바쳤다. 이런 이야기다!

그렇다면 왜 우리는 구원받아야 하는가? 바로 그 원죄 때문이고 십계명은 그 이유를 설명한다. "너희는 그것들에게 절하거나, 그것들을 섬기지 못한다: 나, 주 너희의 하나님은 질투하는 하나님이다. 나를 미워하는 사람에게는 그 죄 값으로, 본인뿐만 아니라 삼사 대 자손에게까지 벌을 내린다." 이런! 아버지의 죄가 그의 아들의, 아들의 아들에까지 대대손손 이어진다는 것이다. 뭐 이런 정의가 있을까? 우리가 지켜온 서구의 법학 500년의 가치가 한순간에 무너진다.

 이 모두가 분명히 말도 안 되는 이야기다. 그러나 당신이 종교적 환상에 빠져 있다면 모든 것이 타당한 이야기고, 우연이나 무작위나 운이 좋아 일어나는 일은 결코 없다. 모든 일에는 다 이유가 있고, 신은 우리 각자에 대해 계획을 가지고 있다. 어떤 좋은 일이 생긴 것은, 우리의 믿음에, 잘한 일 또는 그리스도를 사랑하는 것에 신이 보상하는 것이다. 나쁜 일이 생긴 것은, 뭐랄까, 신이 매우 신비로운 방식으로 일하고 있는 것이다. 〈절대자씨 Mr. Deity〉라는 코미디 시리즈에서 브라이언 달튼은 음성사서함에 남겨진 기도들을 다 지워버리자 이를 보고 따지는 아들 Jesse를 이렇게 타이른다.(종교 풍자 시리즈인 Mr. Deity는 5분 남짓 짧은 에피소드로 70편 넘게 제작되었으며, mrdeity.com과 유튜브 등에서 볼 수 있다. 이 이야기는 시즌1 #4, 'Mr. Deity and the Messages' 편에 나온다—옮긴이)

 "자 보렴, 누군가 나에게 기도를 하고 일이 잘 되었으면, 누구 덕이지? 나! 그치? 헌데 기도를 하고 잘 안 되었다면, 누가 욕먹어야 해? 내가 욕먹을 순 없지! 그러니까... 괜찮아. 남의 일에 끼어들거나 참견해서 고생할 필요가 있겠니?"

 그 환상 속에서 설명 필터는 숭고한 일에서 터무니없는 일까지, 취업에서 주차 문제까지 모든 차원에 작동한다. 나는 기독교 재단인 페퍼다인대학교에 입학한 것에서(내 SAT 점수는 그저 그랬다) 극장과 레스토랑에서 주차 공간을 쉽게 찾은 것까지, 모든 것을 신에게 고마워했다. 기독교 세계관에서 보면 모든 것은 제 자리가 있으며 모든 것은 있을 자리에 있는 것이고, 믿기지 않겠지만 그 믿음체계를 받아들인다면 그것은 마음속에서는 모순이 없고 논리정연하다 … 너무 꼼꼼히 따져보지 않는 한 그리고 환상에 함께 빠져 있는 사람들에 둘러싸여 있는 한, 그렇다.

그러나 환상의 바깥으로 나오면, 자신의 삶의 방식에 이성과 과학을 사용하는 사람들을 만나게 되면 그 내부의 논리는 흐트러지기 시작한다. 나는 철학자 피터 보고시안이 무신론자 만들기에 대한 탁월한 책에서 "길 위의 인식론"이라고 부르는 바로 그 이성과 논리에 대해 이야기 하고 있다. 보고시안의 책은 내가 예전에 덥석 받아 삼켰던 기독교 옹호론이라 불리는 종잡을 수 없는 허튼소리를 처치하는데, 미국 역사상 복음주의 운동과 종교의 자유가 가장 신장되었던 시기에 기독교인으로 거듭 났던 수백만의 사람들이 필요로 했던 바로 그 책이다.

신의 존재, 기독교 기본 교의를 비판하는 많은 논문들과 두꺼운 철학적인 책들이 있지만, "무신론자 만들기 매뉴얼 A Manual for Creating Atheists"이라는 적절한 제목을 가진 당신이 지금 들고 있는 류의 책은 없었다. 내가 열렬한 초보 복음전도자였을 때 이 책을 읽었다면, 집집을 찾아가는 쉴 새 없는 전도활동에 많은 이들이 피곤하지 않았을 것이고, 인내심 사랑하는 많은 가족들이 예수와 복음이 든 '좋은 책'에 대한 끝없는 설교를 피할 수 있었을 것이다(그들은 실제로 어찌 할 줄 몰라 했다). 기독교인일 때 읽었다면, 다 읽자마자 무신론자가 되었을 것이다.

이 책은 리처드 도킨스 〈만들어진 신 The God Delusion〉의 안성맞춤 지침서다. 두 책은 신앙 대신에 이성을, 미신 대신에 과학을 사용하도록 사고방식을 바로 잡는 무신론 교재로 한 묶음으로 사용되어야 한다. 종교는 아직도 세계에서 강력한 힘이고 인류의 대부분은 여전히 기독교 아니면 다른 신앙에(그런데 어떤 것이 맞을까?) 사로 잡혀 있다. 그래도 피터 보고시안 같은 미국 역사에서 가장 **빠르게** 성장하는 '불신자'라는 종교적 운동을 이끌고 있는 합리적 사상가와 용기 있는 활동가들의 노력으로, 세상은 변하고 있다. 종교적 믿음이 무엇인지 묻는 질문에 '없음'으로 표시하는 우리는 불신자다. 우리는 점점 많아지고 있고, 끝내 장악할 것이다. 바로 세계를 이해하는 최고의 수단인 이성과 과학의 편이기 때문이다.

마이클 셔머 Michael Shermer

1장
행동하는 무신론자

신자들이 신앙에서 벗어나도록 하려면 어떻게 설득하면 좋을까? 이 책은 그 방법을 다룬다. 신자들이 이성과 합리성을 중시하고, 자신들의 믿음을 회의하고, 자신들의 신앙을 의심하도록 돕기 위해 대화를 어떻게 이끌어 가야 하는지를 안내한다.

신앙에서 깨어나도록 신자들을 돕는 실천적 접근법을 나는 '길 위의 인식론Street Epistemology'이라 부른다. 이 책의 목표는 현장과 생활 속에서 적극적으로 이성적 과학적 사유 방식을 전파하는 '행동하는 무신론자'(원서에서는 '거리의 인식론자'로 표기하고 있으나 한국어판 번역에서는 '행동하는 무신론자'로 표기함. 옮긴이 글 참조—옮긴이)들을 키우는 것이다. 행동하는 무신론자는 신자들이 신앙을 버리고 이성에 의지하도록 돕는 사람으로, 일련의 논리적 토론 능력과 치유 관련 수단들을 잘 갖추고 거리로 교도소로 술집으로 교회로 학교로 각종 커뮤니티로, 신자들이 있는 곳이면 어디든지 열성적으로 찾아가는 사람들이다.

〈신앙 없는 세상은 가능하다〉는 행동하는 무신론자로서 역량을 어떻게 키울 것인지, 내가 철학자이자 교육자로서 개발하고 사용해 왔던 방법들을 어떻게 활용할 것인지를 설명하고 제안한다. 함께 나누고자 하는 교훈과 전략 그리고 기법들은 모두 나의 경험에서 나온 것들이다. 북적대는 공립대학에서 수 천 명의 학생들 그리고 교도소 재소자들을 가르치며, 25년 가까이 매일 신자들과 대화하고 종교연구에 매달린 경험, 바로 길 위에서 경험한 것들이다.

행동하는 무신론자들은 고대 철학자들, 감상에 흐르지 않고 솔직하게 말하며 변론에 강하고 진리에 충실하며 위협 앞에도 단호하게 거짓과 모순과 불일치와 허튼 주장들을 지적하는 것을 두려워하지 않은 이들의 가치관을 따른다. 플라톤은 레슬링 선수였고 다부진 몸의 전사였다. 그는 전장에서 용맹함으로 훈장도 받았다(Christian 2011.). 소크라테스는 격전의 용사였다. 사형 선고를 앞둔 재판에서도 변명하지 않았다. 잘못을 인정하고 자신이 형량을 제시할 수 있었지만, 오히려 자신은 상을 받아야 한다고 당당하게 제안했다(plato, Apology).

헬레니즘 철학자들은 그들 시대의 미신들과 맞서 싸웠다. 루크레티우스, 섹스투스 엠피리쿠스, 마르쿠스 아우렐리우스 등은 당시의 종교적 영향력과 싸웠고, 초기 기독교도 그 중 하나였다(Clarke 1968: Nussbaum 1994). 그들이 가장 중요하게 생각했던 과제는 당시의 설교자들이 퍼뜨리고 있던 지옥의 망령들의 고문이라는 공포에서 사람들을 해방시키는 것이었다. 헬레니즘 철학자들은 금욕적인 자족, 자기 책임감 그리고 현실적인 인본주의를 고양하려고 노력했다.

길 위의 인식론은 다음 세대 무신론자, 불가지론자, 인본주의자, 철학자 그리고 활동가들을 위한 비전이자 전략이다. 파이프를 물고 덥수룩한 흰 수염을 매만지는 늙은이로 상징되는 무력한 철학자의 비전과는 결별한다. 이데올로기와 권위에 굽실거리거나 정치적 올바름political correctness이라는 세련된 위협에 움츠리지 않는다.

행동하는 무신론자가 되는 것은, 사람들이 신앙에서 벗어나도록 돕고 더 나은 세상을 만들고자 쉼 없이 노력하는 것이다. 우리들이 꿈꾸는 더 나은 세상이란 미래를 건설하기 위해 지성 이성 합리성 사려 깊음 창의성 근면성 과학 친절함을 사용하는 세상이다. 결코 신앙 망상 거짓 종교 공포 사이비과학 미신, 두려움을 이용하여 사람들을 보이지 않는 힘의 노예로 만들어 무지몽매의 상태에서 유지되는 그런 확신 따위로 만드는 세상이 아니다.

행동하는 무신론자는 철학자이자 전사이다. 현실의 실전 경험에서 익힌 현장의 지식과 지혜를 가지고 있다. 우리를 노예로 만드는 신전에 모셔진 "진리들"[1]이 어떤 것이든지 가차 없이 부수면서 다른 이들을 돕는 사람들이다.

그렇지만 설화들, 위안을 주는 망상들, 상상의 존재들을 부수는 것에 멈추지 않는다. 우리는 인본주의적 비전을 제공한다. 자신에게 그리고 다른 사람들에게 꾸밈없고 솔직하며 정직한 사람이 되자고 말한다. 사람들이 이성을 신뢰하고 자발적으로 숙고하도록 돕는다. 인도주의적 노력에 합리성이 자리잡도록 한다. 행동하는 무신론자는 경험에서 단련된 인본주의를 제시한다. 이것은 순진한 낙천주의자의 인본주의가 아니라 숱한 공격을 이겨낸 인본주의이다. 이성과 합리성은 강인하다. 당신이 공격을 받는 순간에도 사라지지 않는다. 그리고 우리는 분명 공격을 당하게 될 것이다.[2]

행동하는 무신론자의 직계 선배들은 "네 명의 기사The Four Horseman"

들로, 각각 신앙과 종교의 문제점들을 각 분야에서 분명히 밝히는데 전념한 사람들이다. 미국의 신경과학자 샘 해리스는 신앙의 결과와 세상의 문제들이 어떻게 연관되는지를 분명히 했다. 영국의 진화생물학자 리처드 도킨스는 신이라는 망상을 규명하고 이것이 문화 안에서 어떻게 퍼지는지를 보여 주었다. 미국의 철학자 대니엘 데닛은 자연적인 현상으로 종교와, 종교의 효과들에 대해 분석하였다. 영국계 미국인 저널리스트인 크리스토퍼 히친스는 도덕으로부터 종교를 떼어 놓았고, 종교의 역사상의 역할을 다루었다. 이 네 명의 기사들은 신앙과 종교의 문제점을 분명히 했고, 우리들 생각과 문화에 커다란 전환의 물꼬를 텄다. 바로 이성, 합리성, 계몽주의, 인본주의적 가치들에 대한 사고방식을 한껏 끌어올리면서, 종교, 신앙, 미신에 대한 기존 관점들을 땅에 처박아 버렸다.

네 명의 기사들은 신앙의 문제점들을 정식화하고 우리의 깨달음을 불러일으켰지만, 몇몇 해법 만을 제시하였다. 로드맵도 이정표도 없었다. 이제 그 임무는 해리스, 도킨스, 데닛, 히친스가 밝혔던 문제점들을 바로 잡기 위해 직접적이고 즉각적인 행동을 하는 다음 세대 사상가와 활동가의 몫이다.

이 책은 해리스, 도킨스, 히친스, 데닛에서 한걸음 더 전진한다. 신앙과 종교의 문제점들에 대한 실천적인 방안을 제시한다. 바로 신자들을 신앙에서 빠져 나오도록 설계된 치료적 중재 intervention(특정한 과제의 목표 달성을 위해 환자나 학생을 돕는 일련의 도움활동을 뜻하며, 문제 행동이나 믿음의 수정 또는 긍정적 행동 조성 등의 변화를 목표로 한다-옮긴이)를 수행하는 실천적 기사들을 키워내는 것이다.

히친스가 세상을 떠날지라도, 한 사람이 그를 대신해선 안 된다. 또 한 명의 후임 기사가 아니라 새로운 계몽주의와 이성의 시대로 안내하는 수백만의 기사가 있어야 한다. 바로 이 책을 읽는 당신이 그 중 한 사람이다. 당신이 행동하는 무신론자가 되어야 한다. 의심해 보지 않은 신앙이 오랫동안 장악했던 쇠약한 세계를 이성과 증거와 심사숙고를 따르는 건강한 세계로 바꾸어야 한다. 이것이 우리가 해야 할 일이며, 이는 더 나은 세상에서 살기를 원하는 수백만 아니 수천만 명의 사람들을 도우면서 달성할 수 있다.

신자들을 신앙으로부터 해방시키기 위한 대화를 서둘러 하고 싶어하는 독자들의 경우, 곧장 4장부터 읽고 싶어할 것이다. 그러지 않기를 바란다. 2장과 3장은 신앙의 작동원리를 이해하기 위해 준비하였다. 효과적인 중재는 여기서 다룰 핵심 개념들과 정의를 잘 이해하는 것에 달려 있다.

2장
신앙 바로 알기

이 장은 두 부분으로 구성되었다. 먼저 '신앙faith', '무신론자 atheist', '불가지론자agnostic'라는 용어의 뜻을 명확히 한다. 이는 신앙에 대한 두 가지 정의를 통해 이루어진다. 바로 '증거 없는 믿음 belief without evidence' 그리고 '알지 못하는 것에 대해 아는 체 하는 것pretending to know things you don't know'이다. 그리고 '희망hope'과 '믿음(신앙)'의 차이를 명확히 설명한다. 이 용어들의 뜻을 분명히 한 다음, 두 번째 부분에서는 신앙은 하나의 인식원리 epistemology(인간 인식에 대한 철학적 연구를 지칭할 때만 인식론으로 표기하고, 인식의 과정, 형식, 방법을 의미할 때는 모두 인식원리로 표기한다—옮긴이)임을 설명하고, 신앙 주장은 지식 주장이라는 점을 분명히 한다. 그리고 신앙의 문제점과 위험을 명료하게 정리한다.

정의: 신앙, 무신론, 불가지론

당신이 만나게 될 사람들은, 지금껏 제시된 신앙에 대한 모든 정의들이 적절하지 않으며, 아울러 신앙에 대해 당신이 "제대로 이해하고 있지 못하다"고 강변하면서 당신의 도움을 피하려 들 것이다.

신자들에게 신앙의 정의가 무엇인지를 집요하게 물으면, 비판을 피하려는 꼼수로 애매한 정의를 말하거나 신앙의 뜻을 의도적으로 모호하게 하는 간단한 정의를 말한다. 더 일반적으로는 여전히 대니엘 데닛의 용어 '심오한 듯 말하기deepity'(애매하게 말함으로써 심오한 진실을 담고 있는 것처럼 말하는 것. 데닛의 설명은 〈직관펌프〉 동아시아, 2015. p.80를 참조-옮긴이)가 활용되고 있다.

'심오한 듯 말하기'는 심오해 보이지만 사실은 공허한 말이다. 이것들은 어떤 측면에서는 진실처럼 보이지만, 다른 모든 측면에서는 아무 의미가 없다. 여기에 몇 가지 사례들이 있다.

"믿음은 바라는 것들의 확신이요, 보이지 않는 것들의 증거입니다."
(히브리서 11:1)
"신앙이란 사물에 대해 완전한 지식을 갖는 것이 아니니라. 그러므로 만일 너희에게 신앙이 있으면 너희는 보이지 않는 참된 것들을 바라느니라." (앨마서 32:21) **3**
"신앙은 이성이 자기의 한계를 넘어 황홀한 경지에 이른 후의 행위이다." (틸리히 1957, p.87)
"신앙은 살아있는 신에 대한 믿음이며, 신은 인간 이해의 너머에 있고 여전히 신비이다. 우리의 믿음의 대상이더라도, 신은 결코 주관자임을 멈추지 않는다." (밀리오레 1991, p.3)
"신앙심을 만드는 것은 의미와 사실을 결혼시키는 노력이다. 당신은 어떤 것으로도 시작할 수 있다. 하지만 두 개의 주장을 모두를 포함하는 것이 중요하다." (키나스트 1997, p.7)
"신앙을 가진다는 것은 사실 신앙 너머의 무엇을 찾는 것이다." (맥라렌 1999, p.3)

그리고 인도계 영성지도자 디팩 초프라의 모든 언설들을 추가할 수 있다. 초프라가 2013년 2월 7일, 트위터에 쓴 것들이다.

"우주는 의식 안에서만 존재한다."
"신은 우주가 생겼다 사라지는 의식의 기반이다."
"모든 사물은 의식 감각 상상 감정 생각에서 인식되는 형식들이다."

신에 대한 '심오한 듯 말하기'만으로도 책 한 권을 쓸 수 있고 너무도 많은 작가들이 있다. 특히 기독교신자들은 아우구스티누스 시대(354-430) 이래로 이를 차용하는 전통을 만들어 신앙의 정의를 파악하기 어렵게 하면서, 불명료한 언어 뒤에 숨어 왔다.

'신앙'이라는 용어는 한 마리 미끄러운 돼지다. 돼지를 잡으려면 우선 손으로 잡고, 땅에 눌러 움직이지 못하게 하고 담요로 싸야 한다. 최종적으로 그리고 완전히 제압하기 전에 붙잡을 무언가가 있어야 하는 것이다. 이리저리 변하는 정의는 신앙이 비판에서 이리저리 빠져 나가게 한다.[4]

신앙에 대한 두 가지 정의

우리가 사용하는 용어는 중요하다. 우리가 문제를 명확하게 볼 수 있게도 하고, 혼란스럽고 흐릿하게 또는 불명료하게 만들기도 한다. 여기서는 신앙에 대해 나의 두 가지 정의를 제시한다. 그 후에 희망과 믿음을 명확히 구분할 것이다.[5]

1. 증거 없는 믿음

"신앙에 대한 나의 정의는 '개연성을 뛰어넘는 것'이다. 불가능한 것을 좀 더 가능성 있도록 만드는 데 있어 그 빈틈을 메우는 것이 신앙의 역할이다. 이처럼, 신앙은 개연성들에 대한 비합리적인 비약이다."
_ 존 W. 로프터스, "빅터 레퍼트는 믿음이 없다고 하고 있다 Victor Reppert Now Says He Doesn't Have Faith!"

누군가 특정한 주장을 믿는데 충분한 증거를 가지고 있다면, 그는 신앙에 의지하여 그 주장을 믿지는 않을 것이다. '신앙'이란 단어는, 충분한 증거를 가지지 못한 믿음을 정당화할 때 사용되는 것으로, 어떤 것에도 상관하지 않고 믿는 것이다.

'증거 없는 믿음'에 대한 또 다른 이해는 개연성을 비합리적으로 비약하는 것이다.[6] 예를 들어, 예수가 역사적으로 존재했고 그가 처형되었고 시체가 동굴에 안치되었다고 가정하자. 또한 이에 대한 증인들의 설명이 일치하였고, 며칠 뒤 그 동굴에 시체가 없었다고 가정하자.

여러 이유로 인해 그 시체가 없어졌다고 생각할 수 있다. 부활하여 하늘나라에 들려졌다고 믿는 것도 가능하고, 외계인이 다시 생명을 불어넣었다고 믿을 수도 있고, 아니면 동굴에 갇혀 있던 원시 정령이 시체에 스며들어 생기를 불어넣었다고 믿을 수도 있다. 이러한 주장들 어느 것도 신앙이 필요하지 않는 것은 없다. 각각의 설명들을 정당화하는 증거가 충분하지 않기 때문이다. 이들 중에 어떤 것을 믿으면 다른 주장들을 묵살하는 것이고, 훨씬 가능성이 높은 주장들, 예를 들면 시체가 도둑맞았거나 숨겼거나 옮겼다는 주장들을 배제하는 것이다.

누군가 증거도 없이 알고 있다고 말하거나 주장이 증거와 모순되는 때가, 신앙이 사용되는 바로 그 순간이다. '어쨌든 믿는 것'이 신앙의 정확한 정의다.

2. 알지 못하는 것을 아는 체 하기

사람들이 '알지 못하는 것을 아는 체 하는' 이유가 모두 신앙 때문은 아니다. 그러나 신앙에 따른 주장들 모두는 '알지 못하는 것을 아는 체' 하기에 속한다.[7] 예를 들어, 과자를 구울 줄 모르는 사람이 과자를 구울 수 있는 것처럼 할 수는 있다. 이것은 신앙의 사례가 아니다. 하지만 누군가 신앙을 통해서 뭔가를 알고 있다고 주장한다면, 그들은 모르는 것을 알고 있는 체 하는 것이다. 신앙을 사용하는 것은 부엌에 들어가 본 적도 없는 사람이 과자 굽는 법을 조언하는 것과 같은 것이다.

'신앙'이라는 단어를 듣게 될 때마다, '알지 못하는 것을 아는 체 하기'로 바꾸면 된다. 이러한 단어 바꾸기는 문장을 엉망으로 만들긴 하지만, '신앙'이 쓰인 문장의 의미를 분명하게 보여줄 것이다.

이러한 용법을 훈련하기 위해, 일상에서 들을 수 있는 '신앙'이 들어간 여러 표현들을 '알지 못하면서 아는 체 하기'로 바꾸어 보았다.

- 신앙은 내게 도움이 된다.
  : 알지 못하면서 아는 체 하는 게 내게 도움이 된다.
- 나는 신을 믿는다.
  : 나는 신에 대해 알지 못하지만 아는 체 한다.
- 신앙 없는 삶은 아무 의미가 없다.

: 알지 못하면서 아는 체 하기가 없다면 삶은 아무 의미가 없다.
- 무신론을 믿기엔 뭔가 부족하다.
  : 무신론을 알지 못하면서 아는 체 하기엔 뭔가 부족하다. 또는 무신론을 "우주 창조에 대해 알지 못하면서 아는 체 하지 않는 것"으로 정의한다면, 이렇게 바꿀 수 있다. '우주 창조에 대해 알지 못하면서 아는 체 하지 않는 것'을 알지 못하면서 아는 체 하기엔 뭔가 부족하다.
- 너는 과학을 믿고 있다.
  : 너는 과학을 알지 못하면서 아는 체 하고 있다.
- 당신은 아내가 당신을 사랑한다고 믿는다.
  : 당신은 아내가 당신을 사랑하는지 알지 못하면서 아는 것처럼 한다.
- 사람들이 신앙을 버리면, 사회는 도덕적으로 타락하게 될 것이다.
  : 사람들이 알지 못하는 것을 아는 체 하지 않는다면, 사회는 도덕적으로 타락하게 될 것이다.
- 나의 신앙은 내게 진실이다.
  : 알지 못하면서 아는 체 하는 건 내게 진실이다.
- 하루하루 견디는데 도움 되는 신앙을 왜 버려야 하는가?
  : 하루하루 견디는데 도움 되는 알지 못하면서 아는 체 하기를 왜 멈추어야 하는가?
- 아이들이 신앙을 갖도록 가르쳐라.
  : 아이들이 알지 못하면서 아는 체 하도록 가르쳐라.
- 신앙의 자유
  : 알지 못하면서 아는 체 하기의 자유.
- 신앙인 국제회의

: 알지 못하면서 아는 체 하기 국제회의
• 그녀는 신앙의 위기를 겪고 있다.
: 그녀는 알지 못하면서 아는 체 하는데 위기를 겪고 있다. 또는 그녀는 알지 못하는 것을 아는 체 해왔다는 사실에 충격을 받았다.

명확히 구분하기: 믿음과 희망은 별개다

믿음과 희망은 동의어가 아니다. 이 두 단어가 들어간 문장은 같은 문장 구조를 갖지도 않으며 의미도 다르다. 예를 들어 "잘 되기를 바란다"라는 뜻을 전달하기 위해 "잘 된다는 믿음을 갖고 있다"라고 하지는 않는다.

신자들이 종교적 맥락에서 사용하는 '믿음'이라는 용어는 '약속', '확신', '신뢰' 그리고 특히 '희망'[8, 9]이라는 단어와 명백히 구분되어야 한다. 무엇을 약속하다, 확신하다, 신뢰하다 그리고 희망한다는 지식 주장knowledge claims(실재에 대한 사실 진술문—옮긴이)이 아니다. 무엇을 희망한다 또는 무엇을 신뢰한다는 것은 무엇을 알고 있다고 하는 것과도 전혀 다르다. 무엇을 희망한다는 것은 원하는 것이 이루어지지 않을 가능성이 있음을 인정하는 것이다. 예를 들면, 내일 당신 주식이 폭등하길 희망한다는 것은, 그 주식이 오를 것을 알고 있다고 주장하는 것은 아니다. 주식이 오르길 기대하지만, 아울러 그렇게 되지 않을 가능성도 인정하는 것이다. 희망은 확신이 아니라 어떤 결과를 기대하는 것이다.

희망은 믿음과 같을 수 없다. 희망은 안다는 것과도 다르다. 어떤 일이 있었으면 하고 희망하는 것이, 그것이 일어났다고 주장하는 것은 아니다. 기독교인들이 "예수가 물위를 걸었다"고 말하는 것은, 예수가 물위를 걸었기를 바라면서 말하는 것이 아니다. 바로 예수가 실제로 물위를 걸었다고 주장하는 것이다.

무신론자

"우리 둘 다 무신론자라고 반박하는데, 나는 당신이 믿은 것보다 적은 하나의 신 만을 믿는다." _ 스티븐 로버츠

이 책에 쓰인 모든 용어들 중에서, '무신론자'라는 말이 가장 이론이 많고 이견이 분분한 혼란스러운 말이다.

이 혼란은 'theist 유신론자'가 'atheist 무신론자'란 단어에 포함되어 있는 것에서 기인하기도 한다. 두 단어가 유사성을 갖고 있어서 오는 그럴듯한 추측이다. 많은 신자들이 유신론자는 신의 존재를 확고히 믿고 그리고 무신론자는 신의 존재를 확고하게 믿지 않는다고 생각한다. 두 단어의 정의와 개념에 대한 혼동은 명확하게 정리될 필요가 있다.

내가 쓰는 용법에서 무신론자는, "신성하고 초자연적인 우주의 창조자에 대한 믿음을 입증할 만한 증거가 충분치 않다. 하지만, 만일 그런 존재에 대한 충분한 증거를 보여 주면, 믿을 것이다."[10, 11]라고 말하는 사람이다. 논의를 전개해 가는데 있어, 무신론자에 대한 이러한 개념적 이해를 가지고 출발할 것을 제안한다.

무신론자들은 "초자연적 창조자에 대한 굳건한 증거들이 무엇이든지 간에, 그것을 믿는 것을 거부한다."[12]고 하지 않는다. 〈만들어진 신〉에서 도킨스는 신성한 존재에 대한 믿음의 정도를 1에서 7까지 분류하면서, 1의 절대적인 믿음과 7의 절대적인 무신론 수준을 제시한다(Dawkins, 2006a). 많은 사람들이 가장 전투적

인 무신론자로 생각하는 도킨스가 자신을 그저 6쯤에 해당한다고 말한다. 다시 말해, 도킨스는 신이 존재할 가능성은 거의 없다고 생각한다. 하지만 그마저도 신은 없다고 확정적으로 주장하지는 않는다. 무신론자와 신을 믿는 사람들 사이의 차이는 무신론자는 (충분한 증거가 주어진다면) 자신들의 믿음을 수정할 의지가 있고, 유신론자들의 그런 정정을 절대로 수용하지 않는다는 점이다.

불가지론자

불가지론자agnostic는 우주를 만든 감지할 수 없고 형이상학적인 존재가 있는지 없는지 알 수 없다고 말한다. 불가지론자는 신의 존재를 믿을 확실한 증거가 없다고 생각하지만, 존재할 논리적 가능성도 있기 때문에 신의 존재 여부를 확신하지 못한 상태에 남아 있다. 물론 불가지론자도 충분한 근거가 주어지면 자신의 믿음을 바꿀 수 있다.

불가지론이 가진 문제는, 2,400년간 이어져 온 지식의 역사에서, 신 존재에 대한 어떤 논증도 검증을 견뎌내지 못했다는 사실에 있다. 단 하나도. 아퀴나스의 5가지 신 존재증명, 파스칼의 내기 논증, 안셀름의 존재론적 논증, 미세 조정Fine-tuning 논증, 칼람의 우주론적 논증 모두 실패했다. 모두가 논파되었다.[13]

나는 불가지론과 불가지론자라는 말을 좋아하지 않는다. 당연히 행동하는 무신론자들도 이 용어들을 사용하지 않기를 권한다. 그 이유는 이렇다: 순록이 끄는 썰매를 타고 날아와 선물을 나눠주는 산타클로스가 실제 사람이라고 나는 믿지 않는다. 나는 산타클로스 무신론자다. 이러한 진기한 일이 논리적으로 불가능한 것이 아니지만, 나는 산타클로스 불가지론자가 아니다. (다시 말해, 붉은 망토를 입은 덩치 큰 남자가 빛의 속도로 날아서 선물을 배달하는 것이 논리적으로 모순은 아니다). 불가지론자 그리고 불가지론은 불필요한 용어다. 행동하는 무신론자들은 사용하지 않아야 한다.

인식원리와 지식 주장

'신앙', '무신론자', '불가지론자'가 분명히 설명되었고, 이제 우리는 실재를 탐구하는 데 의지할 수 없는 방법인 '증거 없는 믿음'에 대해 실질적인 논의를 할 수 있게 되었다. 또한 불충분한 증거를 토대로 만들어지는 믿음들과 사회 정책들의 위험에 대해서도 검토할 수 있게 되었다.

신앙 주장은 지식 주장이다

'인식론epistemology'이라는 용어는 '지식'을 뜻하는 그리스어 '에피스테메episteme'와 이성과 논리 그리고 논증과 조사를 뜻하는 '로고스logos'에서 왔고, '앎에 대한 학문'으로 확장되었다. 인식론은 철학의 한 영역으로 어떻게 우리가 알 수 있으며, 안다는 것은 무엇이며, 세계에 대한 아는 방법들이 의지할 만한가를 주요하게 다룬다.

인지적 과정의 결과로 도출된 결론은 지식 주장이다. 지식 주장은 무엇이 진리라고 말하는 것이다. 지식 주장의 예들은 이렇다. "달은 지구로부터 383,000km 떨어져 있다." "내 주먹은 캔의 지름보다 크다." "아잔데 족의 최고 신 온야메는 세계와 하급의 신들을 창조하였다."

  신앙은 실재를 알기 위해 사람들이 사용하는 하나의 방법이자 인식원리이다.[14] 신앙에 근거하여 내린 결론들은 지식 주장들이다. 예를 들어, "루가복음에 그렇게 쓰여 있기 때문에, 예수 그리스도가 나의 병을 치유해 줄 것이라고 나는 믿는다"는 지식 주장이다. 이 진술을 하는 사람은 예수가 자신을 치유할 것이라고 주장하고 있는 것이다.

  신앙 주장을 하는 사람들은 외부 세계의 무엇에 대해 알고 있는 것을 말하는 것이다(신앙 주장이란 신앙이라는 인식원리를 통해 알게 된 것을 진리라고 말하는 것으로, 각종 경전에서 말하고 있는 것이나 종교적 내용의 주장만을 지칭하는 것은 아니다-옮긴이). 누군가 "예수는 물위를 걸었다"(마태복음 14:22-33)고 하면, 예수라 불리는 역사적인 인물이 기술이나 장비의 도움 없이 실제로 물 표면을 걸었다고 주장하고 있는 것이다. "예수가 물위를 걸었다"는 하나의 지식 주장, 사실에 대한 객관적 진술인 것이다.

  신앙에 기반한 주장들에 대한 주된 오해는 그것을 객관적인 주장이 아니라 주관적 주장으로 받아들이는 것이다. 지식 주장들은 세계에 대한 사실을 진술하기 때문에 객관적인 주장이다. 주관적 주장은 세상에 대한 사실을 진술하는 것이 아니라, 단지 어떤 이의 개별적이고, 상황에 따른, 주관적인, 개인적 경험이나 선호에 대한 진술이다.

  주관적 주장은 선호나 의견의 문제이다. 예를 들면, "머스터드소스를 바른 핫도그가 맛있다." "존 트라볼타가 현존하는 최고의 배우다." "배틀스타 갤럭티카Battlestar Galactica(미국의 SF 시리즈-옮긴이)의 마지막 시즌은 앞서의 두 시즌 보다 못하다." 이것들은 선호의 문제와 연관되어 있는 주관적 진술들이다. 세계에 대한 사실 진술이 아니다. 이 주장들은 모든 사람에게 받아들여질 수 없다. 이 주장들과 "달라이 라마는 환생한다"를 비교해 보자. 이것은 지식 주장으로 어떤 사람의 선호나 취향과는 독립되어 있는 세계에 대한 사실을 주장한다. 이것은 본질에 있어서는 지식 주장의 가면을 쓰고 있는 신앙 주장이지만, 사실에 대한 진술이다.

신앙 주장은 지식 주장이다. 신앙 주장은 세계에 대한 사실을 말한다.

신앙은 의지할 수 없는 인식원리다

"당신의 종교적 믿음들은 일반적으로 당신이 자라고 살고 있는 사회에 의존한다. 고대 그리스, 중세 일본이나 21세기 사우디아라비아의 사람들의 정신적 체험들은 기독교에 대한 믿음으로 나타나지 않았다. 그러므로 종교적 믿음은 진리의 기준을 따른 것이 아니라 사회적 길들이기가 낳은 결과라고 봐야 한다."

_ 게리 거팅, "더 스톤 The Stone", 뉴욕타임즈, 2011. 9. 14.

신앙은 실패한 인식원리이다. 왜 실패한 것인지에 대한 증명은 이미 끝났다. 충분히 증명되었다(Bering 2011; Harris 2004; Loftus 2010; Loftus 2013; McCormick 2012; Schick & Vaughn 2008; Shermer 1997; Shermer 2011; Smith 1979; Stenger & Barker 2012; Torres 2012; Wade 2009). 이 광범위한 연구 논문들의 개요를 다시 거론할 필요도 없다. 대신에 내가 효과를 보았던 신앙에 대한 기본적인 반론 하나를 간단히 설명하고자 한다.

만일 어떤 믿음이 충분한 증거에 기반하고 있지 않다면, 그 믿음에서 도출된 결론들은 기껏해야 의심스러운 등급이 될 뿐이다. 증거가 충분하지 않은 믿음으로는 진리에 한 치도 다가갈 수 없다. 아래의 진술들은 신자든 아니든 모두에게 논란의 여지가 없는 사실들이다.

1. 다양한 신앙의 전통들이 있다.
2. 다른 신앙 전통은 서로 다른 진리 주장들을 만든다.
3. 어떤 신앙 전통의 진리 주장들은 다른 신앙 전통의 진리 주장들과 충돌한다. 일례로 무슬림들은 마호메트(570-632)를 마지막 예언자로 믿는다(수라 33:40). 모르몬교인은 마호메트 이후에 살았던 조지프 스미스(1805-1844)를 예언자로 믿는다.
4. 마호메트가 마지막 예언자라는 것과 그 이후에 살았던 어떤 사람이 또한 예언자라는 사실은 둘 다 성립될 수 없다.
5. 그러므로 적어도 하나의 주장은 틀린 것이다(아마 둘 다).

이러한 주장들을 평가하는 수단이 신앙이라면, 이 주장들 중 어느 것이 틀렸는지를 밝혀내는 것은 불가능하다. 세상에 대한 탐구 수단으로서, 하나의 인식원리로서, 추론 방법으로서, 앎의 과정으로서의 신앙은 대립하는 주장들을 판결할 수 없다("마호메트가 마지막 예언자다" 대 "조지프 스미스가 예언자다"). 신앙은 무엇이 거짓이고 무엇이 참이라고 승인하거나 거부할 수 없다.

신앙은 교정 메커니즘을 갖고 있지 않기 때문이다. 다시 말해, 신앙 주장은 정정하거나 고치거나 바꾸거나 발전시킬 수 있는 방법이 없다. 어떤 이가 "지구의 나이는 4,000년이다"고 믿는다면, 이 믿음을 어떻게 바로 잡을 수 있을까? 어떤 이가 오로지 신앙에 근거하여 지구는 생겨난 지 4,000년 밖에 안 되었다고 믿는다면, 이 주장이 담고 있는 그의 믿음을 단념시키기 위해 제

시할 수 있는 어떤 증거나 일련의 사실들도 설득에 도움이 안 된다.15

세계에 대한 어떤 주장이 참인지 거짓인지를 밝히는 유일한 방법은 증거와 이성적 논리를 통해서다. 다른 길은 없다.

신앙의 위험성

"아무리 많은 믿음도 무언가를 사실로 만들 수는 없다." _ 제임스 랜디

'알지 못하는 것을 아는 체 하기'라는 세계적인 유행병은 모두에게 피해를 준다. 증거나 이성이 아니라 다른 어떤 것에 의거한 믿음으로는 자신들과 공동체에 좋은 것이 무엇인지를 제대로 알 수 없다. 충분한 증거가 없어도 믿는 사람들은, 자신들 생각이 최선의 이익이라는 판단에 따라 사회적 조건들을 만들지만, 실제로는 역효과만 낼 뿐이다. 미국의 경우, 알지 못하면서 아는 체 하는 사람들이 주도한 공공정책은 계속해서 사람들에게 피해를 주고 있다. 금욕 지상주의 성교육, 동성결혼 금지, 존엄사 반대, 학교에서의 체벌, 국제가족계획기구들에 대한 지원 거부, 창조론과 사이비과학 교육 등등. 이것들은 반이성이 초래한 잘못된 결론들의 몇몇 예에 불과하다.

결론을 이끌어내는데 증거와 이성에 의존하지 않을수록 독단적인 결론에 이르기 쉽다. 전체적으로 볼 때, 증거 없이 내린 결론들은 엄청난 위험을 가져온다. 탈레반(1990년부터 2001년까지 아프카니스탄을 지배했던 이슬람 원리주의 무장세력-옮긴이)이 하나의 예로, 그들의 좋은 삶의 비전은 코란에 뿌리를 두고 있다. 신의 예언자에게

계시된 신성한 명령을 이해함으로써, 그들은 좋은 삶과 좋은 세상을 만들 수 있다고 생각한다. 그러나 현실은 정반대다.[16, 17] 그 신성한 명령을 따른 행동—여성들 몸을 가리고, 때리고, 자신들과 코란 해석을 달리하거나 반이슬람적 행동을 한다고 여기는 사람들의 목을 자르고, 교육받고자 하는 여성들을 박해하고, 시민의 기본적 자유를 부정하고, 신성모독을 이유로 사람들을 처형하는 등등—들은 결론적으로 좋은 삶을 앗아가 버린다. 그들이 의사결정에 이성이나 증거를 사용하지 않고 신앙을 사용하고 신앙에 따랐기 때문인데, 공동체의 번영을 가져올 것이라고 믿었던 그 **방법**들이 잘못된 것이다.

탈레반이 만든 사회가 인간 번영을 가져오고 있지 못하다고 어떻게 알 수 있는가? 수출 대 수입, 문맹률, 공공의료, 수명, 유아사망률, 가구당 수입, 국민총생산 GDP, 행복지수 등 거의 모든 현대적 지표들을 볼 때, 탈레반이 장악한 아프가니스탄은 지독한 재앙이었다. 특히 그러한 폭압 속에서 살고 있는 사람들은 물론이고, 그 누구에게도 이롭지 않고 반이상향이자 전근대적이며 여성혐오적인 신정체제만을 만들 뿐이다.[18] (당신이 그들이 디스토피아를 만들고 있다고 생각하지 않거나 또는 상대주의자로서, 우리가 싫어하든 좋아하든 상관없이, 예를 들어 덴마크 같은 나라와는 완전히 다른 사회를 그들이 만들고 있다고 생각한다면, 나는 당신에게 아무 할 말이 없다. 이 책도 당신을 설득하려고 쓰지 않았다.)

절대 다수의 사람들이 세계를 이해하는데, 자신의 행동의 지침으로, 사회제도의 근거로 신앙을 사용하고 있다. 사우디아라비아, 예멘, 모리타니, 소말리아, 수단, 이란 같은 민족국가들은 여전히 법의 근거로서 이슬람법sharia을 충실히 따르고 있다. 동성애자, 신성 모독자, 간통한 사람, 배교자에 대한 참수 그리고 성별에 따른 철저한 차별대우 등 잘못된 인식원리에 의해 발생한 참상들을 우리가 최근에 목격하지 않았다면, 위험의 심각성과 만연함을 상상할 수도 없었을 것이다.

그래도 희망은 있다. 신앙은 서서히 평판이 나빠지고 있다. 반이성의 힘은 수적으로도 점점 감소하고 있다. 수천의 새로운 기사들 바로 행동하는 무신론자들이 생겨나고 있다.

깊이 알기

책

샘 해리스, 〈종교의 종말 The End of Faith〉, (Harris 2004). (김원옥 옮김, 한언, 2005).

스티븐 로, 〈왜 똑똑한 사람들이 헛소리를 믿게 될까 Believing Bullshit〉, (Law 2011), (윤경미 옮김, 와이즈베리, 2011).

존 로프터스, 〈믿음에 대한 외부자의 테스트 The Outsider Test for Faith〉, (Loftus 2013).

마이클 셔머, 〈믿음의 탄생 The Believing Brain〉, (Shermer 2011). (김소희 옮김, 지식갤러리, 2012).

알 스테파넬리, 〈반이성의 세계에서 이성의 명령 A Voice Of Reason in an Unreasonable World: The Rise of Atheism On Planet Earth〉, (Stefanelli 2011).

빅터 스텐저, 〈신과 신앙의 어리석음: 과학과 종교의 양립불가능성 God and the Folly of Faith: The Incompatibility of Science and Religion〉, (Stenger 2011).

로렌스 라이트, 〈정화하기: 사이언톨로지, 헐리우드 그리고 믿음의 감옥 Going Clear: Scientology, Hollywood, and the Prison of Belief〉, (Wright 2013).

영상물

피터 보고시안, "예수, 부활절 토끼, 그리고 다른 망상들: 노!라고 말하라 Jesus, the Easter Bunny, and Other Delusions: Just Say No!" http://www.philosophynews.com/post/2012/02/14/Jesusthe-Easter-Bunny-and-Other-Delusions-Just-Say-No.aspx

피터 보고시안, "신앙: 알지 못하는 것을 아는 체 하기 Faith: Pretending to Know Things You Don't Know" http://www.youtube.com/watch?v=qp4WUFXvCFQ

제리 코네, "왜 과학과 종교는 양립 불가능한가 Why Science and Faith Are Incompatible: My Talk in Edinburgh" http://whyevolutionistrue.wordpress.com/2012/12/26/why-science-and-faith-are-incompatible-my-talk-in-edinburgh/

QualiaSoup's 유투브 채널, "영국의 세속적 휴먼리스트들의 토론들을 보여주는 채널로, 과학과 자연, 비판적 사고, 철학, 종교 등을 다룬다." http://www.youtube.com/user/QualiaSoup

The Atheist Experience, "오스틴에서 일주일에 한 번씩 방영되는 케이블 TV 쇼다. 텍사스에서는 무신론자 시청자를 대상으로 한다. 매주 우리는 비슷한 수의 무신론자와 신자들의 시청자 전화를 생방송으로 내보내고 있다. 뭘 얻게 될지 당신도 모를 것이다!" http://www.atheistexperience.com

Thunderf00t's 유투브 채널, "스스로 탐구하는 지각이 있는 세계의 참맛을 모르는 사람들이 익숙한 정신분열적 판타지로 빠지는 지적으로 얼토당토 않는 길을 간다." http://www.youtube.com/user/Thunderf00t

3장
믿음 닫힘과 믿음 열림

"성찰하며 살라는 것은 생각하는 법을 바꾸라는 것이다."
_ 스티븐 브루터스, 〈종교, 문화, 역사 Religion, Culture, History〉

"사유방식을 바꾸면 마음도 따른다." _ 피터 보고시안

이제 행동하는 무신론자로 일을 시작할 준비가 거의 되었다. 하지만 사람들을 신앙에서 벗어나도록 하는 대화를 시작하기에 앞서, 다음에 대한 기본적인 이해가 더 필요하다. 1) 비이성적인 믿음과 이성적 사유는 어떻게 다른가? 2) 믿음체계를 닫히게 영향을 미치는 것은 무엇인가? 3) 사람들이 터무니없는 것을 믿는 이유는 무엇인가? 4) 신앙에서 벗어난 이후 보이는 반응(그들은 우울할 것이다!)들은 어떠한가? 그리고 인식원리에 대한 보다 깊이 있는 이해도 필요하다.

신앙이 앗아간 궁금증

아리스토텔레스는 〈형이상학 Metaphysics〉 1권에서 "모든 인간은 본래적으로 앎을 갈망한다"고 했다. 그는 소크라테스와 플라톤 철학을 이어받아 숙고하며, 성찰하는 삶을 위해서 우리는 질문해야 하고 그리고 질문을 추구하는 열망이 필요하다고 강조했다. 알고자 하는 욕구가 없는 사람은 확실하게 알고 있거나 아니면 무감각한 사람이라는 것이다.

소크라테스는 사람들이 스스로의 무지를 알려 하지 않는다고 했다. 다시 말해, 진리를 이미 알고 있다고 생각하면, 굳이 또 다른 진리를 찾으려 들겠는가? 만일 우리가 앎을 추구하는 출발점에서, 십계명이 도덕의 최종 언명이다 또는 코란은 필요한 모든 답이 있는 완벽한 책이다 또는 모든 인간은 마누Manu의 자손이다 같은 생각을 갖고 있다면, 굳이 더 이상 알려고 하지 않을 것이다. 확신은 진리의 적이다. 조사와 탐구는 진리의 동맹자이다.

고대 그리스의 카레이폰은 델파이 신전에 가서, 누가 그리스에서 가장 현명한 사람인지 물었다. 신탁은 소크라테스 보다 현명한 사람은 없다고 답했다. 소크라테스는 무녀 피티아가 "모든 인간이 무지하다"고 말하고 있다고 생각했다. 무지에 대한 깨달음과 알고자 하는 욕구를 갖는 것이 선善이다라고 말하고 있다고 이해했다.

"천성적으로 모든 인간은 알고자 한다. 인간은 지식에 대한 갈증을 타고났다"는 아리스토텔레스의 말이 정확하다. 다른 사람들과 이야기 할 때, 우리는 그들이 무슨 생각을 하고 왜 그렇게 생각하는지 알고 싶어한다. 세계의 물리적 현상들이 일어나는 것을 볼 때도 우리는 궁금해진다. 커피에 있는 크림이 왜 그런 모양을 만드는지, 바람에 지는 낙엽이 왜 그렇게 흩날리는지 알고 싶다. 우리는 사람들과 자연현상과 우리 삶에 대해 선천적인 호기심이 있다. 아이들은 특히 더 알고 싶어한다.

신앙은 세계에 대한 우리의 호기심과 우리가 중요하게 생각해야 하는 것이 무엇인지, 우리가 따라야 할 삶의 방식은 어떤 것인지에 대한 궁금증을 잠재우고 최악의 경우 제거해 버린다. 신앙은 호기심을 거짓 겸손으로 위장한 인식론적 오만으로 바꾸어 버린다. 신앙은 앎에 대한 우리의 열망을 뿌리째 뽑아버리고 입증되지 않은 확신을 심어주면서 탐구를 시작하는 조건을 불변의 것으로 고정시켜 버린다.

성찰하지 않는 삶이 가치 있는 것이 아니라면, 자신의 무지를 깨닫는 것에서 우리의 지적, 정서적 노력은 시작되어야 한다. 우리가 무지하다는 사실을 받아들인다면, 성찰하고 궁금해 하고 비판적으로 숙고하는 노력을 할 수 있는 기반에 서게 된다.

우리들의 목표는 사람들에게 무지에 대한 자각, 근본적인 믿음을 바꾸려는 결심, 진리에 대한 끊임없는 갈망, 알고자 하는 욕구를 불러일으키는 것이다. 의심, 호기심, 솔직한 자기 성찰, 진실성 그리고 앎에 대한 욕구들이 가치 있는 삶을 위한 탄탄한 출발점이다.

우리들이 할 일은 사람들이 호기심과 궁금증을 되찾도록 돕는 것이다. 이 두 가지는 바로 신앙이 빼앗아간 것들이다. 우리는 질문하지 않고도 살 수 있지만, 존 스튜어트 밀은 "배부른 돼지가 되느니 배고픈 인간이 되겠다: 배부른 바보가 되느니 배고픈 소크라테스가 되겠다"라고 했다. 더 나은 지적인 삶으로 나아가는 성취감과 앎에 대한 갈망을 채우는 것은 인간이 경험할 수 있는 것들 중에 가장 중요한 것이다.[19]

학자들은 확증 편향과 해석학적 순환에 대해 자주 이야기한다. 무엇인가를 해석할 때 우리가 느끼고 보고 듣고 경험한 것들에 영향을 받는다. 오래 전 내가 뉴멕시코에 살 때, 조금 이상한 그림이 벽에 걸린 병원 대기실에서 처음 보는 사람들과 함께 진료를 기다린 적이 있다. 어느 해안가의 큰 배에서 막 내리고 있는 개척자들이 원주민들에게 따뜻하게 환영을 받는 장면을 묘사한 그림이었다. 내 왼쪽에 앉아 있던 젊은 여자는 자신의 전공이 미술이라며 그림이 가진 훌륭한 점들을 평하기 시작했다. 그녀 곁에 앉은 나이든 남자는 그림이 매우 불쾌하다고 하면서 아메리카 원주민들의 운명에 대해 이야기 했다. 또 다른 남자는 그려진 배가 역사적 고증이 잘못됐다며 배를 어떻게 그렸어야 하는지 설명을 이어갔다. 각자가 자신들 삶의 경험들을 그림에 대한 이해에 개입시키고 있었던 것이다.

소크라테스와 니체는 알려고 하거나 인정하지 않으며 나아가 극복하려고 하지 않는 우리가 가진 편향이 만드는 경험에 대한 서로 다른 해석들에 처방을 내렸다. 선입관을 살피고, 편향과 검증되지 않은 가정들을 검토하라는 것이다. 이 노력을 통해 이러한 가정들에 대처하고 그리고 알고 있다는 추정에서 빠져 나올 수 있다는 것이다. 우리가 가진 편향들, 우리의 해석들 그리고 우리가 알고 있다는 그 생각에 대해, 면밀히 조사하고 사려 깊게 비평하는 것이 의심을 다시 솟아나게 한다.

우리의 일차적 목표는 사람들이 알고자 하는 욕구, 바로 궁금증을 되찾도록 하는 것이다. 근본적인 믿음, 엉성한 가정, 허점 투성이 인식원리를 버리고, 마침내 신앙을 극복하도록 돕는 것이다. 오스트리아의 철학자 루드비히 비트겐슈타인은 〈철학적 탐구 Philosophical Investigations〉에서 "우리가 파괴하고자 하는 것은 카드로 세운 집이다. 그리고 그것이 서 있는 언어의 기반을 말끔히 청소하는 것이다"라고 했다. 카드로 지은 집을 허물게 되면 더 이상 망상에 좌우되지 않는 현실의 눈을 갖게 된다.

사람들이 망상을 버리도록 돕는 일은 우리들의 핵심 프로젝트이자 아주 오래되고 영예로운 목표다. 입증되지 않은 확신에서 벗어나게 하고 알고자 하는 욕구와 궁금증을 다시 불러일으키는 것은, 삶의 가치를 높이는 커다란 기여이다.

이성적 사고

"교황 요한 바오로 2세의 신앙과 이성 두 가지는 같은 진리에 이르게 하는 보완적인 방법이라고 한 그 유명한 논증(적절하게 '신앙과 이성 Fides et Ratio'으로 이름 붙인)에도 불구하고, 신앙과 이성은 대개의 경우 —당연한 것이지만—양립할 수 없는 반의어로 간주된다. 결국, 신앙은 증거가 있든 없든 상관없이 무언가를 믿는 것으로 정의된다. 데이비드 흄은 "현명한 사람은 그의 믿음을 증거에 맞춘다"라고 했다

누군가의 신앙이 이성에 의해 무너질 가능성은 크지 않다고 당연하게들 생각한다. 하지만 다행스럽게도, 이는 실증적으로 사실이 아님이 밝혀졌다. 사람들이 이성적 프로세스를 통해—부분적으로—그들의 신앙을 벗어난 풍부한 일화들이 있고 체계적인 증거들도 있다. 밥 알트마이어와 부루스 훈스베르거의 〈흥미로운 전향: 왜 누구는 신앙에 기대고 누구는 종교를 버리나 Amazing Conversions: Why Some Turn to Faith & Others Abandon Religion〉라는 책은, 보통의 일상을 보내는 것이 어떻게 두 가지 방향(신앙을 갖거나 버리거나)으로 달리 나타나고 뚜렷한 비대칭을 보이는지 설명하고 있다. 종교를 갖지 않는 사람들이 개인적

인 경험(사랑하는 사람의 죽음 같은)이든, 사회적인 경험(9.11테러 같은)이든 갑작스럽고 극도로 감정적인 사건을 겪은 후에 개종하는 경우가 종종 있다. 하지만 신앙에서 벗어나는 대부분의 경과는 매우 느리고, 몇 년씩 걸리며 그리고 많은 독서와 대화와 그리고 성찰이 있은 후에 나타난다.

내가 바이블 벨트(기독교인이 많고 교회 출석률도 높은 미국의 남동부 및 중남부의 주들—옮긴이)에 살았을 때, 이 후자의 길을 걸었던 여러 사람들을 만났었다. 그 불꽃의 시작은 점잖게 글을 쓰는 세속적인 작가(전형적인 예가 칼 세이건이다)의 책을 읽으면서 생겨나고, 또는 매우 사소하지만 당황스러운(예를 들면, 교회에서 노래를 부른 사소한 사건 때문에 친구가 목사에게서 지옥에 떨어질 거라는 꾸중을 듣는 일) 사건으로 인해 종교적 가르침에 금이 가기 시작하면서 생겨난다.

신앙과 이성의 연관성에 대한 보다 통합적인 심리학과 사회학 연구가 필요한 것은 분명하지만, 지금까지 증거는 명확하다. 사람들은 마음을 논리적인 논증에 반응하여 바꿀 수 있고 또 바꾼다. 문제는 그것이 시간이 많이 걸리고, 다양한 경로로 비슷한 생각에 노출이 반복되고, 성찰하려는 경향을 가진 사람들의 경우에 가능하다는 점이다.

_ 마시모 피글리우치

이 책이 전제하는 것 하나는 사람들이 비이성적인 믿음에서 벗어나 이성적 존재가 될 수 있다는 것이다. 이 주장에 모든 학자들이 동의하지는 않을 것이다. 프랑스의 인류학자 파스칼 보이어는 "종교는 왜 자연스러운 것인가? Why Is Religion Natural?"에서 사람들이 올바르게 사유하지 못했기 때문에 종교적 믿음을 갖게 되었다는 주장을 반박한다(Boyer 2004).[20] 그는 아일랜드의 작가 조너선 스위프트가 "그가 설득 당해서 갖게 된 것이 아닌 것을 설득으로 버리라고 할 수는 없다"라는 유명한 말을 인용하면서 글을 맺는다. 보이어는 종교적 믿음이 논리적으로 극복되지 않는다고 주장한다. 하지만 나는 여기에 동의하지 않는다. 증거와 많은 반대 논거들이 있다.

1. 종교로부터 논리적으로 벗어난 사람들이 존재한다. 종교에서 회복된 많은 사람들은 그들의 종교적 믿음으로부터 벗어나 이성적으로 되었다고 스스로 증언해 왔다. 전직 성직자가 열렬한 무신론자가 된 경우도 있다. 헥터 아발로스, 댄 바커, 케니스 다니엘스, 제리 드윗, 조 홀만, 존 로프터스, 테레사 맥베인, 네이트 펠프스, 로버트 프라이스, 샘 싱글레튼 등등. 이들은 지금 다른 사람들이 종교에서 빠져 나오도록 돕기 위해 자신들 과거의 교훈과 논리적 이유, 논증을 잘 엮어서 성공적으로 활용하고 있다.

2. 만일 초점이 신앙의 문제가 아니라 종교라면, 보이어의 "논리적으로 극복될 수 없다"는 말은 일정 맞는 말일 수도 있다. 종교를 논리적으로 극복하고자 하는 노력은 누군가의 사회적 후원, 친구들, 취미들, 감미로운 노래들, 제의적 양식들을 논리적으로 극복하고자 하는 것과 같다. 바로 여기에 행동하는 무신론자들이 사람들을 종교가 아니라 신앙으로부터 떼어 놓으려 시도해야 하는 이유가 있다. 신앙에 대한 논리적인 극복은 잘못된 인식원리에서 벗어나는 것을 의미한다. 하지만 종교를 논리적으로 극복한다는 것은 사람들을 사회적 관계망으로부터 빠져 나오게 하는 것을 의미한다.

3. 보이어의 책이 나온 이후인 2012년, 〈분석적 사고가 종교적 불신앙을 키운다 Analytic Thinking Promotes Religious Disbelief〉는 흥

미로운 연구에서, 분석적 사고가 실제로 종교적 불신앙을 이끌어낸다는 사실을 보여 주었다(Gervais & Norenzyan 2012). 현재 종교적 믿음을 갖지 않는 메커니즘과 그리고 이에 기여하는 다양한 요인들이 완전하게 이해되고 있지 못하지만, 저자들은 분석적 사고가 종교적 불신앙을 불러일으킬 가능성에 대하여 증명하였다. 다시 말해, 비판적 추론의 방법론에 숙달된다면 종교적 믿음에 사로잡히지 않을 가능성이 높아진다는 것이다.

4. 마지막으로, 많은 종교 옹호론자들은 (특히 미국의 신학자 윌리엄 레인 크레이그) 이성적인 사람들을 터무니없는 믿음으로 이끄는 괄목할 만한 성공을 만들어왔다. 이것은 바로 신자들의 그간의 전술에 대한 절망적인 포기선언이라고 할 수 있다. 그들의 수많은 책들의 핵심 내용은 비신자를 신앙으로 이끄는 논리적인 사고법과 설득법을 상세하게 설명하는 것이다.

보이어의 비판에도 불구하고, 신앙의 문제는 적어도 일정 정도는 사유(추론)의 문제이다. 사람들은 터무니없는 믿음에서 벗어나도록 설득될 수 있다.[21] 사실, 사람들은 이 신앙 전통에서 저 신앙 전통으로 마음대로 옮기면서 이성에 의존하지 않는 자신의 종교적 믿음을 자주 바꾸기도 한다.

엉터리를 믿는 이유

"나는 그것이 부조리하기에 믿는다." _ 터틀리안

"다시 말하지만, 우리는 어떤 증거나 증명에 기대어 우리의 믿음이 진리라고 결론을 내는 것이 아니다. 우리의 마음에 하는 성령의 말씀의 맥락 안에서, 우리는 이를 즉각적으로 어떤 착오도 없이 우리의 믿음이 진실임을 알 수 있다. 성령이 우리의 믿음이 진실임을 우리에게 생생하게 알게 한다." _ 윌리엄 레인 크레이그, 〈어려운 질문, 진짜 대답 Hard Questions, Real Answers〉, 2003.

이성적인 사람들일지라도 터무니없는 명제에 대해 수긍하게 되는 5가지 이유가 있다. 1) 증거를 토대로 믿음을 형성하는데 익숙치 않다. 2) 실제는 그렇지 않은데, 신뢰할만한 증거라고 생각하면서 그것에 의거하여 믿음을 형성한다(예. 성서는 성령으로 쓰였다는 관념 등). 3) 경쟁적인 인식원리와 믿음들에 전혀 노출된 적이 없다. 4) 사회적 압력에 굴복한다. 5) 진리를 하찮게 여기거나 상대주의자이다.

대개의 사람들은 자신의 인식 활동에서 믿음을 증거와 근거에 일치시키려 한다. 다시 말해, 근거와 증거가 충분하지 않다면 자신들의 결론이나 자신이 믿는 것에 대한 확신이 크지 않다. 하지만 때로는 증거와 근거가 믿음과 밀접하게 관련되지 않을 때가 있다. 교회의 교육, 또래집단의 압력이나 공동체의 기대나 요구 등 다른 영향에 의해 믿음을 형성할 때이다—이러한 힘들은 증거의 압력과 달리 개인적인 차원에서 작용하는 것이 아니다.

몇몇 경우에는, 스스로 사유를 망치게 되는데, 자신의 믿음을 증거와 조화시키지 않는 습관이 굳어져서도 그렇고, 그들이 그런 비이성적 방법을 실제로 높이 평가하기 때문에도 그렇다. 예를 들면, 종교, 신, 신앙과 관련하여 신자들은 무지가 신과 가까워질 영적 깨달음과 진실한 신앙의 전조라고 말한다. (행동하는 무신론자들은 이러한 성향을 가진 사람들에게 공을 들여야 한다. 그들이 바로 도움이 필요한 사람들이다. 이들에 대한 중재는 힘든 도전이 되겠지만 커다란 보상이 따른다.)

경험이 쌓이면, 상대가 다섯 가지 범주 어디에 속하는지를 금세 구분하고 진단할 수 있다. 그러면 보다 구체적이고 적절한 중재가 가능하다.

믿음 닫힘

'믿음의/믿음과 관련된/믿음에 따른doxastic'이란 말은 그리스의 '믿음/의견/확신'이라는 뜻을 가진 doxa에서 왔다. 여기에서 제시하는 '믿음 닫힘doxastic closure'은 인식론 학자와 논리학자들이 쓰는 전문적 개념이지만, 여기서는 철학 논문에 사용되는 것보다는 조금 덜 전문적이고 약간 다른 의미로 사용한다. 나는 이 개념을 "정정과 변경을 거부하는 누군가 지지하는 특정한 믿음이나 누군가의 전체 믿음체계"란 뜻으로 사용한다.[22] 믿음의 정정이란 믿음이 참이냐 거짓이냐에 따라 마음을 바꾸는 것을 의미한다.

믿음 닫힘의 정도는 다양하다. 닫힘의 가장 극단적인 단계는 가지고 있는 믿음 그리고/또는 믿음체계가 고정되고 굳어지고 바꿀 수 없는 상태로, 따라서 정정할 수 있는 가능성이 매우 적은 상태다. 그보다 약한 것은 믿음을 따르는 정도가 완고한 것이고, 더 약한 것은 그 사람의 믿음이 열릴 가능성과 의지가 있는 경우이다.

누구나 어떤 믿음에 대해 닫힐 수 있고, 이는 믿음의 내용과는 상관이 없다. 누구나 도덕적 믿음(어린이들을 재미삼아 괴롭혀서는 안 된다), 경제적 믿음(시장에 대한 규제는 불필요하다), 물리학적 믿음(나는 통속의 뇌가 아니다), 관계의 믿음(남자친구는 나를 사랑한다), 과학적 믿음(기후 변화는 인류의 책임이다), 신앙 관련 믿음("남편 없는 여자는 죽은 몸과 같다" 스리마드 바가바드기타 9.9.32) 등등에 닫혀 있을 수 있다.

닫힘으로 가는 길

미국의 사회학자 빌 비숍은 〈거대한 정렬 The Big Sort〉에서 미국사회가 정치적으로 비슷한 성향의 그룹별로 무리지어 있다고 주장한다(Bishop 2008). 다시 말해, 우리는 비슷한 이데올로기를 가진 사람들과 그룹을 찾고, 자신이 소중하게 생각하는 가치를 가지고 있는 사람들과 함께 있고자 한다는 것이다. 이러한 무리 짓기 결과로 믿음 닫힘이 보다 공고해진다. 이데올로기적 유사성에 둘러싸여 있는 경우 극단적인 억지스러움마저도 정상이 된다. 예를 들면, "내가 일부다처제를 정상적인 것으로 생각하고, 함께 하는 모든 사람이 일부다처제를 옹호한다면, 그렇게 생각하지 않는 사람이 미친 사람이 된다"라고 가정할 수 있다. 무리 짓기는 이렇게 하여 무조건적으로 하나의 믿음에 부여하는 확신의 값을 높인다. 그래서 자신의 믿음이 진리라고 더 확신하게 된다.

더 나아가 이러한 무리 짓기의 복잡한 현상은, 미국의 온라인 활동가 엘리 프레이저가 명명한 '필터 버블 filter bubbles'과도 연관된다(Pariser 2012). 필터 버블은 구글이나 페이스북 같은 온라인 포털에서 나타나는 현상을 설명하는 것으로, 사용자가 원하는 정보를 일정한 알고리즘 algorithm(문제해결을 위해 명확히 정의된 여러 규칙과 절차들—옮긴이)을 이용하여 사전에 개별적으로 최적화하여 제공하는 것이다(이전의 검색기록, 브라우저의 유형, 접속 지역 등을 고려하여 정보를 구성하여 제시한다). (엘리 프레이저의 〈생각 조종자들〉, 이정태·이현숙 옮김, 알키, 2011를 참조-옮긴이).

결론적으로, 사용자 자신도 모르는 사이에 이용자가 보는 정보는 그들이 갖고 있는 믿음과 이데올로기적으로 유사한 것들이 된다. 당신이 히친스나 도킨스의 글이나 동영상을 보면서 무신론을 검색해 왔다고 치자. 그리고 이제 '창조론'을 검색하면 검색 알고리즘은 당신의 기존의 검색들을 활용하여, 다른 사람들이 이전에 방문했던 창조론자 웹페이지나 기독교 옹호론자 동영상 또는 교회 출석률이 높은 주(예. 미시시피주)에 살고 있는 사람들이 검색했던 것과는 매우 다른 검색 결과를 보여준다.

사용자에게 이데올로기적으로 비위에 거슬리는 데이터와 의견들은 거품으로 치부하여 걸러 내는 것이다. 이로 인해 기존의 믿음들을 재강화하는 정보들에 배타적으로 노출되게 된다. 바로 믿음의 요새화다. "인터넷에 그렇게 나와 있다"거나 "오늘 아침 직접 검색하여 내가 확인했다"는 말은, 어떤 이의 검색창 상위에 나타난 '맞춤 증거들'로 자신의 믿음에 신빙성을 더해 주는 자신도 모르게 선택된 정보들이라는 의미를 새롭게 갖게 되었다.

비슷한 성향의 무리 짓기가 필터 버블과 만나게 되면, **그러면** 결국 잘 믿도록 하고 확증편향을 부추기는 인지적 구조의 정점에 그것들을 위치시키고(Shermer 2012), **그러면** 단순한 대안들과 평범한 의견의 수용이 아닌 비판적 사고와 추론이 요구하는 더 많은 지적인 노력을 포기하게 되고, **그러면** 확고한 믿음체계의 독성에 자연스럽게 젖어들게 되고, **그러면** 의심할 수 없는 믿음을 지키고 의심할 여지가 없는 추론을 사용하는 것이 도덕적 행동이라는 생각에 **빠져들게** 되고, **그렇게 되면** 성찰을 위한 어떤 노력도 없이 그저 하루하루를 살아보려는 안일함만 남게 된다.

이것이 믿음 닫힘이다.[23]

믿음 열림과 무지에 대한 자각

'믿음 열림doxastic openness'을 나는, '믿음을 정정할 의지와 능력'의 의미로 사용한다.[24] 믿음 열림은 자신의 무지를 깨닫게 되는 순간에 일어난다. 자신의 믿음이 진리가 아닐 수도 있다는 것을 깨닫는 바로 그 순간이다. 믿음 열림은 진심어린 겸손의 시작이다.

무지에 대한 자각은 그 자체로 믿음 열림이다. 무지에 대한 인식은 이미 갖고 있던 것과는 다른 대안들, 논증들, 세상을 보는 관점들, 사상들에 귀 기울이게 한다. 이미 알고 있다고 생각했던 것을 정말 알지 못한다고 깨닫는 것이기 때문이다. 신앙의 앞잡이이자 동맹자들—확신, 예단, 아는 체 하기, 확증편향, 불합리, 미신—모두를 무지에 대한 자각을 통해 의심하게 된다.[25]

행동하는 무신론자들은 말 그대로, 사람들을 신앙에서 벗어나게 하려는 것이다. 목표는 믿음 열림이 생겨나도록 그들을 돕는 것이다. 신앙을 금세 단념시키는 일은 결코 쉽지 않다. 실제의 가능성은, 자신의 무지를 깨닫도록 그들을 도와 의심의 씨앗을 심어서 믿음 열림의 순간을 활짝 열어젖히는 것이다.

과연 효과가 있을까

우리는 합리적 설득에 전혀 영향을 받지 않는 사람들도 만나게 된다. 어떻게 말을 하든 절대로 돌파하지 못할 것 같은, 믿음 열림의 순간이 결코 일어나지 않을 것 같이 보일 것이다.

실패처럼 보이는 이러한 현상은 두 가지 주된 이유가 있다. 상대의 뇌가 신경학적으로 손상을 입었거나, 아니면 당신이 실제로 성공하고 있거나 둘 중 하나이다. 후자의 경우, 특정한 언어 행동들이 중재 실패의 징후처럼 나타나기도 한다. 예를 들면, 그들이 점점 화를 내거나 목소리를 높이거나, 심지어 점점 더 자신의 믿음을 강변하기도 한다. 이러한 저항은 중재가 먹혀들고 있다는 신호이다. (물론 그것은 신자가 대화에서 아직 제기되지 않은 논리를 가지고 있거나 할 가능성도 있고, 드러나지 않은 논리를 다룰 방법은 없다.)

행동하는 무신론자는 신자들이 믿음에 대해 보다 열린 태도를 갖도록 하는 현실적인 목표를 가져야 한다. 의심의 씨앗을 심는 것이다. 그들이 알고 있다고 주장하는 것에 대한 확신의 정도를 낮추거나, 알지 못하는 것을 아는 체 하는 것을 멈추도록 하는 것이다. 이윽고, 더 많은 중재를 하면서 발전하고 기량이 연마될수록 포부도 더 커질 것이다. 궁극적으로, 믿음의 감옥에서 자유로워지는 사람들뿐만 아니라, 더 많은 행동하는 무신론자들도 만들 수 있을 것이다.

1. 망상과 믿음 닫힘

어떤 망상들은 믿음이 아니다(Bortolotti 2010). 예컨대 정신적 외상으로 뇌가 손상을 입은 사람들은 카프그라 증후군Capgras delusion을 앓기도 한다. 그들은 남편이나 형제자매 같은 친밀한 사람들이 사기꾼이라고 믿는다. 또 어떤 이들은 코타르 증후군Cotard delusion에 시달리기도 한다. 그들은 자신이 실제로 죽었다고 생각한다. 이러한 망상을 가진 사람들과는 대화가 사실 불가능하다.

뇌 손상을 입은 경우, 대화를 통한 어떤 중재도 인식과 사유방식의 변화를 만들어내는데 효과가 없다. 마찬가지로 뇌종양, 알츠하이머병에 의한 손상들은 의학외적 중재로 해결할 수 없는 경우들이다. 요컨대 뇌손상으로 인해 망상을 겪고 있는 사람들은 우리의 노력으로 어쩔 수 없는 경우이다.

2. 해를 끼치지 않는 것이 최우선이다

> "우리가 믿고 싶어하는 정보와 모순되는 모든 증거들을 우리가 무시하는 것처럼, (신앙은) 객관적인 정보를 무시하거나 왜곡한다."
> _ 존 W. 로프터스, 〈믿음에 대한 외부자의 테스트 The Outsider Test for Faith〉

사람들은 자신의 믿음과 반대되는 증거들이 나타나거나, 자신의 믿음을 정당화하는데 충분한 증거가 없을 때, 또는 자신들의 믿음에 모순이 있음을 알게 될 때(나무들이 아담보다 먼저 만들어지고(창세기 1:11-12 그리고 1:26-27), 아담보다 나중 만들어지는(창세기 2:4-9) 것은 모순이다), 자신의 추론들이 잘못되었다는 것을 깨닫게 될 때 자신들의 믿음에 더욱 완강하게 매달리기도 한다.

중재가 역효과를 낸 것일까? 의도하지 않게 그들의 인식론적 상황을 나쁘게 만든 것일까? 믿음 닫힘을 더 강고하게 한 것일까? 결코 그렇지 않다.

샘슨과 웨이스 및 그 동료들은 이러한 현상들을 심리치료의 맥락에서 설명하고 있다(Curtis, Silberschatz, Sampson, Weiss, & Rosenberg 1988; Gassner, Sampson, Weiss, & Brumer 1982; Horowitz, Sampson, Siegelman, Weiss, & Goodfriend 1978; Norville, Sampson, & Weiss 1996; Sampson 1994;

Silberschatz, Curtis, Sampson, & Weiss 1991; Weiss & Sampson 1986.) 연구자들은 단기간의 심리치료로 병적인 믿음pathogenic belief들에서 벗어날 수 있다고 단언한다. 병적인 믿음들은 직접적이나 간접적으로 정서적, 심리적이나 신체적 병리 현상을 일으킬 수 있다. 다시 말해, 병적인 믿음들에 사로 잡혀 있을 경우 자기태만self-sabotage(스스로 의식적이거나 의도적으로 태만하게 행동하는 것—옮긴이)이나 정상적인 생활을 못하도록 한다. "나는 사랑할 수 없다, 언제나 연애에 실패한다." "나는 한심하고 약하며 가치 없다. 주님의 사랑이 없다면 스스로 술 마시는 것도 끊을 수 없다." 아니면 "사이언톨로지와 오디팅auditing(사이언톨로지에서 몸과 영혼을 정화하는 의식—옮긴이) 없이는, 내 삶을 파괴하는 트라우마를 통제할 수 없다." 등이 이러한 믿음의 예들이다.

병적인 믿음들은 특히 종교적 믿음에서 분명하게 나타난다. 즉, 종교적인 믿음은 부분적으로 교정되기 상당히 어려운 믿음의 범주에 속한다. 종교적 믿음을 교정하거나 온전히 버리도록 돕는 일에는, 대표적인 이데올로기의 전쟁터인 정치 등 다른 영역에서는 좀체 만나기 어려운 도전과제들이 산적해 있다. 그런 영역의 믿음의 변화는 차라리 순조롭기까지 하다. 신앙을 토대로 한 믿음 체계와 관련해서 믿음 닫힘을 공고히 하는데 많은 요인들이 작용하고 있기 때문이다. 사회는 신앙을 미덕으로 취급하고, 종교기관들이 왕성하게 신앙을 퍼트리고, 신앙은 여러 비판들을 방어하는 메커니즘을 진화시켜 왔고, 종교적 믿음에 대한 도전을 문화적 금기로 여기며 신앙공동체들이 적극적으로 구성원들의 믿음을 지원하고 있다.(종교 관련 여러 면세 정책이 종교가 대규모 사업으로 성장하는데 크게 기여하였다. 종교기관에 비한다면, 대기업들은 늘 사회적 주목과 지속적인 감시를 받고 있다고 할 수 있다.)

정신과의사들은 환자에 대한 임상실험을 토대로, 병적인 믿음들을 지속적으로 좌절하도록 하는 환경 조성이 치료적 중재에 효과가 있다고 인정해 왔다. 환자가 자신이 가진 병적인 가설들을 입증하는 노력에 매달리도록 하는 환경을 만드는 것이다. 예를 들어, 어떤 여자가 사람들이 자신을 좋아하지 않는다는 병적인 가설을 갖고 있다 하자. 그녀는 상담사에게 가서, 자리에 앉아 말할 것이다. "사무실이 썰렁하네요. 꽃을 안 키우나 봐요. 내다른 상담사는 꽃을 잘라 버렸어요." 그녀는 상담사가 "글쎄, 나는 그렇게 생각하지 않는데요"라고 반응하여 자신의 병적인 가설을 인정하고 응대할 것을 기대하거나 원한다. 하지만 상담사는 적절한 정신분석 기법으로 "여기의 썰렁한 기분을 좀 더 이야기해 보세요"라고 말한다. 이러한 대응은 환자가 자신에 대한 거부를 찾는 노력을 배가하도록 만든다. 그리고 자신의 병적인 가설에 집착하게 되기도 한다. 그 결과 "당신이 꽃을 키우지 않아 정말 짜증이 나네요. 참으로 인색한 사람이군요"라고 말하게 될 것이다.

이러한 언어행동은 그녀가 점점 나빠지고 있는 것 같이 보이지만, 실은 나아지고 있는 것이다. 그녀가 더 위험하고 공격적인 모습을 보이지만, 실제로는 좀 더 자기인식self-aware하는 과정이다. (이것은 플라톤의 〈국가〉를 포함한 여러 저작에서 등장인물들이 보여 주는 모습이다. 국가 7권의 시작부분에 나오는 동물의 비유에서, 소크라테스는 동굴에 있는 사람들은 그들이 본 모든 것은 그림자였다고 말하는 사람에게 화를 낼 것이라고 말한다. 소크라테스의 질문을 통해 사람들은 확신이 강할수록 의심도 커지게 되고, 정확히 말하면 확신하면 할수록 자신들이 모르는 것을 인정해야 하는 이성적 상태가 될 가능성이 커지는 것이다.)

사람들이 가진 믿음과 앎을 얻는 방법을 의심하게 하면서 그들의 인식 활동의 진전을 이루고자 한다면, 점점 더 단호해지는 상대의 언어행동의 이면을 주시해야 한다. 믿음과 인식원리의 사기성을 지적하고 폭로하면, 그들은 더 강고해진 확신을 늘어놓을 가능성이 있다. 이 경우 믿음이 더 닫히게 된 것으로 보일 수 있다. 하지만 이러한 공격적인 언어행동은 믿음 열림에 대한 희미한 서광이다.

중재 이후에 그들이 더 확고해졌기 때문에 그들의 인식활동을 더 비현실적으로 만들었다고 걱정할 필요는 없다. 그들의 언어행동은 자연스러운 것이고 우리가 기대하던 결과이다. 믿음 닫힘이 열리고 있는 것이다.

믿음, 인식론 그리고 행동

"일부러 나쁜 사람이 되려는 사람은 없다." _ 소크라테스, 〈프로타고라스〉

믿음과 실재를 일치하게 하는 인식원리에 의지하고 사용하도록 돕는 일은, 금세 행동의 변화가 뒤따라 나오는 쉬운 일이 아니다. 초보 행동하는 무신론자는 상대의 행동 변화가 보이지 않을 때 낙심한다. 신앙에서 벗어나도록 시간과 노력을 투자했는데, 놀랍게도 그가 지난 주에 교회에 갔다는 말을 들을 수도 있다. 그들이 결함 있는 인식원리를 가지고 있다고 깨달았지만, 그들의 행동이 바뀌지 않는 것은 실패한 것인가 아니면 다른 이유가 있는가?(어쩌면 답은, 그를 둘러싼 골수 신자들의 영향력 때문일 수 있다.)

신뢰할 만한 인식원리를 가졌다는 게, 그에 걸맞은 행동까지 보장하지는 않는다. 사람들이 그들의 결론에 따라 행동하지 않는 데는 많은 이유가 있다. 대표적인 것들은 이렇다.

1. 도덕적 이탈. 심리학자 앨버트 밴두라는 그가 도덕적 이탈 moral disengagement이라 제시한 것과 관련된 흥미로운 연구를 했다(Bandura 1990, 1999, 2002). 밴두라에 따르면, 누군가 무엇을 해야 하는지 알고 있지만 그것을 하지 않는 것은 그 행동과 자신의 도덕적 관계를 끊기(이탈시키기) 때문이다. 예를 들면, 내가 진짜 좋아하는 새 헤드폰이 있다. 체육관 탈의실에 떨어져 있는 새 헤드폰을 보았다. 그것을 가져가는 것은 나쁜 것이라는 생각이 들지만, 나는 눈을 질끈 감으며 내 자신과 어떻게 해야 하는가를 알고 있는 나를 분리시킨다. 그리고 그것을 가져간다. 올바른 행동방침이 무엇인지 알고 있지만, 내가 원하는 것을 얻는 그 순간에 무엇을 해야 하는 것인가와 나의 행동을 도덕적으로 분리하는 것이다.

2. 자제력 없는 행동. 고대 그리스인들은 아크라시아akrasia를 '자신이 내린 최선의 판단에 배치되는 행동' 또는 일반적으로 '의지의 결여'의 뜻으로 사용하였다. 어떤 이가 자신이 무엇을 해야 하는가를 알고 있지만(예를 들면, 배우자 있는 사람과 바람을 피우지 않는 것), 그것을 하려고 최대한의 노력을 하지 않는 것을 일컫는 말이다.

3. 사회적 압력과 이해관계. 사람들은 그들이 속한 사회에서 존경이나 인정, 우정, 연대 등의 사회적 보상을 받을 수 있을 때에 어떤 행동을 고수한다. 예를 들면, 공동화장실에서 한 사람이 소변을 보고 곧바로 떠나려다가, 누군가 세면대에서 손을 씻으면 자신도 손을 씻어야 할 것 같은 기분을 느낀다. 이런 경우 체면을 생각해서 다른 사람들처럼 습관적인 행동을 하게 된다.

많은 경우 사람들은 종교적 의례에 참석하도록 강요를 받는다. 이를 따르지 않으면 낙인이 찍히거나(여호아증인에서는 이것을 '제명하기' 그리고 '멀리하기'라 한다.) 또는 나쁜 사람이(사이언톨로지에서는 '다람쥐'라 부르면서 변절자로 폄하한다. 그리고 탈퇴한 회원들은 끊임없이 괴롭힘을 당하거나 심지어 위법적인 공격을 받은 사례가 수없이 많이 보고되었다.) 된다는 걸 의미한다.

신자들을 신앙에서 벗어나게 했더라도, 그들이 아무 일도 없었던 것처럼 곧바로 행동하는 것은 쉽지 않다. 이는 중재자의 노련함과도 관계가 없다. 결코 단념하지 않아야 한다. 그들이 신앙전통으로부터 빠져 나오는 것을 가로막고 다시 끌어들이는, 심지어 신앙을 단념했을 때에도 종교적 공동체와 관계를 유지하도록 강요하는 요인들은 수없이 많다. 그리고 그것들은 대개 우리가 어쩌지 못하는 것들이다.

우리가 통제할 수 있는 것은 설득하려는 사람들의 수이고 또 중재 능력을 지속적으로 발전시키려는 의지이다. 소통의 상호작용에 자신을 최적화하여 더 많은 사람들과 더 효과적인 중재를 성공시킬 수 있다. 시간이 지날수록 믿음 열림을 촉발하는데 있어 실패는 놀랍도록 줄어들 것이다.

중재 1

몇 년 전 유기농 식품점 계산대에서 기다리면서 앞에 있던 한 여성과 대화를 했다. 30대 후반의 여성은 물결진 머리에 편한 옷차림이었다. 그녀가 나에게 두 번이나 뭔가 말했는데 내가 잘 듣지 못하면서 대화는 시작되었다.

나 : 죄송하지만, 잘 듣지 못했어요. 한쪽 귀가 좀 그래서요.

(물건을 구분하는 막대를 옮기는 게 어떨까 하는 질문에서 이야기는 시작되었다.)

그녀 : 물어봐도 되는지 모르겠지만, 귀가 나면서부터 그랬나요, 아니면 어떤 사고라도?

나 : 괜찮아요. 그런 것을 다 묻고, 재밌네요. 몇 년 전 아침에 일어나니 갑자기 왼쪽 귀가 들리지 않았어요. 귓밥 때문이라고 생각했죠. 그래서 의사인 아내에게 봐 달라 했더니 아내가 전문의에게 진료받는 것이 좋겠다고 하더라구요. 특발성 난청 진단을 받았어요.

그녀 : 안타깝네요.

(우리는 간단하게 난청의 어려움과 그 치료에 대해 이야기했다.)

그녀 : 침을 맞아본 적 있나요? 제가 침술사라서 물어 보는 거예요.

(그녀는 명함을 내게 건넸다. 그녀는 자연요법 치료사였다.)

나 : 아니요. 별 효과가 없을 것 같아 해 보지 않았어요.

그녀 : 아니에요. 효과 있어요.

나 : 정말요? 효과가 있다는 것을 어떻게 알죠?

그녀 : 아픈 사람들을 치료해 왔기 때문이죠, 제가 직접이요.

나 : 일종의 선택편향selection bias(표본의 사전, 사후 선택에서 객관성을 잃어 통계 분석을 왜곡되는 편향—옮긴이)이 아닌가요?

그녀: 아니요.

나: 어떤 병들을 고쳤나요?

그녀: 모든 병이요. 말해 보세요. 거의 다 고쳤어요.

나: 파킨슨 병, 에볼라 바이러스, 자폐증?

그녀: 그런 병은 아직 안 해봤는데요.

나: 만일 그런 병을 가진 사람이 찾아오면, 고칠 수 있겠어요?

그녀: 모르겠어요. 해봐야죠.

나: 조금 평범한 예를 들면, 나처럼 난청인 사람은 어때요? 치료할 수 있나요?

그녀: 할 수 있다고 하면, 믿을 건가요?

(나는 계산대에 섰고 그녀는 조금 떨어져 있었다.)

나: 믿을게요. 당신이 만일 성공한다면, 제가 자비를 들여서라도 당신을 세계의 모든 어린이 병원에 데려 가겠어요. 솔직히 말해, 이런 병들을 고칠 수 있는데, 치료해 주지 않는다면 엄청 지탄받을 일이고 어쩌면 죄를 짓는 것일 수도 있어요. 당신은 훌륭하고 친절한 사람이라고 생각해요. 치료가 필요한 사람들에게 저렴한 비용으로 치료하는 걸 마다하지 않을 거라고 봅니다. 침술의 효과를 진짜 믿는다면, 자원봉사 차원으로 그 일을 해 보는 것은 어떤가요?

그녀: 포틀랜드의 여러 병원들에 침술사들이 있어요.

나: 있긴 하지요. 근데 침술은 아직은 효과가 없지요.

그녀: 왜 그것이 효과가 없다고 확신하는지 이해할 수가 없네요.

나: 왜냐하면, 증거가 없기 때문이죠. 역으로, 실패의 사례는 많죠. 바커 바우셀의 〈돌팔이 과학 snake oil science〉(보조의학 및 대체의학 치료법들을 과학적으로 검증하고 있다—옮긴이)을 읽어보시길 바래요 (Bausell 2007).

그녀: 침술 효과를 증명하는 많은 연구들이 있어요. 나는 수없이 그것들을 읽었고 내 경험으로도 확인했어요.

나: 한 가지만 예를 들어 주세요.

(침묵)

그녀: 지금 당장 생각이 나지 않네요.

나: 하지만 아직도 침술의 효험을 지지하는 연구들이 많다고 생각하시는 거죠?(우리와 달리 서양에서는 침술 효과에 대해 플라시보 효과와 다를 바 없다는 회의적 시각이 지배적이며, 의료계와 보험업계 등에서 논란이 계속되고 있다. 의료전문가 네트워크인 코크란(www.cochrane.org)이 이러한 회의적 논의를 주도하고 있다—옮긴이)

그녀: 물론이죠.

(대화는 끝났다.)

중재 2

복음주의 성향의 대학교에서 가르치고 있는 한 교수와 다음의 대화를 나누었다. 그는 기독교신자인데, 놀랍게도 그의 종교적 믿음에 증거들이 있다고 주장했다. 본격적인 대화 부분을 소개한다.

나: 그래서 명확히 했으면 좋겠어요. 당신은 예수가 신의 아들이라고 100% 확신한다는 거죠.

그: 물론이죠.

나: 아울러 성경에 나온 이야기들이 충분한 증거들을 가지고 있다고 생각한다는 거죠. 제가 정확히 정리한 것 맞죠?

그: 네, 맞아요.

나: 제가 좀 더 잘 알고 싶어 그러는데, 좀 더 이야기를...

그: 괜찮아요.

나: 고마워요. 그럼 예수라는 이름을 가진 인물이 실제로 있었다는 말이죠.

그: 그렇고말고요.

나: 그럼 성경에 쓰여 있는 대로 그가 행동한 것도 틀림없나요?

그: 성경 말씀대로 예수는 행했지요. 맞아요.

(우리는 예수가 행했다는 기적들과 '성경에 쓰여 있다'는 것이 과연 믿을만한 증거가 되는지에 대해 토론했다.)

나: 근데 내가 정말 이해할 수 없는 건 이 부분이에요. 이런 기적

들을 입증하는 충분한 증거들이 있다고 확신한다는 거죠?

그: 네, 그렇게 말했죠.

나: 좋아요. 증거가 있는 믿음일 경우, 뒤따르는 어떤 추가적인 증거에 따라 누군가의 믿음도 바뀔 수도 있는 거잖아요. 어떤 증거가 나오면 당신 마음이 바뀔 수 있나요?

(곧바로 대답을 했다.)

그: 예수의 **뼈**요.

(예수가 하늘나라에 있지 않다면 예수의 뼈가 발견될 수 있고, 그렇다면 부활 신화는 거짓이다는 의미가 될 것이다.)

나: 예수의 뼈가 있다면 의심할 수도 있겠다는 말이죠?

그: 그렇죠.

나: 하지만 예수의 뼈라는 걸 어떻게 알 수 있죠?

(한동안 침묵이 이어졌다.)

나: 만일 어떤 저명한 고고학자가 "우리는 이스라엘의 한 고대 무덤에서 예수의 **뼈**를 발견했다"라고 했어요. 그러면 그것들이 예수의 뼈인지 어떻게 아느냐고 되묻지 않겠어요?

그: 당연히 그러겠죠.

나: 그렇다면 어떤 대답이면 만족할 건가요?

(그는 알아 듣지 못했다는 듯이 나를 바라봤다.)

나: 내 말은, 그 고고학자가 무슨 말을 해야 그것이 예수의 뼈라고 당신이 확신하겠느냐는 거예요.

그: 음, 정확히는 잘 모르겠어요. 우선 그 사람 말을 들어봐야겠죠.

나: 당신 삶에 있어 그렇게 중요한 문제에 대해 그런 반응을 하다니 이해할 수가 없군요. 그러니까, 무엇이 당신 믿음을 검증할 수 있는지, 모른다는 거군요.

그: 알죠. 이미 말했던 것처럼, 예수님 **뼈**요.

나: 그러니까 어떤 증거가 있어야 그것들이 진짜 예수의 뼈라고 동의할 수 있나요? 당신이 그것들이 예수의 뼈라는 걸 알지 못한다면, 또는 당신이 알 수 있는 방법이 없다면, 그렇다면 당신의 믿음이 맞는지 틀린지 알 수 없는 거잖아요. 당신의 믿음이 반증가능하지 않다면, 당신이 정말 증거에 따라 그걸 믿는 걸까요?
(잠깐의 시간이 흘렀다.)

나: 진지한 이야기예요. 솔직히 당신을 진실한 사람으로 생각하기가 어려워요. 당신은 마음을 바꿀만한 그 어떤 증거도 있을 수 없다고 생각하고 있잖아요.

그: 있어요. 이미 말했잖아요.

나: 하지만 그 주장을 믿지 않잖아요. 그저 말뿐이죠. 불가능한 조건을 만들어놓고 그거면 된다고 하고 있잖아요. 그건 지성인의 태도가 아니죠. 지성인이라면 논리적 사유와 증거를 토대로 믿음을 가져야 하잖아요.

(침묵)

나: 이해할 수가 없네요. 어떻든지 난 믿을거고 증거는 상관없다고 말하는 게 어때요? 그게 훨씬 더 정직한 것이고 당신 삶에 더 떳떳한 것 아닌가요?

그: 이미 말했잖아요. 난 증거에 열린 마음이라고. 사람들 말에 귀 기울일 거라고요.

나: 믿을 수 없어요. 당신은 지금 증거를 받아들이는 척하고 있을 뿐이죠. 실제로는 증거에 귀기울이지 않아요.

그: 난 증거를 받아들여요. 하지만 당신은 신앙에 마음을 열고 있지 않아요.

나: 지금 우리 문제는 내가 신앙에 열려 있느냐 하는 문제가 아니잖아요. 당신이 증거에 열려 있느냐 하는 문제죠. 말은 그렇게 하

지만, 그 증거에 대해 구체적인 이야기를 하지 못하잖아요. 정확하게 그 증거가 어떤 것이어야 하나요?

그: 신앙은 이성이 가고자 희망하는 것에 대한 믿음이지요.

나: 그건 '심오한 듯 말하기'에 불과해요. 본론으로 돌아오세요. 만일 저명한 고고학자가 예수의 뼈를 발견했다고 발표한다면, 어떤 증거가 뒷받침돼야 그가 한 말을 믿을 건가요?

(대화는 끝났다.)

깊이 알기

논문

블록 & 발룬, "불일치 정보에 대한 행동 수용성 Behavioral Receptivity to Dissonant Information" (Brock & Balloun 1967)

데이비드 갈 & 데렉 루커, "의심하면, 우긴다! When in Doubt, Shout!: Paradoxical Influences of Doubt on Proselytizing" (Gal & Rucker 2010)

책

캐스 선스타인, 〈우리는 왜 극단에 끌리는가 Going to Extremes: How Like Minds Unite and Divide〉, (Sunstein 2009), (이정인 옮김, 프리뷰, 2011).

영상물

피터 보고시안, "언행일치 Walking the Talk" https://www.youtube.com/watch?v=9ARwO9jNyjA

피터 보고시안, "비판적 사고 집중 훈련 Critical Thinking Crash Course" http://www.youtube.com/watch?v=A7zbEiNnY5M

4장
중재 전략

"종교적 믿음은 사람들이 빠져들 땐 걷잡을 수없이 빠져 들지만, 벗어날 땐 매우 더디다는 증거가 있다. 진실은, 즉각적으로 설득당하여 믿음에서 벗어나는 사람은 거의 없다는 점이다. 그렇다고 특정한 종교적 믿음에서 빠져 나오는데, 사람들이 설득되지 않는다거나 또는 설득할 수 없다는 말은 아니다. 나는 종교적 믿음을 뒤로 하고 떠나온 많은 사람들과 이야기를 해왔는데, 비판적으로 그리고 주체적으로 생각하려는 의지가 언제나 결정적인 역할을 한다는 것을 알게 되었다." _ 스티븐 로

"기독교 교사, 학생 그리고 평신도로서 우리는, 우리가 관련된 모든 것에서의 더 폭넓은 영적 전투를 결코 잊어서는 안 되며, 우리가 다른 사람들의 신앙을 파괴하는 사탄의 악기가 되지 않도록, 우리가 쓰고 말하는 것에 최대한 경계해야 한다." _ 윌리엄 레인 크레이그, 〈어려운 질문, 진짜 대답 Hard Question, Real Answer〉

이 장에서는 본격적인 중재 전략과 기법들을 제시한다. 사람들을 신앙에서 벗어나도록 돕기 위해 고안된 효과적인 중재의

기본 원칙들도 함께 다룬다. 이 기법과 전략들은 전문가 평가를 거친 다양한 연구문헌들에서 인용하였는데, 광신적 집단에서 벗어나도록 하는 기법, 알코올중독자와 마약중독자를 위한 효과적인 처방들 그리고 여러 교육적 중재 관련 연구문헌들을 포함한다. 나는 실재 중재에서는, 이 장에서 설명하고 있는 일반적인 전략들과 다음 장에서 논의될 소크라테스 문답법을 결합하여 사용하고 있다. 가장 이상적인 것은, 이 전략과 기법들을 중재 대상의 여러 전후 사정 그리고 여러분 각자의 특성과 스타일에 맞게 조정하고 구체화하여 활용하는 것이다.

미국만 보더라도 신자들을 신앙에서 벗어나도록 하는데 나설 수 있는 50만 명이 넘는 행동하는 무신론자 '상비군'이 있다. 미국의 인구는 약 3억 1,200만 명이다. 그 중 5%의 사람들이 신을 믿지 않는다(CBS news 2012). 이들 1,560만 명의 무신론자 중 단지 5%만 행동하는 무신론자가 되어 신앙의 고통을 제거하기 위해 적극적으로 노력하면, 78만 명의 행동하는 무신론자가 미국 전역에서 하루에 백만 번의 (이성의) 예방접종을 사람들에게 할 수 있다.

파트 1: 중재

당신의 새로운 임무: 중재자

"재교육자deprogrammer(광신집단이나 사교 등에 세뇌당한 사람을 상담하고 교육하는 사람—옮긴이)는 오도 가도 못하는 곳에서 벗어나려는 겁먹은 말들에게 냇물을 건너는 것이 결코 위험한 것이 아니라고 확신시키는 조련

사와 같다."_ 조셉 스짐하르트, "면도날이라니 Razor's Edge Indeed", 2009.

"신앙이탈을 설득하는 방법인 디프로그래밍은, 현실에 대한 광신적인 해석과 다른 대안에 대한 욕구에 크게 좌우된다. 광신적 종교와의 불화를 설득한 이후에, 또는 불화를 유도하는 방법에 있어서도, 재교육자들은 일반적으로 개종과 광신도의 세뇌모델을 제공한다. 이것은 기본적으로 그들의 종교적 활동에 대해, 그 집단과 함께 한 것에 대해 … 개인의 책임을 면죄해 주는 치료 모델의 하나이다. 그것은 또한 사람들이 다시금 주체성과 지적인 자유를 느낄 수 있도록 하여 그 집단에서 벗어나 살아갈 가능성을 유지시킨다. 경쟁적인 종교적 세계관을 수용하는 방법과 비슷한 방식으로 신앙이탈을 유도하는 것이다. 그러한 모델 또는 패러다임은 개인들이 광적인 세계관과 그 속에서의 저마다의 경험들을 재해석할 수 있는 인지적 틀을 제공할 뿐만 아니라, 그것을 벗어난 삶을 기대하도록 한다."_ L. 노먼 스코노브드, 〈신앙이탈 Apostasy〉, 1981.

우리의 역할은 중재자다. 해방자다. 목표는 신앙이다. 선의를 갖고 다가갈 대상은 신앙에 감염된 사람들이다.

행동하는 무신론자는 신자와의 모든 대화를 중재로 보아야 한다. 하나의 중재는 사람들을 돕고자 하는 것이고 또는 치유가 필요한 상태인 '대화 상대'의 믿음과 행동 하나 또는 둘 다를 변화시키는 것이다. "신앙으로 뒷받침되는 믿음"이나 "신앙에 토대를 둔 인식원리"를 가지고 있는 상대가 출발점이다. 결승점은 그들의 종교적 믿음에 대한 확신과 자신감을 낮추고 줄이는 것(또는 믿음 전부를 제거하는 것)이다.

실제적인 의미에서 마약 중독자가 마약 남용에 대해 치료를 받는 것과 비슷한 방식으로 대화를 통해 치유하는 것이다. X라는 상태에서 마약중독자가 치료센터에 들어오고, 치료를 받고, 나서 Y라는 희망적으로 개선된 상태가 되어 시설을 떠난다. 우리는 마약 중독자 치료를 하는 대신에, 종교적 바이러스에 감염되어 있는 사람들을 치유하는 것이다.

나는 거의 모든 상호작용을 중재로 보고 있다.[26] 나는 상대가 보다 명확하고 이성적이고 효율적으로 생각하도록 돕기 위해 상대의 사유 프로세스에 개입하려고 한다. 소크라테스는 사유는 자신의 영혼과의 침묵의 대화라고 했다. 이 말은 내가 누군가의 사유 프로세스에 개입하려는 것이, 내 머리 속에서 사유하는 일과 다르지 않다는 의미이다.

자신과 대화하기와 다른 이와 대화하기는 똑같다. 둘 다 중재의 기회이다. 비록 신자와의 대화가 불과 3~4분에 그친다 해도, 그가 신앙에서 벗어나고 망상으로부터 자유로운 삶을 살도록 도울 수 있는 기회이다.

신자와의 대화를 논쟁이나 의견대립이 아닌 중재로 보게 되면 다음의 이점들을 얻게 된다:

- 중재에서 더 많은 객관성을 유지하고 차분해질 수 있다. 열정만으로 치유할 수는 없기 때문에 이러한 자세는 매우 중요하다. 이성을 신뢰하고 어떤 믿음이든 심사숙고하는 사람, 바로 당신이 다른 사람에게 원하는 그 행동의 모범이 되어야 한다.
- 당신이 하는 활동을 중재로 보고 비판만 하는 대신 신앙을 가진 사람을 도움이 필요한 사람으로 배려한다면, 성공할 가능성이 훨씬 높아진다. 긍정적이고 수용적인 태도가 치유 효과를 높인다.

- 당신이 "화로 가득 찬 무신론자"로 비춰질 가능성이 줄고, 당신이나 모든 무신론자들이 "신(들)을 갖지 않아 화로 가득 차 있어" 신자들을 못마땅해 한다고 볼 가능성도 줄어들 것이다. 종교 옹호론자들은 이러한 논리를 잘 이용해 오고 있고, 상대가 당신이 화내는 것을 눈치 챘다면, 치유가 순조롭지 않고 진전이 더디거나 심지어 악화되거나 신앙 바이러스가 활성화되기도 한다. 작가 그레타 크리스티나는 〈왜 무신론자는 화를 내는가? 신을 믿지 않는 사람들을 열 받게 하는 90가지 일들 Why Are You Atheists So Angry? 99 Things That Piss Off the Godless〉에서 무신론자와 화에 대해 쓰기도 했다.
- 대화를 중재로 보게 되면 모든 중재에서 주의 깊게 듣고 배울 수 있다. 결과적으로 이는 상대의 변화 가능성을 높인다. 또한 자신의 중재 능력을 더 발전시킨다.
- 중재를 지켜보는 사람이 있다면 적절한 치유양식을 알게 되고, 그도 다른 이를 돕는 일을 하게 될 것이다. 모든 사람이 잠재적 행동하는 무신론자다.
- 중재는 이기고 지는 것에 관한 것이 아니고, 사람들이 망상을 알아채고 의심의 감각을 되살리도록 돕는 것이다. 개인적 측면에서도 토론 승리의 쾌감보다 더 깊은 사람들을 돕는 데서 오는 만족감을 느끼게 될 것이다.

모범적 행동

"우리 스스로를 바꾸면 세상을 변화시키게 된다." _ 마하트마 간디

"당신이 원하는 것을 단지 말하지만 말고, 보여줘라." _ 맷 손턴, 사회운동가

이 책을 읽는 당신은 아마 이성을 중시하고 사려 깊게 생각하는 합리적인 태도를 이미 지녔을 것이다.(이상적인 비판적 사고자의 정의와 특성들에 대해서는 부록 A를 참고하라.) 이는 신자들을 대할 때 비적대적 관계(Muran & Barber 2010)를 만드는 것과 더불어 가장 중요한 태도이고, 신자들에게 보여야 할 본보기의 일순위이다.[27]

우리 편 아니면 적이라는 이분법으로 세계를 보지 않아야 한다. 사람들이 정확하게 사고하고 신뢰할 수 없는 인식론을 버리도록 하는 일은 '문화 전쟁culture war'(이념 종교 철학의 차이에서 기인하는 대립-옮긴이)의 총격전이 아니다. 신자들과의 토론은 이성적으로 사고하도록 그리고 알지 못하는 것을 아는 체 하는 것을 놓아 버리도록 진심으로 다가가는 기회이다. 그들도 또한 당신에게 이성적 · 과학적 사유 성향을 발전시킬 기회를 제공한다.

신자들이 당신이 모르는 것을 알고 있거나, 당신이 놓쳤을 추론의 효과적인 방법을 알고 있고, 당신이 보다 명료하게 사고하도록 도움을 줄 수도 있음을 잊지 않아야 한다. 당신이 모르는 무언가를 누군가 알고 있다는 사실을 잊지 않고 증거에 따라 마음을 바꿀 수 있다는 열린 자세를 가지고 있어야만, 적대적 관계를 만들지 않을 수 있다. 그리고 당신이 싸우고자 하는 것이 되어 버리는 어리석음도 피할 수 있다.

이성을 향한 여행의 마지막 단계에는, 많은 사람들이 스스로에게 묻게 된다. "이제 어째야 하나? 내 신앙이 거짓으로 밝혀졌는데, 이제 무얼해야 하나?" 이때 행동하는 무신론자의 태도, 언어, 행동은 그들에게 본보기가 된다. 이성을 신뢰하고, 모르는 것을 아는 체 하지 않고, "나는 모른다"라는 사실을 순순히 받아들이고, 알지 못하는 것을 편안하게 대하며, 믿음의 교정 가능성을 열어두는 것, 이것이 바로 우리가 보여줘야 할 모습이다.

믿음 열림

"당신이 나와 비슷한 류의 사람이라면 기꺼이 질문을 계속해야겠군요. 아니라면 그만 둬야지요. 내가 어떤 부류의 사람이냐고요? 내가 어떤 것이든 거짓을 말한다면 기꺼이 논박당하고, 다른 사람들이 거짓을 말하면 어느 누구라도 기꺼이 논박하는 사람들 중의 하나지요. 하지만 논박당하는 것이 엄청난 이득이기 때문에, 논박하는 것보다 논박당하는 것이 더 큰 기쁨이지요." _ 소크라테스, 〈고르기아스〉

X에 반대하는 논쟁을 하고 있을 때는 언제든지, 맹목적인 X 반대자가 될 위험이 있다. 신자들과의 토론에서 가장 힘든 일은 믿음에 대해 닫혀 있는 사람과의 대화이다. 거의 병적인 믿음으로 고통 받고 있는 사람은 논증에 귀를 기울이지 않고, 대안들에 대해서 세심하게 생각하지 않으며, 자신의 결론을 도출하는데 유리한 증거와 자료 만을 선택하는 퇴행을 보여준다(이를 확증편향이라 한다).

불변의 진리를 알고 있다고 자신만만해 하는 순간에, 우리는 스스로 믿음의 적이 되어 버린다. 영원히 변함없는 진리를 알게 되었다는 그 순간부터 우리의 인식론적 병이 시작된다. (영원히, 변함없는 이라는 표현이 조금 망설여진다 해도 마찬가지다.) 자신이 절대적 진리를 알고 있다고 생각하는 사람들 보다 더 위험한 사람은 없다. 솔직하게 질문하고 열린 자세를 가진 정직한 탐구자들은 웬만해선 세상을 불행하게 만들지 않는다. 믿음에 닫혀있는 열정적인 신자들이 인류에게 고통을 주고 삶의 질을 망가뜨리는 원인이 된다.

열린 자세와 진실한 마음으로 대화에 임해야 한다. 설사 상대가 호혜적이지 않다 하더라도 그렇게 해야 한다.[28] 상대가 당신이 모르는 뭔가를 안다면 모르는 것을 인정하라. 절대로 알지 못하는 것을 아는 체 해서는 안 된다. 신자들은 의도적으로든 아니든 자신들이 아는 것을 당신이 모른다는 이유로, 당신이 '열등하다'고 느끼게 하려고 애를 쓴다.

중재에 갓 입문했을 때 갖기 십상인 개인적이고 사회적인 무력감을 극복하는데 나의 충고는, 모른다는 것을 자연스럽게 받아들이고 아는 체 하지 말라는 것이다. 다른 이들이 비웃거나 또는 그들이 아는 체 하는 무언가를 아는 체 하지 않아 무력감이 들게 할지라도 그렇게 해야 한다.

파트 2: 전략

사실은 별 소용이 없다

"사실fact들이 반드시 우리의 마음을 바꾸는 것은 아니다. 실제로는 그 반대의 경우가 많다. … 사람들에게 잘못된 정보가 입력되었을 때, 특히 정치적 반대자들은 뉴스에서 정확한 사실들이 노출된다고 해도, 그들이 마음을 바꾸는 경우는 흔치 않다. 실제로는 오히려 그들의 믿음을 강화하는 경우도 아주 많다. 사실은 잘못된 정보를 바로잡지 못한다. 함량이 부족한 항생제처럼 사실은 잘못된 정보를 실제로 더 확고하게 만들기도 한다." _ 조 커헤인, 〈사실의 역설 How Fact Backfire〉

사람들은 증거의 뒷받침 없이 믿음을 만들어내는 버릇으로 인해 인식의 함정에 스스로 빠져든다. 따라서 대부분의 사람들이

지지하는 믿음들은 실재와 어긋난다.[29] 믿음을 형성할 때 증거의 역할을 중요하게 생각하지 않고 살아왔다면, 증거에 입각하여 믿으려는 성향을 갖기가 쉽지 않다. 따라서 신앙에 기반을 둔 믿음을 바꾸려는 의지가 없는 단계에서 이 믿음을 교정하려 시도하면, 사실들은 별 소용이 없게 된다. 그들이 지금껏 증거를 토대로 믿음을 만들어왔다면 현재 인식의 진흙탕에 빠져 있지도 않았을 것이다.

특정한 종교적 믿음을 바로잡으려 할 때 특정 사실이나 지표 같은 증거들을 제시하지 말라고 하면, 초보자들은 선뜻 이해하지 못한다. 이성적인 사람들 대부분은 신자들이 종교적 믿음이 신뢰할만한 증거에 근거하고 있지 않다는 사실을 불가사의 하게도 모르고 있다고 생각한다. 그래서 "자 봐라!"하며 강력한 증거들을 보여 주기만 하면, 치유될 것이라 생각한다. 명백히 잘못된 생각이다. **중재의 핵심은 믿음들을 바꾸는 것이 아니라, 사람들이 믿음을 만드는 방식을 바꾸는 일이다.** 그래서 인식원리라는 용어를 쓴다. 여러 사실들을 대화에 끌어들이는 것은 문제를 분명히 하는데 도움이 안 된다. 그들의 문제는 사용하는 인식원리에 있지, 그들이 가지고 있는 결론에 있지 않다.[30]

증거를 제시하여 신자들을 설득하려는 것이 소용없다는 점은 특히 근본주의자나 병적인 믿음에 사로 잡혀있는 사람들이 경우에서 또렷이 나타난다. 예를 들어, 어떤 근본주의자가 지구 나이가 4,000년이라고 믿는다면, 그 사람에게 보여 주는 어떠한 증거, 일련의 사실들, 데이터도 그의 믿음을 바로잡는데 도움이 안된다.[31] 지구의 나이가 4,000년이라는 믿음은 다른 믿음에 근거하고 있다. 다시 말해, 자신이 지지하는 믿음체계 안에서 성경과 같은 것에 의존해서 그런 믿음을 만들지, 믿음체계 밖에서 지구의 나이를 따지지 않는다. 지지하고 있는 믿음체계는 개개인의 믿음의 싹이 나고 뿌리가 내리는 땅과 같다.

사실들을 제시하는 것은 또한 무엇이 믿을만한 증거인가에 대한 토론으로 빠져 들어 생산적이지 못하게 된다.³² 이것은 합당하고 중요한 주제들이긴 하나, 우리의 중재 맥락에서 자주 다루어야 할 주제는 아니다.

대개의 신자들은 심각한 확증편향에 시달리고 있다. 그들은 먼저 핵심 믿음에서 시작하여 특정한 믿음들을 이것이 뒷받침하는 방식을 택한다. 예를 들어, 신성을 가진 그리스도에서 출발하게 되면, 무덤이나 증인들 등등 어떤 증거들에 대한 논의도 쓸데없는 일이 되고 만다. 믿음과 모순되는 증거가 토론에서 제기되더라도 믿음을 바꾸는데 설득력을 발휘하지 못한다.

모순되는 증거들은 예외적이며 적절하지 않고 모욕적이며 가당치도 않는, 거의 가능성이 없는 것으로 취급된다.

모든 종교 옹호론자들은 극단적인 확증편향으로 인해 인식론적으로 거의 바보가 되었다.³³, ³⁴ 게리 하버마스는 인지적 만성병 환자의 전형적 예다. 하버마스는 역사적인 예수에 대한 믿음을 뒷받침하는 충분한 증거들이 있고, 그가 기적들을 행했으며 (Habermas 1997) 예수가 부활했다는 것을 믿어야 한다고—내가 보기에 그는 실제로 믿었다—주장한다(Habermas 1996, 2004). 가장 기본적이고 초보적인 이의제기(사람들이 거짓말했고, 누군가 무덤을 약탈해 갔고, 증인들을 믿을 수 없고 등)가 나올 때조차도, 그는 가장 희박한 논리적 가능성을 택하고 나서, 그것을 단순한 개연성으로 보는 것을 넘어 사실이라고 믿어 버린다. 그가 이렇게 하는 것은 그리스도의 신성성 그리고 성서는 진실이다는 근본적인 믿음에서 출발했기 때문이고, 그런 다음 편리하게도 논리적 사유의 원칙들을 무시한 채 그의 믿음에서부터 거꾸로 추론을 한다. 먼저 믿음에서 출발해 역으로 추론하는 것을 통해, 그의 믿음은 그에게 완벽한 지각을 만들게 되고, 같은 믿음으로 시작한 사람들도 마찬가지 결과를 얻는다.

확증편향의 또 다른 예는, 누군가 목사에게 지금 신앙에 대해 의심하고 있다고 말했을 때 여실히 나타난다. 목사는 성경을 읽고 기도하라고 말한다. 먼저 믿음을 가지고 시작한 다음, 무엇이 일어나는지를 보라고 말하는 것이다. 물론 일어나는 일은 그들의 믿음이 강해지는 것이다. 비슷한 충고가 무슬림에도 있다. "마음속에 알라를 기억하라"로 번역되는 디크르dhikr(코란 낭송) 또는 지크르zikr(일종의 찬송)라 불리는 것들이다. 무슬림은 "알라는 위대하다", "알라에게 영광을" 같은 구절이나 다른 여러 구절의 끊임없는 반복을 통해, 더 강력한 신앙심을 '성취한다.'

믿음 닫힘은 언제나 증거에 상관하지 말라는 압박의 결과이다. 그래서 신앙에 의한 믿음 닫힘에 고통 받은 사람들과의 대화에서 사실 증거 지표의 제시를 피해야 한다. 그것들은 치유에 도움이 안 된다. 신앙을 단념시키는데 도움이 안 된다. 인식원리에 초점을 맞추고 이 장의 기법들과 다음 장에서 다룰 소크라테스 문답법을 활용하는 것이 대안이다.

믿음의 구조: 근본을 공략하라

어떤 전통을 파괴하려면 먼저 온전히 이해해야 한다는 프랑스 철학자 자크 데리다의 유명한 말이 있다. 마찬가지로 누군가의 엉터리 믿음을 극복하도록 돕고자 한다면, 인식론적 중재의 맥락에서 그 믿음의 구조를 이해하는 것이 매우 중요하다.

믿음(인식)의 정당화는 어떻게 가능한가에 대한 철학의 답은 두 가지가 제시되었다. 정합론coherentism과 토대론foundationalism이다. 정합론자들은 믿음 진술이 진리로 입증되는 것은 믿음체계에 있는 다른 진술들과 그것이 일치하는지 또는 어울리는지 여부에 달렸다고 생각한다. 예를 들어, 영화 〈매트릭스 Matrix〉를 생각해 보자. 정합론 관점에 따를 경우 당신이 매트릭스(컴퓨터가 만든 가상세계-옮긴이) 안에 있다면, 여타 판단 기준들이 그 책상은 실제로 책상이라고 가리키기 때문에, 책상으로 보이는 것이 실제 책상이라고 믿은 것은 당연하다.

토대론자들은 특정 믿음이 다른 믿음으로부터 추론될 수 있다면 정당화된다고 주장한다. 데카르트가 대표적인 토대론자이다. 그는 자신의 믿음의 토대로 '존재한다'는 사실에서 출발한다: "나는 생각한다, 고로 존재한다." 데카르트는 이 명제에 기반하여 추가적인 명제들을 구성하였다. 먼저 감각의 신뢰성을 구축하고, 그러고 나서 세계에 대한 자신의 지각의 정확성에 관련된 명제들을 구성하였다. 즉 그가 뭔가를 분명하게 인지했을 때 그리고 그가 속고 있지 않다는 것이 명백할 때 세계에 대해 말하기 시작한 것이다. 데카르트와 토대론자들은 더 이상 바꿀 수 없는 기초적인 명제에 자신의 믿음들의 근거를 두면서 세계를 알게 된다고 한다.

정합론은 어떤 이의 인식의 전체 풍경 속의 특정의 인식 결과물(고대 문서들, 누군가의 생각, 누군가의 경험 등)이 서로가 서로를 정당화하는 것으로 사용되기 때문에, 신앙 관련 중재에서 적용할 수 없다. 예를 들면, 누군가가 개인적인 경험을 통해 유란시아서The Urantia Book는 진리라고 확인했고, 자신의 느낌이 확증적인 증거라고 단호하게 주장할 수 있다. 정합론의 관점을 취할 경우에, 이처럼 정당화의 무한순환(논증되어야 할 명제를 논증의 근거로 삼아 이를 반복하는 것-옮긴이)으로 빠져들게 되어, 유란시아서 또는 그들의 느낌 등등을 무력화하거나 그것에 의미 있게 개입하는 것은 어렵다. 다시 말해 각각의 인식 결과물은 다른 인식 결과에 의해 정당화될 뿐, 믿음체계 외부의 어떤 것들로부터도 정당화되지 않는다. 따라서 모든 것이 정확히 매트릭스 안에 있는 것처럼 정합론자 체계 내부로부터만 정당화된다.

행동하는 무신론자들은 신앙을 허무는데 있어 토대론 패러다임을 사용하여야 한다.

토대론과 집

믿음의 구조를 건축의 구조로 이해하는 것이 도움이 된다. 믿음체계를 커다란 집으로 보는 것이다. 토대가 되는 믿음들이 집의 전체 구조를 받치는 기초로 맨 아래에 있다. 두 번째 그리고 세 번째의 믿음들이 건물의 기둥처럼 있다. 이 믿음들은 구조에 일관성과 견고함을 제공하기 때문에 중요하지만 이것들이 구조의 지탱에 꼭 필요한 것은 아니다.

건물을 완전히 허물기 위해서는 기초부터 시작해야 한다. 기둥 구조를 걷어내면 전체 건물이 무너질 것이다. 신앙이 기초다. 신앙은 믿음들의 전체 구조를 지탱한다. 신앙을 무너뜨려야 전체 건축물이 허물어진다.

종교가 아니라 신앙을 공략하라: 신앙이 토대다

앞서 이야기 한 '네명의 기사'들은 종교를 가차 없이 공격했고 뿌리를 흔들었다. 그들의 노력을 통해 종교의 위험성과 사기적 본성을 폭로하는데 커다란 성공을 거두었다. 나는 이제 우리의 공격을 최우선적으로 신앙에 다시 집중하여 논의를 진전시켜야 한다고 주장한다. 신앙을 공략함을 통해 우리는 거의 모든 종교들을 일제히 허물 수 있다. 그리고 누군가를 종교에서 빠져 나오도록 하는 것보다, 그들의 신앙을 버리도록 하는 게 훨씬 쉬운 일이다. 우리의 중재의 목표는 종교가 아니라 신앙이어야 한다.

개인적인 그리고 학자로서의 나의 목표는, 아울러 이 책의 목표 또한 신자들을 도울 행동하는 무신론자를 키우는 것이다. 이를 위해, 사람들이 신앙에서 벗어나 이성과 합리성에 의지하고 성찰하는 삶을 사는데 필요한 성향을 갖도록 돕는 방법을 제시하고자 한다. 이성과 합리성을 발전시키는데 가장 큰 장애물은 신앙이다. 신앙이 무너지면 신앙에 기대고 있던 주변의 모든 것들이 한꺼번에 무너지게 된다.

종교는 사회적 경험이다(Höfele & Laqué 2011; Moberg 1962). 교회, 모스크, 유대교 회당, 절 등의 종교기관은 사람들이 우정, 사랑, 연대로 함께 모이는 곳이며, 즐거움과 의미와 만족감을 주는 일들, 생산적이라고 느끼는 일들, 위안을 제공하는 일들을 할 수 있는 공동체다. 탄생, 성년, 결혼, 죽음 등 삶의 중요한 시점마다 공동체적 기념행사는 특별한 의미가 있는 사회적 체험들이다. 교회에서 많은 사람들이 새로운 친구를 사귀고, 커뮤니티 홀에서 놀이를 즐기며, 같은 팀이 되어 경기에 참여하고, 친구들 그리고 낯선 이들과 함께 노래를 부르고, 데이트도 한다. 이것들이 바로 신자들 절대 다수가 그들의 종교 생활에서, 그들의 삶에 의미와 목적과 기쁨을 더하는 공동의 사회적 활동으로 경험하는 것이다(Argyle 2000).

종교에 대한 공격은 종종 친구, 가족, 공동체, 인간관계들에 대한 공격으로 받아들여진다. 그렇기 때문에 종교에 대한 공격은 사람들에게 그러한 인간관계에서 멀어지라는 주문으로 비춰져, 그들이 신앙에서 빠져 나오는 것을 더 어렵게 만든다.

이성적인 사람이 교회에 다닐 수 있는지, 한 학생이 내게 질문한 적이 있다. "이성적인 사람이 노래를 부를 수 있을까? 시를 읽는 것은 게임을 즐기는 것은 고대의 문서를 읽는 것은? 당연하다. 이 모든 것을 할 수 있고 그리고 이성적일 수 있다"고 답했다. 종교가 이성적이고 합리적으로 되는 데 넘을 수 없는 장애가 되는 것은 아니다. 사람들이 고대 문서를 읽는 것이 문제가 아니다. 나는 아이들과 함께 셰익스피어 작품을 읽었다. 하지만 나는 이아고, 햄릿, 리어왕이 역사상의 실존 인물이라고 생각하지 않는다. 또한 셰익스피어 작품에서 나의 궁극적인 도덕적 근거를 끌어오지 않는다. 셰익스피어 희곡에 대한 해석을 달리하는 경쟁자들을 죽이고 싶지도 않다. 뿐만 아니라 오셀로를 선거 이슈로 끌어들이려 시도하지도 않는다.

신이 아니라 신앙을 공략하라: 신앙이 토대다

신이 존재한다(잘못된 인식활동의 결과로 나타난 형이상학적 결론)고 믿은 사람들을 바로잡아 주려는 노력은 재미있고 기분 좋은 지적 놀이지만, 결론적으로 그들을 신앙에서 벗어나게 하는데 크게 도움이 되지 않는다. 신(들)을 믿는 사람들을 깨우치려는 시도는 문제를 잘못 짚는 것이다. 신은 잘못된 사유 프로세스의 결과로 (물론 사회적 문화적 압력도 작용한다) 갖게 되는 하나의 결론이다..잘못된 사유방법이 문제이고, 그것이 바로 신앙이다.

가공의 형이상학적 존재들을 사실로 받아들이는 것은 심각한 인식론적 오류의 결과이다. 신이 있다고 믿는 것이 문제가 아니다. 증거도 없이 믿는 것이 문제이고, 어떤 정당화도 없이 완강하게 고집하는 것이 문제이다. 겸손을 가장한 인식론적 오만이 바로 문제다. 신앙이 문제인 것이다. 상상의 형이상적 존재인 신을 믿는 것은 엉터리 사유방법과 비판적 사고 능력의 결함이 낳은 증상이고, 이것은 일차적으로 신앙을 통해서 만들어지고 신앙으로 지지되며, 아울러 신앙을 지원하고 또 신앙과 함께 작동하고 변화하는 사회·문화적 요소와 제도들에 의해서 옹호된다. 신이 있다고 믿는 것은 인식론적 실패에 따른 당연한 결과인데, 사회·문화적 메커니즘에 의해 이 형이상학적 믿음은 지탱되고, 이에 대한 인식론적 도전은 억압된다.

신이 존재한다는 믿음에는 엉터리 인식원리가 일정 원인이다. 잘못된 인식원리는 또한 종교 제도들을 구축하는데도 기여한다. 이 제도들이 이제는 그들 존재의 주된 이유들 중의 하나인 신앙에 권위를 덧씌우고 영양분을 공급하고 지탱한다. 유신론과 무신론 둘 다 인간이 쓰고 읽게 되면서 극복하였던, 역사 이전 시기의 관습에서 발생하여 발전한 것이다. 신앙 전통과 회의주의 전통도 마찬가지다. 신앙이 종교의 기원이 아니다(Brutus 2012). 신앙은 단지 많은 종교적 전통에서 나타나는 관념이다. 그리고 회의론은 이러한 전통에 반대하여 나타나는 관념이다. 신앙과 회의론은 더불어 나타나고 성장하였다.

신이 있다고 믿는 사람들을 교정하려는 시도는 대개가 논쟁의 역효과를 낳게 된다. 잘못된 전략이며 그들이 망상을 극복하는 데 전혀 도움이 안 된다(오히려 그들을 더 깊은 믿음 닫힘의 늪으로 빠지게 하고, 논쟁적으로 만들고 잘못된 생각을 더 합리화하게 한다). 또한 신의 존재를 믿는 것을 공략하는 것은 잘못된 행동의 본보기가 되기도 한다. 바로 꽉 닫힌 믿음이나 믿음체계를 가진 사람의 행동 그리고 믿음들을 정정할 능력이 없는 사람의 본보기를 우리가 보여 주는 위험에 빠지게 된다. 이것은 상대의 행동 변화를 이끌어내기 위해 보여줘야 할 행동이 아니다. 우리는 자신의 믿음을 교정하려는 의지가 있는 믿음 열림의 모범이 되어야 한다.

신이 존재한다는 믿음을 공략하는 것은 그것을 알 수 있느냐 없느냐와는 별개로, 호전적인 사람으로 비춰질 수도 있고, 형이상학적 극단주의자로 오해 받게 되어 그들을 점점 더 종교적 망상에 빠지게 몰아갈 수도 있다. 중재에서는 신이 아니라 신앙을 공략해야 이 지뢰밭을 피할 수 있다.

그래도 신이 존재한다고 믿는 사람들을 교정하고 싶다면

많은 독자들이 신 대신에 신앙을(인식원리를) 공략해야 한다는 나의 제안에 고개를 갸웃할 것이다. 사람들은 신의 존재에 대해 토론하기를 좋아하고, 쉽게 뚫을 수 있는 커다란 과녁이라고 생각한다. 이해할 만하다. 하지만 단지 과녁 한복판을 맞추는 것만이 목표가 되어서는 안 된다. 과녁은 물론이거니와 그 외의 것들이 기대고 있는 구조와 토대 전부를 완벽하게 무너뜨려야 한다. 행동하는 무신론자 흉내를 내는 사람들은 인내심이 없거나 아니면 단지 논쟁 '게임'을 즐기고 싶어한다.

그렇다 하더라도 신이 있다고 믿는 사람들을 반드시 깨우쳐 주고 싶다면, 거기에는 완전한 승리도 제압도 없기 때문에 목표를 잘 설정해야 한다. 예상할 수 있는 최상의 결과는 "신이 존재한다"는 상대의 확신에 변화를 가져오는 것이다. 이러한 나의 충고를 선뜻 받아들이지 않겠지만, 신 존재에 대한 확신을 무너뜨리기 위한 일반적인 전략을 간단하게 소개하고자 한다.

신의 존재에 대한 논쟁에 임할 때 승리의 조건을 고려해야 한다. 도킨스가 제시한 신 존재에 대한 믿음의 정도를 낮추는 것을 목표로 하는 것이 좋다. 신의 존재에 대한 절대적 믿음을 1이라 하고 신은 없다는 절대적 믿음을 7이라 하면, 어떤 사람의 경우 1에서 출발한다면 1.1이나 2로 바꾸는 것을 목표로 해야 한다. 신이 존재할 가능성이 거의 없다는 6으로 바꾸는 것을 목표로 할 수 있겠지만, 지나친 야망이다.

중재를 시작하면서 상대가 스스로 생각하는 도킨스 스펙트럼 어디에 속하는지를 솔직하게 물어 보라. 중재 끝 무렵에 다시 물어 보라. 이렇게 함으로써 중재 효과를 측정할 수 있다. 이는 어떤 것이 효과가 있고 없는지를 알게 되고, 이를 토대로 적절한 접근법을 조정하면 된다.

신의 존재를 의심하는 씨앗을 심고 도킨스 척도의 단 0.1만을 바꾸는 것으로도 그들의 인식의 대전환을 만드는 큰 성과라고 생각해야 한다. (누군가 추론을 보다 명료히 하고 이성적으로 생각하는 법을 배우면 자신의 결론에 대한 확신이 약해진다. 다시 말해, 자신의 믿음에 대한 확신의 수치를 낮게 부여하게 된다.)

상대의 도킨스 척도에 대한 자기진단을 한 단계 낮추는 확실한 전략의 하나는, 이 책에서 내가 끊임없이 주장하는 것인데, 인식원리에 집중하는 것이고 가능한 한 형이상학을 대화에 끌어들이지 않는 것이다. 이 점은 형이상학적 존재인 신에 대한 논의에서 훨씬 더 중요하다.

다시 말해, 존재에 대한 믿음(형이상학/신)에 집중하는 대신에, 알고 있다는 어떤 주장에 대해 어떻게 확신하게 되었는지(인식원리)에 집중하는 것이다.[35] 증명되거나 반박될 수 없는 형이상학적 존재들의 실재 여부를 토론 하는 대신, 그들이 있다고 주장하는 존재들에 대해 어떻게 알게 되었는지를 직접적으로 토론하는 것이다. (이것은 "신이 존재 하지 않는다는 것을 당신을 결코 증명할 수 없다"고 우기는 지적훈련 수준이 낮고 철학적 논의에 익숙지 않는 신자들의 가장 흔한 반박을 피하는데도 안성맞춤이다.)

각각의 인식론적 주장들을 분리하여 공략해야 한다. 예를 들면, "나는 마음으로 신을 느낀다" 라거나 "실제로 수천만의 사람들이 신을 믿는다"는 주장은 나누어야 한다. 각각의 주장들이 신이 존재한다는 믿음을 정당화하는데 충분치 않다는 것을 상대가 수긍하기 전에, 대화 주제를 한 주장에서 다른 주장으로 옮겨가선 안 된다.

다시 강조하지만, 신을 공략하지 말고 신앙을 공략하는 것은 언제 어디서나 권할 만한 일이다.

도덕과 믿음을 떼어 놓아라

신념에 찬 행동이나 신념에 차 있음을 자처하는 것이 고결한 것이라고 주장하면서, 어떤 명제에 믿음을 가져야 한다는 논리를 무너뜨리는 것은 매우 중요하다. 알지 못하는 것을 아는 체 하는 것이나 자신이 가진 또 다른 어떤 믿음에 의해서만 정당화되는 명제에 고귀함이 있을 리 없다. 흔들리지 않는 믿음을 가졌다는 것이, 믿음은 증거로 뒷받침되어야만 한다는 바로 그 믿음조차도, 그 자체가 숭고한 것은 아니다. 증거에 기반한 믿음을 형성하고 이에 따라 행동하는 것이 도덕적으로 더 나은 사람을 만드는 것도 결코 아니다. 그것은 단지 그 사람의 믿음이 참일 가능성을 높이고, 거짓이 될 가능성을 낮출 뿐이다.[36] 마찬가지로 증거를 토대로 믿음을 형성하지 않는다고 도덕적으로 나쁜 사람이 되는 것도 아니다. 아리스토텔레스는 윤리적 옳음과 지적 옳음을 구분하였고, 신뢰할 만한 인식원리를 발전시키려는 것은 지적 미덕을 위한 노력이라고 했다.

행동하는 무신론자들은 믿음에 걸맞은 행동, 자신이 갖고 있는 믿음이나 자신이 지지하는 인식원리에 대한 완강함이 도덕적 미덕이라는 생각을 떼어 놓으려 최선을 다해야 한다. 데닛은 이것을 "믿음을 믿다belief in beliefs"라고 했다. 사람들이 믿는 것은 그들이 믿어야만 하는 어떤 믿음들이라는 뜻이다. 데닛은 연구조사 논문 "믿음 없는 설교자 Preachers Who Are Not Believers"와 〈주문을 깨다 Breaking the Spell〉(김한영 옮김, 동녘사이언스, 2010)에서 이러한 것들을 폭넓게 다루고 있다(Dennett & LaScola 2010; Dennett 2007). 신앙은 미덕이며 신앙을 가져야 한다는 믿음이 신앙에서 벗어나려는 사람들에게 가장 커다란 장애물이다. (종교적 전통에 의해 사회 문화적 규범이 오랫동안 영향을 받은 서구사회에서 신앙과 도덕의 일체감이 우리 사회보다 훨씬 강하다-옮긴이)

신앙이 도덕의 근원으로 끼워 팔리고 있다. 많은 사람들, 심지어 신앙을 갖지 않는 사람들도 신앙을 갖는 것이 미덕이라는 잘못된 견해를 받아들인다. 신앙과 도덕의 연관성에 대한 오해는 반드시 끝내야 한다. 신앙과 도덕의 관련성을 떼어 놓는 것은 중요한 중재의 목표이다.

우리의 목표 중의 하나는 신앙을 갖는 것이 도덕적으로 미덕이라는(마찬가지로 어떤 명제를 믿는다는 것이 좋은 사람이 되게 한다는 생각도) 생각을, 신앙은 신뢰할 수 없는 추론 방법이라는 것으로 바꾸는 것이다. 다시 말해 신앙을 갖는 것이 도덕적이라는 생각을, 신앙은 실패한 인식원리라는 생각으로 바꾸는 것이다.

신자들의 사고에서 신앙과 도덕을 개념적으로 떼어 놓는데 한 가지 정답만 있는 것은 아니다. 전후사정을 파악하고 상대가 왜 신앙 주장들을 믿는지 그 이유를 이해하는 것이 중요하다. 나는 여기에 여러 가지 전략을 사용해 왔다. 신앙과 도덕의 분리를 위해 내가 즐겨 쓰는 방법은 이렇다.

- 신앙을 '알지 못하는 것을 아는 체 하는 것'으로 재정의하는 것이다. '신앙'이라는 단어의 의미를 설명하려는 다양한 논의들이 있지만, 중재에서 이 전략을 사용하여 놀라운 성공을 거두었다. 이는 '믿는 것'과 '희망하는 것'의 차이를 명확히 하는데도 유용하다.
- 신앙을 가졌다고 도덕적이지 않으며 그리고 신앙이 없다고 비도덕적이 않다는 사실을 명쾌하게 설명한다. 나는 도덕적인 사람이라는 평판을 가진 유명한 사람들 중 무신론자의 예를 자주 든다. 막대한 돈을 자선사업에 기부하는 빌 게이츠, 미식축구 선수로서 어마어마한 성공을 포기하고 조국에 자신의 목숨을 바쳤던 팻 틸먼(NFL 애리조나 카디널스의 선수로 거액의 계약을 앞두고 있다 9.11사태가 나자 자원입대하였다. 아프가니스탄에서 근무하다 사망하여 전쟁영웅으로 기억되고 있다—옮긴이)이 그들 중 하나다. 그리고 상대에게 비도덕적인 신자들을 떠올려 볼 것을 주문한다.[37, 38]

많은 사람들이 여전히 신앙과 도덕성과는 아무 상관없다는 사실을 깊게 생각하지 않고 있다. 따라서 이러한 설명이 일부 신자들에게는 충격과 공포로 다가올 수도 있다. 신앙이 미덕이 아닌 것은 이해하지만, 두 가지를 분리하여 생각하지 못하고 있는 사람과 대화하는 경우, 나는 신앙에 대한 정의와 하나의 인식원리로서 신앙에 대한 이야기로 되돌아가 대화를 풀어간다.

간편한 방법

가끔 시간이 많지 않을 때나 상대에게 포괄적인 소크라테스 문답법을 시도할 수 없을 때(식품점에서 줄을 서서 기다릴 때 같은 경우), 간편한 두 가지 지름길이 있다.

먼저, "X에 대한 당신 믿음이 어떤 경우에 틀렸다고 할 수 있는가?"라고 묻는다.[39] 상대의 믿음이 틀렸다는 어떤 진술도 하지 않는다. 대신에 어떤 경우에 믿음이 틀렸다는 것을 인정할 수 있는지 묻는다.

상대가 이에 대한 답을 생각하는 것만으로도 의미 있는 진전이다. 어떤 경우에는 이 간단한 이 질문만으로도 '믿음 닫힘'이 열리는 순간을 이끌어내기도 하는데, 자신의 믿음에 대해 폭넓게 성찰해 보지 못한 사람들의 경우가 그렇다. 만일 상대가 어떤 것이 당신을 믿게 할지를 물으면, "좋은 질문이네요. 어떤 경우에 그것을 믿을 건지 내가 말하기 전에, 당신 생각을 먼저 듣고 싶은데요"라고 답한다. 이는 물론 대답을 다시 요청하는 것이지만, 질문을 반복하면서 재차 생각하도록 유도하는 것이다.

상대가 일단 반응을 보이면 잘 되고 있는 것이다. 그들이 어떻하면 내가 믿을 수 있을 지를 묻는다면, 미국의 물리학자 로렌스 크라우스가 윌리엄 레인 크레이그와 토론에서 한 이야기를 활용한다: 내가 밤중에 밖으로 걸어 나갔을 때, 하늘의 별들이 "네가 보고 있는 나는 신이다. 나를 믿어라!"로 읽을 수 있도록 배열되어 있었고, 전 세계적으로 모든 사람이 자신의 모국어로 쓰인 같은 메시지를 목격한다면, 믿을 수 있다.(엄밀하게 따지면, 이 지각도 결정적인 증거가 될 수 없고 하나의 망상일 것이다.)**40**

두 번째로, "망상과 당신의 믿음을 어떻게 구별할 수 있는가? 마음 속 깊이 일본 천황이 신성하다고 철석같이 믿는 사람들의 증언이나 코란에 있는 마호메트의 계시는 진실이라고 생각하는 셀 수 없이 많은 사람들의 증언이 있다. 당신의 (예수에 대한) 생각이 망상이 아니라고 어떻게 아는가?"라고 묻는다.

특히 특정한 종교적 주장이나 자신의 마음 속 이야기를 솔직하게 말하는 사람들에게는 이 간단한 질문이 매우 효과적이다. 자신의 핵심 믿음이 망상일 수도 있다는 것을 진지하게 검토하게 하는 간단한 자극이 바로 망상을 깨닫게 할 수 있다.

내 경험에서 보면, 아주 소수의 사람들만이 망상에 빠지지 않았다는 것을 어떻게 아는가라는 질문에 곧바로 답을 했다. (물론 신앙에 토대를 둔 믿음인 경우, 그들은 망상에 빠져 있기 때문에 적절한 답은 없다고 나는 확신한다.) 대답 대신에 몇몇은 화를 내거나 대개의 사람들은 진지하게 "음, 당신 생각이 망상이 아니라고 당신은 어떻게 아느냐? 당신이 틀리지 않았다는 걸 어떻게 아느냐?"라고 되묻는다. 내 답은 이렇다. "나의 어떤 믿음들은 완전히 틀렸을 수 있다. 또한 사실을 제대로 알지 못할 수도 있다. 실재에 대한 잘못된 이해와 망상의 분명한 차이는 믿음을 수정하려는 의지에 있다. 진실로 내 믿음들을 교정하려는 의지가 있다면, 망상에 빠지는 것이 훨씬 줄 것이다. 당신은 ( )에 대한 믿음을 수정하려는 의지를 가지고 있는가?"[41] 이 질문을 통해 그들이 망상적이라는 말을 하지 않으면서 망상에서 빠져 나오길 자극할 수 있다.

동기강화 상담

다양한 심리적 문제와 마약·알코올·도박 중독, 당뇨 등 건강 관련 치유에 효과가 입증된 접근법들이 있다. 이 접근법들의 목적은 상담자들이 만나는 내담자들의 행동 변화를 이끌어내는 것이다.

가장 효과적인 것 중의 하나가 '동기강화 상담motivational interviewing'이다(Miller & Rollnick 2002). 다음에 이 기법에 대해 자세한 설명하겠지만, 여러 핵심적인 지침은 신앙 관련 대화 중재에 큰 도움이 된다.

- 비적대적인 관계를 형성하라
- 다르게 생각하도록 돕고 변화를 통해 무엇을 얻게 될지를 이해시켜라.
- "그들의 처지에서 대화하라."[42] 그리고 변화를 강요하지 마라.
- 공감을 표현하라.
- 저항과 동행하라.
- 내적 변화 동기를 활용하라.

이 기법은 알코올 중독이나 다른 약물 남용 치료와 관련된 문제들을 다루기 위해 고안되었다. 여기서 상담자나 의사가 도움이 필요하고 절망 상태에 있는 개별 환자에게 도덕적이거나 판결자적 태도를 취하게 되면, 문제가 발생하게 된다. 이러한 도움이 되지 않는 태도는 대부분이 역효과를 내고 상담자와 환자 사이에 협력을 전혀 만들지 못한다.

앞의 지침들은 이러한 상호작용에서 나타나는 문제들을 피할 수 있게 한다. 또한 훨씬 더 많고 큰 주제별 치유 원칙들에 대해 알려준다. 행동하는 무신론자들은 동기강화 상담에 대해 그리고 신앙 중재를 염두에 둔 여러 관련 연구들을 더 많이 공부할 필요가 있다.

좌절감을 보이지 마라

초보 행동하는 무신론자의 경우 종종 성공적이지 못한 결과에 초조해 한다. "도대체 왜 자신의 믿음이 망상이란 걸 알지 못할까?"(Szimhart 2009). 중재를 시작하자마자 또는 얼마 되지 않아 상대가 알지 못하는 것을 아는 체 하는 것을 멈추게 될 것이라 기대하는 것은 비현실적인 설부름이다. 인내심을 가져야 한다. 중재의 열매는 몇 주, 몇 달, 심지어 몇 년이 지난 후에나 거둘 수 있다.

내가 초보였을 때 중재에 반응조차 하지 않는 사람들이 태반이었고 기껏 있는 반응도 부정적인 것 일색이었다. 아주 몇 명만이 메일을 보내거나 몇 년 후에 거리에서 우연히 만나 고마워했다. 어떤 경우에는 '사탄'이나 '악마의 주둥이'로 불리기도 했고, "넌 악마야, 꺼져 버려 새끼야, 저주 받을 놈"이라는 욕도 들었다. 이랬던 사람들이 나중에는 고맙다고 선물을 보내기도 했다.

그들의 강력한 반발은 개인적으로 나를 겨냥하는 것이 아니었다. 오히려 치유의 징조가 나타나는 것이었다. 사람들이 정말로 신앙에 의문을 갖기 시작하거나 황당무계한 가설들에 좌절하게 되면, 상담자에게 불편한 감정을 느끼게 된다. 이러한 분노, 슬픔, 적개심에 대해 준비해야 한다. 냉정함과 연민과 우아함과 기품을 갖고 좌절감을 느끼며 싸우려드는 사람들을 응대해야 한다.

신뢰할 수 없는 인식원리의 먹잇감이 된 사람들 중에는 비난할 수 없거나 정상을 참작할 수 있는 사람들도 있다. 특정 커뮤니티에 속해 있지 않은 성인도 특정한 인식론적 커뮤니티에서 태어난 아이처럼 많은 경우 선택권을 갖지 못하는 경우도 있기 때문이다.

그들이 하길 원하는 행동을 당신이 먼저 보여 주어야 한다. 좌절하지 마라. 알지 못하는 것을 아는 체 하는 것을 그만두게 하려는 일은, 대개 여러 번의 치료와 시간이 필요하다. 아울러 제대로 일할 수 있는 행동하는 무신론자가 되기 위해서도 오랜 훈련이 필요하다.

거부가 아니라 숙고전단계이다

초이론적 변화 모델Transtheoretical Model of Change은 행동 변화에 대한 이론적 모델의 하나로, 중재에 많은 지침과 가이드를 제공한다(DiClemente & Prochaska 1998; Grimley, Prochaska, Velicer, Blais, & DiClemente 1994). 이 이론이 제시한 변화의 단계 그리고 이와 관련된 개념들이 특히 많은 도움이 된다.

초이론적 모델에서는 일련의 단계를 거치며 행동 변화가 일어난다고 본다.

- 숙고전단계precontemplation(변화할 준비가 되어 있지 않음)
- 숙고단계contemplation(변화할 준비가 되어 가고 있음)
- 준비단계preparation(변화할 준비가 됨)
- 실행단계action(변화하고 있음)
- 유지단계maintenance(변화를 유지하고 있음)
- 종료단계termination(변화가 완료되었음)

첫 번째 단계 즉 변화 이전을 '숙고전단계'라고 한다. 이 단계는 '믿음 닫힘' 상태와 유사한 상황이다. 신자들은 자신에게 문제가 있다는 점을 이해하지 못하기 때문에 변화의 필요성을 생각하지 못하고 있다.[43] 숙고전단계는 숙고하기 이전의 단계이지 변화를 거부하는 단계를 의미하는 것은 아니다.

내 경험에서 볼 때 신앙에서 '온건'하다고 자처하는 사람들 대부분이 여기에 해당한다. 근본주의자의 경우라면 이와는 달리, 자신의 신앙과 믿음들에 상당히 많은 생각을 해왔던 사람들이라 할 수 있다. 따라서 이 변화모델은 어떤 경우에는 모든 신자들에게 곧바로 적용되는 것은 아니다. 오히려 그들은 많은 경우가 아직은 분류되지 않은 인지적 장애로 고통을 겪고 있다.

'숙고하는'의 의미는 사람들이 자신의 행동 변화의 필요성을 느끼지만 그것을 이룰 수 있다고 생각하지는 않으며, 또한 변화해야 한다고 걱정하지만 그것을 확신하지는 않는 상태를 의미한다. 상대방이 숙고전단계에서 숙고단계로 또는 숙고단계에서 준비단계로 전환되도록 돕는 것이 효과적이기 때문에 이 단계가 다른 단계들 보다 훨씬 중요하다.

중재에서 우선적으로 해야 할 일은 상대가 어떤 변화의 단계에 있는지를 판단하는 일이다. 이에 대한 정형화된 공식은 없지만, 처음 몇 분간 대화를 통해 대강을 짐작할 수 있을 것이다. 그렇게 한 다음, 중독과 건강 관련 연구들이 제시하는 원칙인 "그들의 처지에서 만나라"(Blume, Schmaling, & Marlatt 2000). 그들이 숙고전단계인지 숙고단계인지, 아니면 무언가를 하려고 결정한 상태인지 경험을 통해 보다 정확한 진단을 할 수 있을 것이다. 그리고 상황에 맞게 상대의 변화의 단계에 따라 처방을 조정하면 된다.

마지막으로 '숙고하기 이전의', '숙고하는'이라는 용어는 상대를 배려하는 적절한 말일뿐만 아니라, 변하지 않을 것 같고 도움을 원하지 않는 듯한 느낌의 '거부denial'라는 부정적 용어를 피하는데도 유용하다. 우리는 희망을 만드는 사람들이다. 알지 못하는 것을 안다고 생각하는 사람들은 가망성이 없는 사람들이 아니다. 그들은 '희망하기전단계'에 있는 사람들이라 할 수 있다.[44]

정치를 피하라

정치적 이슈가 끼어들면 중재를 망치기 십상이다. 특히 미국의 역사적 경험에서 보건대, 무신론자로 자기 정체성을 표현하는 많은 사람들은 민주당 지지 성향이 많고 반면에 기독교인들은 공화당 성향이다(Coffey 2009; CNN 2008; Miller 2006). 이러한 현실이 당신의 중재에 악영향을 미쳐서는 안 된다. 어떤 경우라도 가능한 한 정치문제는 피해야 한다.

행동하는 무신론자는 정치적 성향이 중재의 걸림돌이 되지 않도록 해야 한다. 중재에 정치를 끌어들이는 것은 논의를 엉뚱한 곳으로 빠져 들게 한다. 우리는 신앙에 집중해야 한다.

나는 신앙에 대한 공격이 정치적인 동기에서 비롯되었다고 생각하는 많은 사람들을 보아왔다. 예를 들면, 낙태 문제에 대한 비판을 신앙에 대한 대리 공격으로 이해하는 이들은 치유노력을 무력화하는 방어적인 태도를 갖게 된다. 절대로 낙태, 동성결혼, 학교에서의 기도시간, 줄기세포 연구, 포르노, 피임 등의 문제들을 끌어들여서는 안 된다. 어떤 사람이 이러한 주제들에 대해 갖고 있는 결론은, 신앙과 마찬가지로 대개 인식론적 오류의 결과인 경우가 많다. 신앙을 무너뜨리면 신앙에서 도출한 결론들도 동시에 무너질 것이다.

몇 가지 조언

갓 시작한 행동하는 무신론자들에게 추천하는 몇 가지 쓸모 있는 팁들이 있다.

- 신자들이 전도에서 교제를 중시하는 것처럼('관계 전도'로 불린다), 우리도 그렇게 해야 한다(Anderson 2010; Chambers 2009). 상대와의 관계가 치유를 망칠 수도 도울 수도 있다는 점을 언제나 명심해야 한다.
- 공통의 개인적인 경험을 끌어들여서 상대와 교제하고 이를 활용하라. 예를 들면, 상대와 같은 종교를 가졌었다면 당신 또한 이러한 믿음들을 갖고 있었다고 이야기 하라.
- 중재 전반에 걸친 목표를 잊지 마라. 정치나 형이상학적 주제들로 인해 곁길로 빠지지 않도록 해야 한다. 인식원리 치유에 집중하라.

마지막으로 개인적 성향이나 상대의 독특한 상황에 따라 전략들을 조정할 필요가 있다. 중재에 여러 기법들을 효과적으로 엮여서 활용하려면 시간이 필요하다. 여유를 가져라. 행동하는 무신론자는 경주를 하고 있는 것이 아니다. 시간이 지나면서 어떤 것이 효과적이고 어떤 것이 그렇지 않은지를 배우게 될 것이다.

아울러 상대는 신앙에서 해방시키려는 당신의 도움에 아무런 빚도 없다는 점을 명심하라. 우리는 감사와 대가를 바라고 그들을 만나는 것이 아니다.

중재

중재 1: 믿음을 믿다

몇 년 전 한 교도소 재소자와 아래의 대화를 나눴다. 이 중재는 "믿음을 믿다"라는 데닛의 아이디어를 설명하고 있다. 나는 이 대화가 간결하면서도 사람들에게 "믿되 올바른 것을 믿어야" 한다는 생각을 갖도록 하는 좋은 사례라고 생각한다.

나: 정의란 무엇인가?
재소자6: 자신의 신념에 충실한 것이다.
나: 당신이 뭔가 기괴한 것을 믿는다면? 미국인들을 죽이고 싶은 그런 미치광이들 중 하나라면 또는 당신이 소아성애자라면?
(20초 정도 침묵이 흘렀다.)
재소자6: 내 생각엔, 당신이 자립적이라면, 다른 사람들이 어떻게 생각하는지에 상관하지 않고, 그것을 위해 기꺼이 싸우고 죽음도 각오할 수 있을 때 비로소 남자가 되는 것이다. 그것이 옳든 그르든 상관없이 말이다.

나: 남자가 된다는 의미가 어떤 것이든 상관없이 신념을 따르는 것이란 말인가? 당신이 르완다 같은 곳의 군인인데, 사람들을 모두 학살할 것을 명령받았고, 충성심에 대해 잘못된 관점을 가지고 있다고 치자. 그러면 당신의 믿음, 당신 종족이나 국가 또는 그 어떤 것을 위해, 그래서 곧바로 시민들을 학살하기 시작할 것인가? 후투족이나 투투시족이든 누구든? 그것이 정당한가? 그것이 당신을 남자로 만들어주는가?

재소자5: 이야, 좋은 지적이네. 그런 일이 베트남에서 있었지.

재소자4: 말하고 싶은 것이 뭔가? 정의가 자신의 신념을 따르는 것이 아니란 말인가?

나: 주장하는 것이 아니라, 묻고 있다. 정의란 무엇인가? (재소자6) 당신은 믿음을 따르는 것이 정의라고 했다. 하지만 당신의 믿음을 따르려고 이런 일도 해야 하는 건가? 올바른 것들만 믿고, 그것을 따라야 하지 않나? 아닌가?

재소자6: 음, 글쎄.

중재 2: 모든 왼손잡이를 죽여라

성가대 연습을 간 친구의 딸을 데려와 달라는 부탁을 받았다. 나는 교회에 갈 일이 거의 없었기에, 기독교인들의 안마당에서 중재를 해 보려고 조금 일찍 갔다. 몇 차례 대화 시도가 실패한 후에, 안성맞춤의 대상자를 찾았다. 20대 초반의 단정한 남자였다. 그는 10년 정도 그 교회를 다니고 있었다. 본격적인 대화부분 부터 소개한다.

나: 내가 정확히 이해하고 있는지 알고 싶어 그러는데요, 당신은 신이 존재한다고 믿고, 예수의 부활, 구원과 원죄를 믿는다. 하지만 아담과 이브가 실존 인물이란 것과 지구 나이가 4,000년이라는 것은 믿지 않는다. 운명예정설은 말 그대로는 믿지 않고, 여기에서의(지구에서의) 당신 행동이 실재하는 물리적 공간인 천당으로 갈 건지 지옥으로 갈 건지를 결정하는 좋은 기준이 된다고 믿는다. 또 하느님이 기도에 응답하고 사람들과 소통한다고 믿는다. 그리고 이것들을 더 적절한 말인지 고민되는데, 음 뭐랄까, 심오하고, 마음 깊은 곳에서 '지각'할 수 있다. 그렇죠? 대략 맞지요?

(빙그레 웃었다.)

그: 맞아요, 제대로 정리했네요.

(그는 천당과 지옥이 '물리적 공간'이라는 의미를 간단히 해명했다.)

나: 근데, 당신한테 그 고맙고 좋은 일이 어떻게 일어난 것인지 말해 줄 수 있나요?

그: 물론이죠.

(그는 이웃의 한 노인 이야기를 들려주었다. 마당의 잔디를 깎으면서 자주 이야기를 나눴다고 한다. 흔히 듣게 되는 이야기다.)

나: 그런데 왜, 무엇 때문에...?

그: 예수가 나의 죄를 위해 죽었기 때문이에요. 그것이 무슨 의미인지 생각해 보세요. 그는 우리가 구원을 받게 하려고 자신의 목숨을 버렸어요.

나: 그것이 당신이 기독교인이 된 이유인가요?

그: 바로 그거죠.

나: 굉장하네요. 근데, 궁금한데요, 아까 당신은 신이 사람들에게 이야기를 할 수 있다고 했지요. 오래 전 옛날만이 아니라, 요즘에도 여전히, 그렇지요?

그: 의심할 여지가 없죠.

나: 그래요, 대단하네요. 말을 끊어 미안하지만, 진짜 궁금한 게 있어요. 만약 신이 당신에게 왼손잡이들을 모두 죽여야 한다고 말한다면?

그: 신은 그런 짓을 하라고 하시지 않아요.

나: 알아요. 이것은 단지 사고실험thought experiment(어떤 실체나 개념을 이해하기 위해 가상의 시나리오를 이용하는 것으로, 어떤 상황을 가정하고 특정 주체가 어떻게 행동하는지를 기술한다—옮긴이)이죠. 내가 잘 이해할 수 있게 잠깐만 해 주세요. 정말로 이해하고 싶어 그러는 거예요. 그러니 1~2분만 해 주시죠.

그: 그래요. 그러죠.

나: 그럼 신이 당신에게 왼손잡이들을 모두 죽이라고 했어요. 그리고 그 말이 신의 말이라고 당신은 절대적으로 확신하고 있어요. 그것을 당신 마음에서 느꼈어요. 그렇다면 그렇게 할 건가요?

그: 다시 말하지만, 신은 결코 그런 일을 그 누구에게도 하라 하지 않아요.

나: 조금 전에 해 보기로 했잖아요. 한 번 해 보죠? 나는 성경에 대해 잘 모르지만, 창세기에 신이 아브라함에게 아들을 제물로 받치라고 말한 것 같은데, 맞나요?

그: 맞아요. 그렇게 말했어요. 하지만 신이 중단시켰죠. 그래서 그가 신이라고 내가 알 수 있냐고요? 절대적으로 확신, 당신 말마따나, 확실하냐고요?

나: 좋아요. 그 점에 대해선 의심하지 않아요. 당신 마음에서 느끼고, 정신을 통해서도 알고, 몸의 모든 신경들에 불어넣어졌다고 하죠. 마치 당신이 예수를 믿는 것처럼. 근데 신이 왼손잡이를 다 죽이라고 당신에게 말했어요. 어떻게 할 건가요? 신의 뜻을 따를

건가요?

그: 음, 내가 만일 확신한다면 절대적으로 확실하다면, 그렇다면 하겠죠.

나: 재밌네요. 암튼 사고실험에 함께 해줘서 고마워요. 그런데 그렇게 하는 게 좀 꺼림칙하지 않나요? 잘못된 것이라 알고 있는 일을 단지 신이 그렇게 하라고 했기 때문에 해야 하는 것이 좀 주저되지 않나요?

그: 아니요. 신의 말이라고 내가 확신한다면, 신의 말이라면 꺼림칙하지 않아요.

나: 좋아요. 그렇다면 이것도 한 번 생각해 보지요. 저기 (지나가는 10대 후반쯤 소년을 가리키며) 저 친구가 왼손잡이라 하죠. 우리가 그가 왼손으로 이름을 쓰는 것을 보았다고 치죠. 그래서 우리는 그를 따라 화장실로 가요. 당신이 진실한지를 보려고 아니면 나도 신의 뜻을 수행하고 싶어서 당신을 따라 들어가요. 우리는 샤워실로 그를 따라가서, 그 아이를 때려 눕히고, 나는 달려가 문을 잠갔다고 쳐요. 당신은 신의 뜻을 따르기 그를 위해 찌르고 아이가 피를 흘리고 있는데, 당신은 그런 일에 어떤 감정도 없이 아무렇지도 않다고 내게 말할 수 있겠어요?

(침묵)

그: 그래요. 당신의 논리에 따르면 그렇다고 할 수 있겠죠. 하지만 가정하여 이야기하고 있는 거잖아요. 분명한 것은 나는 누구도 죽인 적이 없고, 내가 어떤 감정을 느끼게 될지 알지도 못해요. 이 문제는 전혀 다른 문제죠.

나: 내 생각에는 아마도 당신은 기분이 아주 나쁠 것이고, 후회할 거예요. 정말 끔찍할테죠. 근데 문제는 우리가 어떤 기분이 들 것인가가 아니예요. 만약에 신이 "잘했어, 아주 잘했어. 여기서 멈추

지 말고, 그 일을 계속해. 내일까지 두 명을 더 죽여야 해"라고 한다면 어쩔 건가요?

그: 뭐라고요?

나: 난 당신 신앙의 한계를 알고 싶은 것뿐이죠. 내가 보기에 당신 신앙에 한계는 없는 것 같아요. 신이 원하는 것이라면 어떤 것이라도 할 것 같아요. 죄 없는 사람을 죽이는 것도, 아닌가요? 내가 당신의 종교적 신심을 잘못 이해하고 있는 건가요?

(잠시 침묵)

나: 당신은 기독교인이고, 천당에 가고 싶어해요. 그 명령을 따르는 것이 신의 뜻을 따르는 최소한의 요구사항처럼 보이는데요. 그렇다면 다른 왼손잡이들을 죽일 수 있겠어요?

그: 하겠죠. 다시 말하지만 신의 뜻이 확실하다면.

나: 좋아요. 당신이 신의 뜻이라고 믿는 것과 당신 양심이 충돌한다면, 신의 뜻을 따라야 한다는 믿음이 당신 양심보다 우선하는가요?

(잠시 침묵)

그: 그렇죠. 당연하지요.

나: 그렇다면 당신의 그 확신을 의심할 여지는 전혀 없는 건가요? 혹시 망상에 사로잡힌 것이 아닌지 걱정해 본적은 없어요? 어쩌면 오해하고 있다거나 또는 약물에 취해서?

그: 아니, 절대 아니죠. 이제 아까 했던 이야기로 돌아왔네요. 아까 당신은 내가 신을 느끼고 알고 있다고 말했잖아요. 지금 말을 바꾸고 있어요. 당신이 했던 말은 그게 아니었어요.

나: 망상에 사로잡힌 사람들은 결코 자신이 망상에 빠져있다고 말하지 않겠지요? 망상의 정의가 그런 거잖아요?

그: 하고 싶은 이야기가 그건가요?

나: 거듭 말하지만 난 하고 싶은 말이 있는 게 아니에요. 나는 정

말 단지 당신의 믿음에 대해 집중하여 생각하고 있어요. 엉뚱한 질문이지만 내가 하고 싶은 말이 뭐라고 생각하나요?

그: 모르겠어요. 정확히 뭔지. 양심이 가장 중요한 것이다 뭐 그런 건가요? 아니면 신에 대한 의문점들? 어쨌든 신에 관한 거죠.

나: 맞아요. 도무지 내가 이해할 수 없는 것은, 당신 또는 다른 사람들이 신이 자신과 소통하고 있다는 것을 어떻게 아는지, 그걸 어떻게 확신하는지, 정말 모르겠어요. 신이 자신에게 이야기 했다고 누군가 확신한다고 해서, 신이 그 사람과 실제로 소통하고 있다는 것을 의미하지는 않아요. 그들이 잘못 알고 있을 수 있죠. 그리고 당신이 예수가 신의 아들이라고 굳게 믿는다고 해도, 그것만으로 다른 여러 가지 문제들까지 다 확실하다고 할 수는 없어요. 당신은 언제든지 실수할 수 있고, 어떨 경우엔 망상에 사로잡힐 수도 있어요. 어쩌면 우리 문화와 우리의 오랜 사고방식으로 인해 당신이 갖게 된 관념일 수도 있잖아요. 많은 사람들이 성경이 진실이라고 생각한다고 해서, 그렇다고 전적으로 맞다고 할 순 없어요. 그렇죠?

(침묵)

중재 3: 두 교회

다음 이야기는 포틀랜드의 한 패스트푸드점에서 있었던 대화다. 한 나이 지긋한 남자가 18살 남짓 아가씨들에게 말을 걸고 있었다. 매우 진지한 대화처럼 보였다. 어떤 이야기인지 들을 수 없었고, 문득 궁금해지기 시작했다. 그녀들에게 어떤 이야기를 나누었는지 물었다.

나: 궁금해서 그러는데, 실례가 아니라면 물어봐도 되나요? 아까 그 분이 뭐라고 하신건가요? 굉장히 열띤 대화 같던데요.

여자1: 우리더러 자기가 다니는 교회에 나오라고 하네요.

나: 지금이요? 저녁 8시에요?

여자1: 아니요.

나: 그래서 뭐라고 했나요?

여자1: 우리는 이미 교회에 다니고 있다고 했어요.

나: 아 네. 근데 그 사람이 다니는 교회에 가지 않는 이유가 그 때문인가요? 교회엘 두 군데나 다니는 거라서요.

(당혹해 했다.)

여자2: 네?

나: 교회에 다니는 것이 좋은 거라면, 혹 두 군데를 다니면 더 좋지 않을까요. 신앙을 더 단단히 하는 방법일 수도 있고요. 혹시 당신이 다니는 교회에서 뭔가 중요한 것을 놓치고 잘못 이해할 수도 있는데, 다른 교회는 그렇지 않을 수도 있잖아요?

여자1 : 우리 교휘 잘못하고 그러는 거 없어요.

나: 그래요. 그걸 어떻게 알죠?

여자2: 아냐고요, 뭘? 무슨 뜻이죠?

나: 당신 교회가 당신이 필요한 것을 다 제공하고 있는지, 아니면 그들이 적용하고 있는 규칙들이 올바른 것인지 등등을 어떻게 아냐는 거죠. 그리고 당신 교회가 잘못 해석하는 걸 아까 그 사람 교회는 제대로 할 수도 있잖아요?

여자1: 무슨 말이죠?

나: 당신이 교회에 가는 이유가 무엇인지를 이야기하고 있어요. 구원받고 싶은 거잖아요, 맞죠?

여자1: 물론이죠. 우린 구원받았어요.

나: 참 잘됐네요. 교회에서 그렇게 말했나요?

여자2: 그렇죠, 대충 그렇게.

여자1: 맞아요.

나: 그렇다면, 이미 구원받았다면, 왜 그 사람은 당신들을 자신의 교회로 가자고 했을까요?

여자1: 네?

나: 이미 교회엘 다니고 있고 구원받았다고 이야기 했을 때, 아마 그렇게 말했을 걸로 짐작되는데, 그는 왜 자기 교회에 가자고 했을까요? 뭘 바라고 그렇게 했을까요? 이미 당신들이 구원받았는데 자기가 다니는 교회에 가는 것이 무슨 의미가 있을까요?

(한동안 말이 없었다.)

나: 왜 그에게 당신 교회에 다니자고 말하지 않았어요, 이미 구원 받았다면서요?

여자1: 그가 어느 교회를 다니는지 우린 상관 안 해요.

나: 하지만 그 사람은 당신들이 어느 교회를 다니는지 분명히 관심을 가졌잖아요. 당신들이 구원받지 못했다고 생각했기에 자기 교회에 가자고 했을 것 같은데요? 자기가 다니는 교회엘 다니지 않아서 당신들이 구원받지 못했다고 생각했을 거고, 당신들은 당신들의 교회에 다녀서 구원받았다고 생각한 거구요. 실제로 구원받았는지 어떻게 알 수 있나요? 누군가는 틀렸을 것 같은데 당신이 틀린 것이 아니라고 어떻게 알죠?

여자2: 우린 구원받았다는 걸 분명히 알아요. 우린 그걸 느꼈다고요.

나: 하지만 그는 당신들은 구원받지 못했다고 생각할걸요. 사실, 내 생각은 그가 더 맞는 것 같아요.

여자2: 구원 받았어요. 구원 받았다고요.

4장 중재 전략 101

나: 엉뚱한 생각이지만, 혹시 동료 교인들이 당신이 교회를 떠나기를 원한다고 생각해 보지는 않았나요?

여자1: 뭐라구요?

나: 이미 구원받았다면, 어떤 교회를 가는지가 무슨 상관인가요?

(잠시 침묵)

나: 이미 구원받았는데, 어느 교회를 가느냐가 무슨 차이가 있을까요?

여자1: 별 차이 없겠지요.

나: 이미 구원받았다면서, 교회를 계속 다니는 건 왜죠?

(잠시 침묵)

여자1: 잘 모르겠어요.

(대화는 끝났다.)

깊이 알기

논문

대니엘 데닛 & 린다 라스콜라, "믿음이 없는 설교자들 Preachers Who Are Not Believers", (Dennet & Lascola 2010).

블로그

맷 매코믹, "파기가능성 검사 The Defeasibility Test", (McCormick 2011).

책

크리스토퍼 무란 & 쟈크 바버, 〈치료동맹 The Therapeutic Alliance: An Evidence-Based Guide to Practice〉, (Muran & Barber 2010, 특히 pp.7–

29, 97-210 그리고 285-320)

대니엘 데닛, 〈주문을 깨다 Breaking the Spell〉, (Dennett 2007). (김한영 옮김, 동녘사이언스, 2010).

윌리엄 밀러, 스테판 롤닉, 〈동기강화 상담 Motivational Interviewing〉, (Miller & Rollnick 2002, 특히 pp.3-179). (신성만 · 권정옥 · 이상훈 옮김, 시그마프레스, 2006).

댄 바커, 〈신은 없다 Godless: How an Evangelical Preacher Became One of America's Leading Atheists〉, (Barker 2008). (공윤조 옮김, 치우, 2011).

기독교인들의 '관계 전도Relationship Evangelism'의 무시무시한 세계를 맛보려면 다음 책을 보라:

숀 앤더슨, 〈위험한 삶: 세계 전도의 7가지 열쇠 Living Dangerously: Seven Keys to Intentional Discipleship〉, (Anderson 2010).

아론 체임버스, 〈죄인들과의 식사: 예수처럼 가난한 사람들에게 다가가기 Eats with Sinners: Reaching Hungry People Like Jesus Did〉, (Chambers 2009).

데이브 얼리 & 데이비드 휠러, 〈복음주의: 열정과 확신으로 예수 전하기 Evangelism Is...: How to Share Jesus with Passion and Confidence〉, (Earley & Wheeler 2010).

5장
소크라테스 되기

고1: 마약을 허용해야 한다고 생각하나요?

나: 잘 모르겠다. 너 생각은?

고1: 허용해야 한다고 봐요.

나: 음, 왜 그렇게 생각하는데?

고1: 하고 싶은 것을 할 권리가 있기 때문이죠.

나: 그 권리란 게 무슨 뜻이지?

고1: 내게 주어진 어떤 것이고, 내가 거리낌 없이 할 수 있는 것을 말하는 거죠. 내 말 알잖아요.

나: 그러니깐 원하는 건 무엇이든지 할 수 있는 권리를 가져야 한다는 거구나.

고1: 아니, 어떤거든 다는 아니고요. 사람들을 다치게 한다면 그런 건 안 되겠죠.

나: 그러면, 마약도 누군가에게 피해를 주지 않니?

고1: 아니요.

나: 아니라고?

고1: 아니죠.

나: 그 누구도?

고1: 그렇죠.

나: 너 자신은? 너에겐 해로운 것 같은데?

고1: 뭔 말이죠?

나: 내 말은 그게 육체적으로 너에게 해롭지 않느냐는 거지?

고1: 뭐, 약간은요, 하지만 그리 심각하진 않아요.

나: 몸에 해로운 건 맞잖아, 안 그래?

고1: 예, 그렇다고 봐야죠. 하지만…

나: 만일 너에게 해롭다면, 그 권리를 허용하지 말아야 하지 않겠어?

고1: 많으면 해가 되지만, 어느 정도는 할 수 있다고 봐요.

나: 우리는 지금 많은 양에 대해 이야기하는 것이 아니고, 너에게 해로운 무엇인가를 할 권리에 대해 이야기하고 있지. 너 입장은 해가 된다면 허용하지 말아야 한다는 것이고.

고1: 그래서 마약을 허용하지 말아야 한다는 거죠?

나: 아니 잘 모르겠어. 그리고 이건 내 생각이 중요하진 않아. 이건 네 생각이 중요해. 너는 네게 해로운 것도 허용할 수 있다고 생각하고, 또 너에게 해로운 어떤 것도 허용하지 말아야 한다고 생각하는 것 같은데, 그게 말이 된다고 생각하니?

고1: 그러게요. _ 피터 보고시안, "소크라테스 방법"

"소크라테스 문답법의 한결같은 결과는, 안다고 생각했지만 알지 못한다는 것을 깨닫는 것이다." _ 피터 보고시안

이 장에서는 대화를 통한 중재에 소크라테스 방법론을 어떻게 활용할 것인지를 보여 주려고 한다. 소크라테스 방법론이 매우 복잡하다고 생각하겠지만, 기본적으로 묻는 것이고 그리고 답변

을 듣는 것이다.

 행동하는 무신론자는 비이성적인 사람들을 설득할 수 있다. 20년 넘게 내가 해온 일이 그 일이다. 하지만 스스로 이성적이 되지 못하는 누군가를 일련의 믿음으로부터 빠져 나오게 설득하기 위해서는 4장에서 논의했던 것보다 좀 더 광범위한 전략이 있어야 한다. 벗어나야 할 것은 비단 종교적 믿음들뿐만이 아니다. 빨간색 차가 과속 단속에 걸릴 가능성이 높다는 근거 없는 믿음, 옷을 두껍게 입지 않고 밖에 나가 감기에 걸렸다는 잘못된 속설들, 사다리 밑을 지나가면 불행해진다는 미신 등등의 잘못된 믿음들도 포함된다. 이 장에서는 믿음의 덫에 빠진 사람들을 위해 내가 사용했던 주요 기법을 설명하고자 한다.

 소크라테스 문답법은 사람들을 신앙에서 벗어나 논리적으로 사유할 수 있도록 돕는데 매우 효과적이고 비용도 들지 않는, 대화 중재의 핵심 수단이다. 제대로 활용한다면, 소크라테스 문답법은 신앙으로부터 빠져 나오는 믿음 열림의 순간, 사람들이 자신의 사유에 뭔가 잘못이 있다는 것을 인식하는 순간을 만들어 낼 수 있다. 믿음 열림을 경험하면 자신의 믿음에 대한 확신과 장담, 자신감이 줄어들고 또 그만큼 대안적 가설과 설명들에 열린 자세가 된다. 자신의 무지에 대해 인식하게 되는 것이다. 소크라테스 문답법은 믿음을 가진 이들에게 그들 (거짓) 믿음의 발판을 해체할 결정적인 무기를 쥐어주는 것과 같다.

 소크라테스는 사람들이 자신이 알고 있다고 생각하지만 사실은 모르고 있음을 드러내 보여 주는 방법으로 문답법을 사용했다.[45] 그는 정곡을 찌르는 질문을 통해 자연스럽게 거짓 믿음들을 폭로하고, 상대의 확신에 회의를 키우고 모순을 이끌어냈다. 그의 문답법은 사람들에게 자신의 믿음을 실질적으로 성찰하도록, 많은 경우 결국 믿음을 바꾸도록 했다. 단지 질문하고 대답을 듣고 그리고 또 다른 질문을 하고, 대답을 귀기울여 듣기를 통해 일어나는 성취이다.

먼저 소크라테스 문답법 단계들을 설명하고, 내가 경험했던 성공과 실패의 사례를 자세하게 소개한다. 아울러 4장의 기법들에 더하여 보충적인 상담 기술들도 소크라테스 문답법과 함께 설명한다.

문답법의 단계들

소크라테스 방법은 다섯 단계가 있다: 1) 궁금증 2) 가설 3) 논박 4) 가설의 수용 또는 수정 5) 합당한 행동(Dye 1996). 각각의 단계를 간단하게 설명한 다음, 이 단계들이 실제 신앙 중재에 어떻게 적용되는지를 살펴볼 것이다.

1단계: 궁금증

소크라테스 문답법은 궁금함에서 시작된다. 사람들은 궁금해한다. "정의란 무엇인가?" 또는 "지구 외에도 지적인 생명체가 있을까?" 또는 "카르마Karma가 인과응보 순환을 관장하나?" 등등. 단어들이 우리의 사고를 담는데 사용되고, 궁금증은 명제 형식으로 정리되어 질문으로 표현된다. 간단히 말해, 궁금증에서 가설이 생겨난다.(부록 B의 소크라테스 문답법을 재소자의 비판적 사고와 이성적 사고능력을 키우기 위해 활용한 나의 연구를 참조.)

2단계: 가설

가설은 1단계의 질문에 대한 이론적인 대답이다. 상대의 궁금증에 대한 잠정적인 답들이다. 예컨대, "지구 외에 지적인 생명체는 존재하는가?"에 가능한 답은 "있다. 반드시 있다. 생명체가 없기엔 우주는 너무도 크다"이거나 간단하게 "없다"라는 다른 답도 가능하다.[46]

3단계: 논박(Q&A)

논박elenchus(그리스어 '엘렝코스'는 시험, 증명, 검토, 반박의 의미를 포괄적으로 담고 있는 개념으로 합리적 검증과 비판적 검토의 기술로 이해하는 것이 적절하다─옮긴이) 또는 묻고 답하기는 소크라테스 방법론의 정수다. 본질에 있어 논리적인 반박인 논박에서 소크라테스는 반증사례counterexample를 사용하여 가설을 공략한다. 반증은 가설에 의문을 제기하고 결국에는 그것이 거짓임을 보여 주고자 하는 것이다.

앞서의 예를 가지고 논의를 계속해 보자.

사람 1: 다른 행성에도 지적인 생명체가 존재할까? (궁금증 단계)
사람 2: 그럼, 있겠지. 우주에는 셀 수 없을 만큼 많은 행성들이 있기 때문에 지적생명체가 살 행성은 충분히 있을 거야. (가설 단계)
질문자: 칼 세이건은, "우리가 최초일 것이다. 누군가는 첫 번째가 되어야 했을 것이고, 그게 우리일 것이다"라고 했지. (반증단계이고 논박의 시작 단계, 여기서 무지를 깨닫게 한다.)

위의 논박에서, 소크라테스 문답법을 시도하는 질문자는 가설이 거짓일 수 있을 가능성을 하나 이상 제기한다. 가설을 거짓으로 만들기에 적절한 전제에 대해서도 말한다. 다른 행성에는 생명체가 없다고 명료하게 말하는 것은 반증이 아니다. 그것은 가설이 틀렸다는 말하는 단순한 진술이고, 그것이 어떻게 틀렸는지를 말하지 않은 것이다. 이것은 어법의 문제처럼 보이지만, 사실 이러한 의견의 교환은 토론에서 대단히 중요한 문제다. 대화가 없다면 중재가 이루어질 여지가 없다. 이 단계는 간단히 말해, 양자 모두 열린 토론을 시작하는 것이다.

다른 행성의 생명체 예를 가지고 논의를 계속하면, 이 명제가 거짓일 조건은 우리가 최초로 생겨난 지적생명체일 경우이다. 우리가 최초로 나타난 지적생명체라면, 그러면 당연히 현재는 다른 행성에는 지적생명체가 없다는 뜻이다. 이것은 가설에 의문을 제기하기에 성공적인 반증이 된다. 다시 말해, 그것은 왜 우주에는 지적생명체가 존재하지 않는가에 대한 하나의 가능한 설명이다.

이 가설에 의문을 제기하는 다른 조건도 있을 수 있다. "우리가 최초로 발생했던 지적생명체라고 하더라도, 우리가 최후의 지적생명체는 아닐 수도 있다." 이 반박은 가설이 거짓일 수 있는 가능한 조건을 제시하고 있기 때문에 반박논증이 된다. 또 다른 것도 가능하다. 우주에는 지적생명체로 가득 차 있는데, '그레이트 필터Great Filter'라는 거대한 보호막이 있어서 우리를 보호하거나 지적생명체를 알아볼 수 없도록 하는 것은 아닐까(Hanson 1998)하는 의문이다.[47] 그레이트 필터 가능성이나 우리가 최초로 발생한 지적생명체일 가능성은 가설에 의문을 제기하는 것이다.

가설은 참으로 증명된 것이 결코 아니다. 하나의 가설이 거듭거듭 반복된 논박에서 살아남았다는 것은 오늘까지 논박의 과정을 견뎌냈다는 것을 의미할 뿐이다. 예를 들면, 당신이 창문으로 호수에 있는 백만 마리의 백조를 봤다 치자. 하지만 이것이 모든 백조가 흰색이라는 것을 뜻하지는 않는다. 당신이 확인한 백조가 얼마나 많은 가에 상관없이, 백조는 흰색이라는 가설을 참으로 만들지는 못한다. 그것은 단지 가설이 (아직) 거짓으로 판명되지 않았다는 의미일 뿐이다.

단 하나의 반증사례 만으로도 가설을 무너뜨릴 수 있다. 백만 번의 검증이 있었다 해도 그것이 가설의 지위를 바꾸지는 못한다.(확증과 비확증의 관계는 비대칭이다.) 예를 들어, "모든 백조는 희다"는 가설을 보자. 그런데 어느 날, 당신의 마당에 까만 백조가 있다. 이것의 의미는 당신이 수도 없이 본 흰 백조의 경험과 전혀 상관없이 그 가설이 거짓으로 판명되었다는 것이다.

믿음의 내용이 무엇이든 상관없이, 환생을 믿든 뱀과 대화할 수 있다고 믿든 탐 크루즈가 신이라고 믿든 상관없이, 대부분의 심각한 망상적 환자들은 추론과정에서 모순(하나의 사물이 X도 되고 Y도 될 수는 없다), 불일치(다른 진술들에 상반됨) 등과 같은 구조적이고 본질적인 잘못을 하게 된다. 논박의 단계는 어떤 이의 사유과정에 있는 모순과 불일치를 이끌어내서, 이를 통해 아포리아aporia(해결이 곤란한 문제, 모순이나 해결 불가능한 역설을 일컫는 말이다. 아포리아에 빠뜨린다는 것은 상대의 의견에 논리적인 모순이 있다는 것을 인정하게 만든다는 의미이다-옮긴이)에 빠지게 만들어서, 가설을 붕괴시키는 간단하지만 효과적인 방법이다. "내가 말하는 모든 것은 거짓말이다"가 고전적인 아포리아, 난문의 하나이다.

4단계: 수용과 가설 수정

4단계는 가설이 잠정적으로 참으로 받아들여지거나 또는 거부되는 과정이다. 그것이 참으로 받아들여지면 논박은 마무리되고 곧바로 5번째 단계가 시작된다. 만약 그것이 거부된다면, 다른 가설이 제시되고 논박이 다시 시작된다.

논박을 이겨내지 못하면 가설을 수정해야 한다. 앞서의 예처럼, "우리가 최초로 발생한 지적생명체다"는 주장을 반박하지 못한다면, "그래, 반드시 다른 행성에도 있을 거야"로 원래의 가설을 수정해야 한다. 물론 "거의 틀림없이 존재할 거야"라는 새로운 가설을 제기할 수 있고, 새로운 가설을 제시하지 않고 그것에 대해 확실하게 알 수 없다고 말할 수도 있다.

논박 과정에서 제기된 주장들이 가설을 논파하지 못하면 가설은 지지된다. 그래도 논박의 반복은 피할 수 없다. 가설이 지지되었다고 이것이 영원한 진리가 되는 것은 아니다. 단지 가설이 잠정적으로 받아들여졌다는 것을 의미할 뿐이다.

5단계: 합당하게 행동하라

소크라테스 문답법이 추구하는 최종 목표는 가설의 검증 결과에 따라 그대로 행동하는 것이다. 행동은 자신의 믿음을 바꾸는 것에서 특정한 행동을 취하는 것까지 어떤 것도 가능하다. 5단계에서 중요한 것은 어떤 절차를 이행하는 것이 아니라, 검증의 결과를 따르는 것이다.

소크라테스 문답법 실제

　이제 소크라테스 문답법이 실제 중재에서 어떻게 적용되는지 살펴보자. 그동안 다양한 맥락에서 나누었던 실제의 대화를, 4장에서 설명했던 여러 기법들을 가지고 하나하나 짚어가면서 설명할 것이다. 즉각적인 성공에서부터 완벽한 실패까지 다양한 경험들을 다룬다.

　거의 모든 중재가 신앙에서 완전히 벗어나는 것을 목표로 하기 때문에 여기서 말하는 실패는 초기에 성과가 없었다는 뜻이다. 때로는 몇 년이 지난 후에도 신앙 바이러스가 잘 떨어지지 않은 경우도 있다. 시작부터 단번에 이뤄지는 성공은 드물다. 나는 거의 매일 소크라테스 문답법으로 중재를 하고 있고 최선을 다해 사람들을 만나고 있다. 하지만 즉각적으로 신앙을 버리는 사람들은 극소수에 불과했다. 그래도 분명히 약속할 수 있는데, 소크라테스 문답법의 직접적인 영향으로 믿음 열림의 순간을 만들 수 있다. 이러한 믿음 열림의 순간들은 다음의 대화에 소개되어 있다. (각각의 중재의 목표는 상대를 초이론적 행동변화 모델에 따라 다음 단계로 변화시키는 것이다. 숙고전단계에서 숙고단계로 또는 행동단계에서 유지단계로 한 단계 나아가게 하는 것이다.)

　마지막으로, 중재 실패의 경험은 중요하다. 성공한 경험에서보다 실패한 경험에서 훨씬 더 많이 배우게 된다. 사실 우리는 실패에서 배우지 성공에서 배우는 것이 아니다. 소개하는 여러 대화 사례들은, 믿음 닫힘이라는 특정한 상황에 유용한 도움들, 개별적인 기법들을 중재에 적절하게 활용하고 발전시키는 방법들, 또 장기간의 치유 맥락에 의미 있는 시사점 등을 다양하게 보여준다.

중재 1: 믿음 열림

이 대화는 한 젊은 남성과 동네에 있는 체육관에서 늦은 밤에 나누었다. 내가 러닝머신에서 운동하고 있을 때, 그가 바로 옆의 기구에 올라 운동을 시작했다. 잠시 후 그가 나의 T셔츠에 찍힌 MMAmixed martial arts(종합격투기)에 대해 물었다. 그렇게 시작된 대화는 널리 퍼져 있지만 잘못된 믿음인 종합무술 관련 미신적인 이야기로 화제가 바뀌었다. 그리고 결국 종교 문제에 이르렀다. 그는 10여분에 걸쳐 예수 그리스도가 자신의 삶에 들어온 이야기를 했다.

> 그: 그가 나를 어루만진 순간, 그 순간부터 내 삶은 영원히 바뀌고 말았어요.

그가 말한 "예수의 손길을 느꼈다"는 말은 가설이다. 내가 반박할 진술이다. 중재의 어떤 단계에서도 상대가 경험한 느낌을 부정해서는 안 된다. 우리 모두 맛이나 느낌에 관해서는 틀리지 않다고 생각하는 경향이 있기에, 그렇게 하는 것은 역효과가 날 수 있다. 반박의 공략지점은 그것을 알게 된 방법, 그로 인해 생겨난 결과로서의 신앙이다.

> 나: 굉장히 재밌네요. 그것에 대해 좀 더 말해 줄 수 있겠어요?

이 질문은 두 가지 이유에서 했다. 먼저, 그의 주장을 정확히 이해하기 위해서다. 물론 이해했지만, 확실하게 하고 싶었다. 주장을 반복하거나 한 번 더 강조해 달라고 부탁하는 것은 좋은 습관이다. 두 번째는 그가 답변하는데 더 적극적이 되도록 하는 것이었고 그래서 질문도 세심하게 준비했다. 내가 잘 모르니 이해할 수 있게 도와달라는 것이다. 즉, "그걸 좀 말해 주시겠어요"라고 하지 않았다. 'please'라는 단어를 앞에 놓게 되면 어떤 요구처럼 상대가 받아들일 수도 있다.

이 같은 방식으로 질문을 하면, 상대는 자신이 대답하지 않을 우선권을 가지고 있는 것처럼 느끼게 된다. 이 방식이 지속적인 치유에 더 좋은 반응을 보인다는 걸 여러 번 경험하였다. 또한 상대의 말과 연관된 질문들을 하면 대화에 열의가 있음을 보여주는 것이기도 하다.

젊은이는 자신의 삶에 일어났던 변화들과 무엇을 느꼈는지를 이야기 했다.

나: 정말 흥미진지하군요. 그런데 당신이 그렇게 바뀐 것이 예수 때문이라는 것을 어떻게 알게 된 건가요?

주목해야 할 점은 네 가지다. 1) 예수가 주도적인 주인공이라고 느끼게 하지 않도록 수동태 형식으로 물었다. "예수가 당신을 그렇게 바꾸었다는 것을 어떻게 알게 되었나요?"처럼 묻지 않는 게 좋다. 수동태 문장을 구사하게 되면, 상대는 여러 다른 원인들에 대해서 보다 열린 자세를 갖게 된다.('마리가 바이올린을 연주한다'와 '바이올린이 마리에 의해 연주되고 있다'를 비교해 보라.) 2) 이 질문으로 상대는 이후에 무너뜨리거나 반박할 목표가 되는 개인적인 대답들을 하게 된다. 상대가 특정 가설에 지나치게 확고한 믿음을 가지고 있을 때는, 중재에 구체적인 계기들이 있을 수 있기 때문에 이것은 매우 중요하다. 이런 경우에는 질문하는 방식을 조금 달리하면 대화를 진전시키는데 도움이 된다. 대화에서 이야깃거리가 많아질수록, 믿음 열림을 만들 수 있는 기회가 풍부해진다. 3) 어떤 진술 보다는 질문이 사람들을 위축시키지 않는다. 자신이 하고 싶은 대로 대답을 할 자유가 있다고 느끼게 하기 때문이다. 예를 들면, "그것은 예수가 아니다. 그 느낌은 당신의 복합적인 신경생물학적 시스템의 작용과 문화의 영향으로 생긴 것이다. 예수에 대한 경험은 고립되어 있는 원주민들에겐 절대 일어나지 않는다. 그것은 당신이 망상에 빠졌다는 것을 말해 줄 뿐이다."라는 평서문은 상대에게 믿음 열림을 자극하지 못한다(김병서 1979). 오히려 상대가 위험을 느끼고 적대적인 관계를 형성하게 하여 믿음 닫힘의 똬리를 더 강하게 틀게 만든다. 4) 이 질문으로 다시 궁금증의 단계를 시작하였다. 그는 반박의 목표가 될 가설을 제시하게 될 것이다.

자신의 마음에서 예수임을, 그것이 진실한 것임을 "틀림없이 알았다"는 말을 그는 계속했다.

나: 좋아요. 하지만 많은 사람들이 종교적 믿음들을 마음으로 알게 되지요. 불교신자도 이슬람신자도, 심지어 일본 천황이 신성하다고 생각하는 사람들도요. 그렇다면 그 사람들 모두가 다 맞는 것은 아닐 텐데, 어떤가요?

여기서 '당신you'이라는 단어를 의도적으로 쓰지 않았다. "그 믿음이 진실이라는 것을 당신은 어떻게 알죠?"로 묻지 않았다. 이렇게 물으면 상대는 위축된다. 그가 제시한 가설이 타깃이 아니라 자신이 타깃이 된 듯하여 불편함을 느낀다. 신앙 관련 토론에서는 특히, 사람과 명제를 구별하는 것이 매우 중요하다

(Boghossian 2002a). 사람들에게 신앙은 굉장히 개인적인 경험이다. 따라서 신앙을 하나의 인식원리로 생각하면 할수록 신앙에 대한 일체감을 벗어 버릴 수 있다. 아울러 논박의 3단계에서 행동의 5단계로 전환하는 것도 쉽다. 유대감을 느끼며 다름에 대해 거부감을 느끼지 않도록 하는 것이 대화에 이롭다.

그가 지각한 것들의 원인을 이해하는 보다 객관적인 관점을 제시하면서, 그의 경험을 설명하는 여러 다른 대안들에 그가 마음을 열게 하려 했다.

그가 "진실임을 정말 안다"는 말을 반복하면서 대화는 한동안 오락가락 했다.

나: 그렇다면, 자신의 경험이 진실이라고 확신하는 다른 사람들의 종교적 경험에 대해서는 어떻게 설명할 수 있나요?

다시, 질문을 통해 소크라테스 문답법 1단계로 돌아갔다. 서로에 대한 신뢰감이 형성되어 있는 상황이었고 그도 자연스럽게 응했다(Clark 1992; Horvath & Luborsky 1993; Szimhart 2009, p. 260). '당신'이라는 단어 사용은 다시 피했다. 상대가 자신의 경험에 머물러 있지 않도록 하기 위해서다. 신앙 그 자체에 대해 집중하기 위해서는 되도록 다른 누군가의 신앙에 대해 이야기 하는 것처럼 하는 게 도움이 된다. 너무 사적인 문제를 파고들어 지나치게 개인적으로 흐를 경우 상대가 자신에 대한 공격으로 느낄 수도 있기 때문이다.

그: 잘 모르겠어요.

바로 그거다! 믿음 열림의 희미한 빛. 그는 어느 정도 문제 상황에서 빠져 나왔다. 신앙 바이러스가 처음으로 백신을 맞은 것이다.

나: 좋아요. 나도 잘 모르겠어요.

나도 곧바로 그에게 불러일으키고 싶었던 열림과 의심의 행동을 따라하였다. "잘 모르겠어요"라는 말은 놀라울 정도로 강력한 진술이다. 그렇게 말함으로써, 모든 것에 대해 알지 못하고 또한 모든 답을 알지 못하는 것이 아무런 문제가 아니라고 생각하게 한다. 그렇다. 모든 것에 답을 가지고 있지 못한 것은 나뿐만 아니라 그 누구에게도, 아무런 문제가 되지 않는다.

(한동안 말이 없었다.)

의미 있는 침묵은 상대를 압박하지 않고 편안하게 만들어 대화에 도움이 된다. 종종 어색한 침묵이 있을 때 대화로 이를 메우려고 하는데, 개의치 말아야 한다. 그냥 놔두는 것이 대화를 진전시키기도 하거니와, 노력에도 불구하고 분위기가 바뀌지 않았을 때의 낭패를 피할 수도 있다. 중재에서 짧은 침묵은 인내할 수 있어야 한다.

나: 그렇다면 종교적 경험들을 강렬하게 그리고 진심으로 느끼는 사람들이, 그 원인으로 생각하는 것이 실은 진짜 원인이 아닐 수도 있다는 걸, 아는 사람도 있겠네요?

이 대화를 몇 년 전에도 했었다. 이 젊은이에게는 유도성 질문으로 시간 끌지 않았다. 그가 추가적으로 제시한 가설에 대해 다른 질문을 던졌다. 이러한 계속되는 가설의 공략은, 확실성이라는 하나의 토대에 묶여 있는 각각의 주장들을 그 인식적 토대에서 풀려나 자유롭게 떠다니게 하는 것이다. 그의 세계관이 들어 있는 각각의 주장들을 공략해서, 그가 진리라고 믿고 있는 것에 대한 확신을 하나 둘 무너뜨리는 것이다. 이것이 성공한다면, 신앙 바이러스에 의한 특정 믿음들은, 이 젊은이의 경우에는 예수 그리스도를 느꼈다는 것인데, 논리적으로 힘을 잃고 무의미한 것이 되고 뿌리째 뽑히고 만다.

말이 통하고 또 그의 믿음체계에 쐐기를 박을 기회를 엿보았기 때문에 나는 몰아붙였다. 실은 자주 오지 않는 좋은 기회이기도 했다.

그: 어떤 사람은 그럴 수 있고, 안 그런 사람도 있겠지요.

이 진술도 하나의 가설이다. 언뜻 보기에 당연한 말 같고 반박할 여지가 없는 것 같다. 또한 상대는 의도를 충분히 파악하고 빠져 나갈 수 있는 합당한 가설을 통해, 자신이 의심에 빠져 있지 않았음을 말하고 있는 것이다.

나: 그래요. 맞는 말이에요. 하지만 당신은 그 경험이 예수에 인해 일어나지 않았을 수 있다고 생각한다는 거지요?
(긴 침묵)

다시, 수동태에 주목하라.

그: 아니요.

그 대답에 다소 놀랐다. 흔들리지 않은 자아가 그를 그렇게 버티게 한 듯 했다.

나: 그러니깐 당신의 체험이 예수로 인해 생긴 것이 아닐 수도 있겠군요?
(그는 한참을 망설였다.)

질문을 반복했다.

그: 잘 모르겠어요.

됐다! 그는 확신에서 반신반의로, 절대적 자신감에서 의심으로, 숙고전단계에서 숙고단계로, 자신이 예수를 체험했다는 생각에서 예수 존재에 대한 반신반의로 바뀌었다. 이 흥미로운 중재는 마무리 되었다. 하지만 나는 그가 교회로 돌아갔을 때 마주하게 될 위험에 대해 익히 알고 있었다. 사랑하는 누군가에 의해 또는 전도사에 의해 그가 다시 종교적 망상으로 빨려 들어갈까 불안했다. 몇 주 후에 그를 만나기 위해 밤늦은 시간에 체육관엘 갔다. 지속적인 치유를 진행하고 싶었고, 그가 어떻게 지내는지 보고 싶었다. 아쉽게도 그를 다시 만나지는 못했다. 그의 전화번호를 받지 않은 것을 내내 후회했다.

중재 2: 성공적이지 못한 경험

아래의 대화는 2012년 여름 어느 날 아침에 가족의 친구와 나눈 대화이다. 그녀와는 꽤 오랫동안 신앙에 대해 이야기하였지만, 지금껏 별 소용이 없었다.

나: 한마디로, 왜죠? 많은 이야기를 했는데도, 여전히 신앙을 갖고 있는 이유가?
(긴 침묵)
나: 지금 대답할 필요는 없어요. 나중에 해도 돼요.
그녀: 알았어요. 생각 좀 해볼게요.
(아주 짧은 침묵)
나: 자, 답은 뭔가요?
(웃음)
그녀: 나에게 위안을 주기 때문이죠, 내게는 절실한 거예요.

"나에게 위안을 준다. 내게는 절실한 것이다." 이것은 가설이다. 반박할 대목이다.

적절한 유머는, 진심이 담기고 상황에 잘 어울린다면, 치료동맹을 만드는 접합제로 두고두고 활용할 수 있다. 사실 유머는 놀라울 정도로 효과가 있는데 토론에서 충분히 이용되고 있지 못하다. 역효과에 대한 우려 때문에 그러는 것 같다. 하지만 친밀한 관계를 만드는데 유머보다 좋은 것은 없다.

나: 부려 먹을 사람들을 소유했다는 데서 느끼는 노예 주인의 위안을 인정하라는 건가요?

과장된 비유라 생각했지만, 우리 사이에서는 충분히 할 만한 것이었다. 그동안 다양한 전략을 중재에 구사했지만 모두 별 효과가 없었다. 그래서 실험을 했다. 행동하는 무신론자는 유연해야 하고, 자신의 대본과 스타일을 개발하고 실험에 적극적이어야 한다.

그녀: 오, 피터. 적절한 비유 같지는 않은데요.
나: 맞아요. 근데 당신에게 위안을 주는 것들이 당신에게는 좋다 하더라도, 도덕적으로 선한 것은 아니라는 것이 나의 요점이죠. 지하철역 알코올 중독 부랑자가 술병을 꼭 쥐고 있는 것처럼 말이죠.

당장의 목표는 분명했다. 위안을 주는 모든 것들이 좋은 것만은 아니라는 것을 알게 하는 것이었다. 그녀가 나의 반박을 받아들이길 바라며 더 극단적인 예를 들었다.

그녀: 나는 그 누구에게도 해를 끼치지 않아요. 나의 믿음들을 다른 사람에게 주입하려고도 하지 않아요.
나: 당신 스스로에게 해를 끼친다고는 생각 안 하세요?

이 질문은 독일의 철학자 임마누엘 칸트에 의해 유명해진 것이다. 자신의 관점을 완강하게 고집하는 사람들에게 내가 자주 하는 질문이기도 하다. 때때로 이 질문은 인지적 틈새를 만들기도 하는데, 이 틈새란 자신의 추론에 모순이 있을 수도 있음을 깨닫는 것이다. 새로운 방향의 질문(자신에게 정의로운가?)에 대해 성찰하도록 유도하여 자신의 믿음이 스스로에게 부당한 것은 아닌지 따져 보도록 하는 것이다.

이 질문은 다양한 차원에서 효과적으로 사용할 수 있다. 나는 이를 인식원리를 되돌아보게 할 때도 자주 사용한다. "잘못된 추론 방법, 실재를 알 수 없는 추론 방법을 사용하는 것이 당신 스스로에게 나쁜 것은 아닐까요?" 이는 하나의 판단기준을 자기 자신과 세상에 동시에 적용하는 것으로, 지극히 소크라테스적 사고이다.

그녀: 무슨 뜻인가요?
나: 그것이 참이기 때문이 아니라, 편안하기 때문에 어떤 믿음을 갖는 것이 스스로를 망치는 방식은 아닐까요?
그녀: 난 그것이 참이 아니라고 말한 적 없는데요.

그녀가 자신의 믿음이 참이 아니라고 강하게 말한 적이 없을지 모르지만 그것이 참이라고 생각했다면, "아직도 왜 신앙을 갖고 있는 거죠?"라는 질문에 "진리이기 때문이죠"라고 대응했어야 한다. 그렇게 하지 않았기에, 그녀의 말과 속마음이 다르다는 의심을 할 수밖에 없었다.

나: 당신의 종교적 믿음들은 참인가요?
그녀: 모르겠어요, 피터. 나를 기분 좋게 만들어요. 지금 나에게서 그것들을 떼어 놓으려 하는 건가요?

예전에도 비슷한 토론을 한 적이 있어, 그녀가 자신의 믿음이 참이라고 주장하지 않으리라 알고 있었다. 나는 이런 토론에서 "신앙은 진리이다"에서 "신앙은 이롭다(위안을 준다 등)"로 대화 주제가 바뀌게 놔두지 않는다. 신앙은 실재에 대한 신뢰할만한 앎의 방법이 아니라는 사실을 그들이 분명하게 인정할 때까지 이 주제에 집중한다. 하지만 이번에는, 그녀가 신앙에서 위안을 얻는다는 말을 그대로 받아들이면서, "위안을 준다"는 가설을 반박의 타깃으로 삼아 보았다.

나: 당신의 위안을 빼앗을 생각은 없어요. 단지 진리가 아닌 것에서 얼마나 큰 위안을 얻을지 의구심이 들 뿐이죠. 빈스 맥마흔의 프로레슬링을 본적 있나요?

나는 반박의 단계를 준비했다. 종교는 위안을 준다는 가설을 무너뜨리려 시도한 것이다. 아울러 토론을 원활히 하고 그녀의 믿음이 조금 흔들리길 바라며 조금 가벼운 이야기를 끌어들였다.

그녀: 나는 아니고, 우리 남편은 가끔이요.
나: 음, 어쨌든 이야기는 할 수 있겠네요. 난 사람들이 프로레슬러를 응원하는 것을 도무지 이해할 수 없어요. 결과는 이미 뻔히 정해져 있다는 걸 알고 있는데 말이죠. 누가 이길지 알고, 시나리오가 있는 걸 알면서, 응원한다는 건 말이 안 되는 거죠.
그녀: 사람들을 즐겁게 하잖아요.
나: 그래요, 그렇다고 해도 난 응원은 안 할 거예요.
그녀: 사람들은 자신이 좋아하는 사람이 이기길 원하잖아요.
나: 신앙도 비슷한 것 같아요. 거짓인 줄 알지만, 어쨌든 사람들이 빠져들잖아요. 기분 좋게 한다는 이유로.

그녀가 마음을 바꾸고, 자신의 종교적 믿음이 거짓이라는 것을 인정하길 기대하면서, '거짓'이라는 단어를 일부러 넣었다. "기분 좋게 만든다고 해서 믿음에 찬성해야 하나?"를 그녀가 자문해 보길 기대했다.

(긴 침묵)

나: 실제로 유효하게 작동하는 것에 의해 당신 기분이 좋아지게 할 수 있지 않을까요? 제대로 된 것들이요. 이성은 틀림없이 당신을 기분 좋게 할 거에요. 나는 베이컨을 먹는 것보다 그게 더 나를 기분 좋게 만들어요. (웃음) 제대로 된 방법으로 문제를 풀 수 있다는 것을 알게 되는 것은 정말 굉장한 일이죠. 그 선물에 당신 마음의 문을 열게 하려면 어떻게 하면 좋을까요?

여기서 광신도 치유 프로그램에서 쓰는 특정 용어를 사용하였다. 왜 사람들이 광신에 시달리는지, 영향을 주는 요인들을 분석한 연구에서 가져온 것이다. "마음의 문을 열어라"라는 문장과 '선물'이라는 단어는 신앙으로 사람들을 끌어들이기 위해 자주 주입되는 것들이다. 마찬가지로 이 말들은 이성을 수용하도록 '툭 건드리는' 데에도 효과가 있다.

그녀: 난 이대로가 좋아요.

중재가 효과가 없을 때, 이 말이 나온다. 하지만 이 중재가 장기적인 측면에서 도움이 될 수도 있을 것이다. 나는 그녀와 계속해서 신앙의 문제를 이야기를 할 것이다. 또 다른 전략들을 실험하면서 그녀를 도울 것이다. 나는 여전히 그녀가 결국 신앙에서 벗어나게 될 것이라고 생각한다.

중재 3: 도움이 안 된 중재

다음의 대화는 교도소 재소자들을 대상으로 한 나의 한 연구 (Boghossian 2010)에서 있었다. 당시 연구는 재소자들의 비판적 사고와 도덕적 사고 능력을 향상시켜 범죄 재발을 막기 위한 것이었다.

그 중 한 사람은 약 9개월 정도 수감되어 있었는데, 최근에 기독교인으로 "거듭나 있었다." 내 연구는 임상시험심사위원회IRB, Institutional Review Board의 승인이 없었기에, 그들의 신앙과 관련된 전문적인 중재를 진행할 할 수는 없었다.[48] 만일 적극적인 중재가 가능했다면, 역사적 예수에 대한 그의 특별한 믿음을 타깃으로 했을 것이다. 몇몇 주장들에 대한 그의 '믿음 닫힘'은 너무나 완고했다. 이는 신앙 바이러스에 감염된 지 얼마 안 된 사람들의 특징이다. 그래서 조금은 부차적인 믿음들에 대해 열린 관점을 갖도록 시도해 보았다.

그: 지금 예수님이 현명하지 못했다고 말한 건가요?
나: 물어 보는 거예요. 예수가 현명한 사람이었는지.

나는 의심을 갖도록 대화를 시도했다. 반박할 가설을 그가 제시하도록 만들었다. 소크라테스 문답법을 시도할 때, 반드시 상대가 단 몇 개라도 가설을 제시하도록 해야 한다. 만일 말이 막히거나 어떻게 이끌어갈지 막막해지면, 대화를 의심의 단계로 돌아가 다시 시작하면 된다. 예를 들면, "예수가 좀 현명하지 못했다고 생각하지 않나요?"라고 질문할 수 있다.

그: 그는 죽음을 선택했어요. 그는 하느님의 화신이었죠. 모든 죄인들을 위해 희생양이 되고자 했어요.

모두 가설이고, 모두 반박의 목표들이다. 나는 희생 제물을 골랐는데, 다른 이유가 있어서라기보다는 내게 흥미로운 주제였기 때문이다. 보통의 경우 자신이 흥미가 있거나 또는 잘 아는 주제를 택해 반박하는 것이 좋다. 그렇게 하면 성공 가능성이 더 커지기도 하고, 적어도 대화에 몰입할 수 있고 몇 가지라도 상대에게 가르쳐 줄 수 있다.

나: 그러니까, 그런 희생을 했기에 예수를 위대하다고 생각하는 거군요?

예수의 신성에 대한 질문은 하지 않았다. (IRB 승인이 없어서 그런 문제를 질문할 수 없었다.) 그는 분명 숙고전단계에 머물고 있었다. 그렇다면 목표는, 그의 인식활동의 다른 영역에서 '믿음 열림'을 끌어내는 것이었다. 다시 희생이라는 타깃으로 돌아갔다.

그: 당연하지요.

애매한 대답보다는 확실한 대답이 모순을 이끌어내기가 더 쉽다. 확신은 강력한 입증이 필요하다. 다시 말해, 자신이 알고 있는 것이 절대적인 진리라고 주장하려면, 그에 대한 빈틈없는 완벽한 정당화가 필요하다. 자신이 확신하는 어떤 주장에 필요한 정당화를 하지 못한다면, 논쟁은 금세 마무리 된다. 병적인 믿음에 심각하게 빠져 있지 않은 사람과 대화라면 힘 안 들이고 반박할 수 있다. 한 가지만 하면 된다. 그 믿음이 진리라는 것을 무너뜨릴 어떤 특이사항을 찾아내는 것이다. (예를 들어, "모든 아시아인들은 수학을 잘한다." 이 가설을 반박하는 것은 아시아인 중 수학을 못하는 한 사람의 사례만 있어도 가능하다. 하지만 "대부분의 아시아인들은 수학을 잘한다"에 대한 반박은 꽤나 어렵다.)

나: 좋아요. 만일 예수 주변의 어리석은 사람들이 정말 현명한 사람들이었다면, 그가 미션을 수행하는 것을 못하도록 막았을 수도 있겠네요?
그: 그들은 예수가 목적을 이루길 원치 않았죠.
나: 그래요. 하지만 주변 사람들이 예수가 희생하는 것을 막았다면, 당신은 예수가 가지고 있었다고 한 그 미덕이 위대한 것이라고 말할 수 없지 않을까요? 그들이 말렸다면 예수의 목적은 달성될 수 없었을 테니까요. 내 말은 그가 희생을 택하지 않았다면 그 희생은 일어날 수 없었고, 그리고 그가 희생을 택했다면 분명 다른 선택을 할 가능성도 있었다는 말이죠. 따라서 그는 희생을 택하지 않았을 수도 있고 그러면 희생도 없었을 거예요.
그: 그는 이루고자 한 바를 이뤘어요.

이 반응은 그가 '희망하기 전단계' 있다는 의미다. 그는 심각한 '믿음 닫힘'으로 인해 고통을 받고 있었다. 특정한 믿음들에 대해 더 닫혀있는 사람일수록, 바로 4장에서 근본주의자들에 대한 비유인 '집의 맨 꼭대기' 같은 믿음의 사슬을 반드시 구축하게 된다. 이상적으로 말하면, 상대가 보여 주는 타당한 수준의 믿음을 발견하여 그것을 타깃으로 하여 소크라테스 문답법을 구사하여야 한다. 하지만 근본적인 믿음은 너무 강고한 것이기 때문에 오히려 희망이 있다. 그 근본적인 믿음을 느슨하게 하는 방법은 다락방의 천정을 뚫는 것이다. 그 다락방이 허물어지면, 집의 꼭대기 층이 무너질 것이고 여파는 기초까지 미칠 것이다.

나: 그가 안 할 수도 있었나요, 아니면 운명이었나요?
그: 하지 않을 수도 있었어요. 하지만 희생을 원했어요.
나: 그러니깐 그는 성공가능성을 높이기 위해 여러 노력을 했을 수도 있겠네요.
그: 가서 마태복음, 마가복음, 루가복음 그리고 요한계시록을 읽으시죠.
나: 그건 질문에 대한 답이 아닌 것 같은데요.

소크라테스 문답법을 하다보면 간혹 안타까움을 느끼고 심지어 좌절감이 들기도 한다. 이 경험이 한 예다. 사람들이 최악의 상황에서 빠져 나오고 있는 경우, 예를 들면 최근에 수감된 재소자나 또는 회복의 초기 단계에 있는 마약중독자 같은 경우, 신앙 바이러스를 쫓아내기가 정말 어렵다. 또한 신앙에 갓 빠져든 사람들의 경우 행동과 사고에 근본주의적인 행태를 보이는 경우가 많다. 특히 개인적 비극으로 인해 신앙을 갖게 된 이들이라면 더 그렇다.

중재 4: 즉각적인 성공

다음 대화는 내가 가르치고 있는 대학의 한 경비원과 나눈 것이다. 그와는 잠깐씩 인사를 나눈 적은 있으나 실질적인 대화라 할 만한 것은 아직 없었다. 그는 겸손하고 친절한 젊은이였다. 그를 좋아했다.

어느 날, 그가 선교사가 되기 위해 훈련을 받고 있다는 이야기를 들었다. 그는 모르몬교인이였고, 어떻게 전도할 것인가를 배우고 있었다.

나: 당신의 최고의 무기는 뭔가요? 다른 이들을 설득할 때 사용하는 방법이 뭐냐는 말이죠? 한번 나에게 시도해 보면 나를 믿게 할 수도 있을 텐데.
(일부러 웃으며 말했다.)
그: 그러죠. 자 주변을 한번 둘러보세요. 이것은 어떻게 여기 있을까요? 분명 원인이 있어야 하잖아요? 이 모든 것들이.

"어떻게 이것들이 여기 있을까요?"라는 질문은 궁금증의 진술이다(1단계). 질문에 그가 스스로 답한 것은 "원인이 있었다"였다. 그는 의문과 가설 둘 다를 제시하였다. 나는 곧바로 논박에 들어가 반증을 했다.

나: 글쎄요, 이것이 언제나 이대로 있었다면요?
그: 무슨 뜻이죠?
나: 그러니까, 당신은 초기엔 아무 것도 없었다고 가정하고 있어요. 처음부터 무엇인가가 있었다면? 다시 말해, 늘 무언가가 무한대로 펼쳐져 있었다면요?
그: 무슨 말이죠?

그의 반응이 믿음 열림의 실마리인지 아니면 그가 무한대로 펼쳐진 우주에 대해 이해하지 못하는 것인지 분명하지 않았다.

그래서 악의 없음을 전하고 토론을 독려하기 위해 질문을 고쳐서 다시 했다.

나: 내 말의 뜻을 묻는 건가요? 당신은 우주는 반드시 시작점이 있어야 한다고 가정하고 있어요. 하지만 만일 그 시작점이 없다면 어떻게 될까요?
(침묵)
그: 그렇게 생각해 본 적이 없는데요.

그의 대답에 정말 깜짝 놀랐다. 다른 사람들을 전도하려고 했던 사람이, 자신의 세계관에 대한 가장 기초적인 반박을 생각해 보지도 못했다니? 또한 '믿음 열림'이 굉장히 빨리 나타난 것에 충격을 받았다. 이 중요한 시점에서, 그가 자신이 어리석다는 느낌을 갖지 않도록 하고, 아울러 마지막 5단계로 이끌고 싶었다. 목표는 그가 자신의 믿음을 회의하도록 돕는 데서 그치지 않고, 궁극적으로 그의 잘못된 인식원리를 지지하고 유지하는 구조인 바로 모르몬 교회로부터 그를 떼어 놓은 것이었다.

나: 그러니까, 나는 이 문제에 대해 많은 생각을 했고, 그래서 좀 알아요. 이런 게 내가 하는 일이기도 하죠. 만일 우주가 어느 시점에 시작된 것이 아니라 언제나 존재해 왔다면, 그것이 당신에게 어떤 의미가 될까요?

그가 의심을 갖도록 다시 시도를 했다. 아울러 그가 스스로 결론을 도출하기를 원했고, 그 방법마저도 그에게 맡기고 싶었다. 다시 말해, 내가 했던 방법으로 그가 스스로에게 질문을 던졌으면 했다. 그래서 믿음에서 벗어나는 걸 스스로 정리할 수 있도록 기다렸다. 결론은 당연히, "우주가 언제나 존재하고 있었다면, 신이 우주를 창조하지 않았을 것이다"였다. "신이 우주를 창조하지 않았다"에서 "신은 존재하지 않는다"까지는 논리적 거리로는 한걸음도 안 되는 거리다. 하지만 그는 아직 그것을 알지 못했다. 계속했다.

그: 잘 모르겠어요.
나: 그래요, 우리 같이 한번 생각해 보는 게 어때요?
(침묵)
나: 신이 존재한다는 논증의 핵심 요지는, "둘러봐. 이것들이 어떻게 여기 있었을까?"라고 말하죠. 그런데 이 존재들에 대한 또 다른 유력한 설명들을 우리는 알고 있죠. 그러니까 만일 우주가 언제나 존재했다면, 그것이 의미하는 것은 무엇이겠어요?

여기서 나는 '우리'라는 단어를 썼다. 그가 혼자가 아니고, 우리는 동등하며, 인간으로 우리는 동일한 본질적인 질문을 마주하고 있다고 느끼도록 하기 위해서였다.

(침묵)
그: 잘 모르겠어요.

평상시라면 이 단계에서 많은 시간을 할애했을 텐데, 나는 수업 시간에 쫓기고 있었다. 그렇지만 기회를 놓치고 싶지 않았다. 서둘다 보니 그에게 너무 많은 것을 요구하는 실수를 하고 말았다. 그가 스스로 결론에 이르도록 심리적 여유를 주는 게 훨

씬 나왔고, 그렇다면 5단계로 나아가는 성공가능성을 높였을 것
이다. 스스로의 고민으로 결론에 이른다면, 훨씬 더 잘 받아들일
것이기 때문이다.

나: 그러니까, 만일 우주가 언제나 존재했다면, 그러면 우주가 창
조된 것이 아니라는 거겠죠. 원인이 없었다면, 그것이 의미하는
건 뭐죠?
(침묵)
그: 신은 없다 인가요?

나는 기쁨을 감추려 애쓰며 맞장구를 쳤다. 그리고 우리의 성
공에 감사했다.

나: 그래요. 바로 그것이죠.

그는 충격에 빠져 겁먹은 표정이었다. 수업에 늦었지만, 그가
모르몬 교회에서 나오는데 도움 될만한 자료들을 가져다주었다.
특히 그가 혼자가 아니라 도움 받을 곳이 많다는 것을 알려주기
위해 여러 기관들 연락처와 자료들을 챙겨 주었다. 그리고 그가
신앙을 의심하는 사람들에게 한두 번 해봤을 말, 바로 "기도합시
다"라는 말에 굴복하지 않는 것이 왜 중요한지를 강조하여 설명
했다. ('기도합시다'라고 말하는 것은 확증편향으로 그들을 몰아가는 것이다. 기도를
한다는 것은 이미 탈출하고자 하는 그 시스템으로 되돌아가 있다는 뜻이다.)

성공적인 중재였다. 대화도 간결하였고, 그가 최소한의 자극
으로 자신의 고민에 대해 결론을 내렸다. 헤어질 때 그는, "아주
맛이 갔다"고 말했다. 그가 5단계를 마무리하고 교회를 다니지

않는지는 잘 모르겠다. 이후론 만나지 못했다.

요약

소크라테스 문답법은 이를 하는 사람에게도 쉽고, '믿음 열림'을 끌어내고 신앙에서 벗어나도록 하는데 비용이 들지 않는 치유법이다. 주요한 방법은 상대의 추론과정에서 모순과 비일관성을 끌어내는 것이다.

소크라테스 문답법을 통한 중재에서 다음 사항을 유념해야 한다.

- 대화의 단계들을 따라야 한다. 각각의 단계에서 해야 할 것들을 완벽하게 하지 않은 채 다음 단계로 넘어가서는 안 된다. 서두르지 않아야 한다.
- 4장에서 강조하였던 전략들을 적절히 배치하고 구체화하라: 맥락을 고려하고, 적대적 관계를 만들지 말며, 부정적인 말투를 쓰지 말고, "자신 있게 시도하고," 도덕과 신앙을 분리하고, 형이상학이 아니라 인식원리에 주목하고, 종교가 아니라 신앙을 공략하고, 행동의 모범을 보여야 한다. 대화를 위한 적절한 기회를 확보하고, 우애의 수준까지 관계를 발전시켜야 한다.

중재가 마무리 될 쯤엔, 상대가 혼란스러워 하고 심지어 두려워할 수도 있다. 6장에서는 여기에 어떻게 대처하는지를 다룰 것이다.

깊이 알기

논문

피터 보고시안, "소크라테스 교육법은 어떻게 작동하는가 How Socratic Pedagogy Works," (Boghossian 2003).

피터 보고시안, "소크라테스 교육법: 혼란, 굴욕, 수치 그리고 깨진 달걀 Socratic Pedagogy: Perplexity, Humiliation, Shame and a Broken Egg," (Boghossian 2011b).

책

가이 해리슨, 〈기독교를 믿는다는 것 50 Simple Questions for Every Christian〉, (Harrison 2013), (정명진 옮김, 엑스오북스, 2014).

〈플라톤의 대화 Platonic Dialogues〉

플라톤, 〈에우튀프론 Euthyphro〉

플라톤, 〈메논 Meno〉 ('메논의 노예'와의 토론을 중심으로)

플라톤, 〈국가 Republic〉 (특히 Ⅰ, Ⅱ, Ⅲ권)

6장
신앙을 벗어난 이후

2012. 10. 14. 11: 26 AM, 케이티 Z. 씀

나는 이제 신을 믿지 않습니다. 혼란스럽습니다. 내가 읽을 만한 책이 있을까요? 주변의 빈정거림과 놀림을 어찌할지 모르겠습니다. 지금까진 견딜만 합니다. 하지만 무언가 도움이 필요합니다. 커다란 상실감을 느끼고 있습니다. 도움이 될 만한 것을 알려주시면 좋겠습니다. 고맙습니다.

2012. 10. 22. 5:40 PM, 피터 보고시안 씀

나는 무신론자가 되기 위해서가 아니라, 이성과 합리성을 따르는 사람이 되기 위해 어떻게 해야 하는가를 늘 고민해 왔습니다. 무신론은 이러한 증거들에 대한 진지하고 솔직한 평가를 통해 얻은 하나의 결론입니다. 신의 존재에 대한 증거, 없습니다. 신을 입증하는 것은 아무 것도 없습니다.

당신이 듣고 싶은 충고가 아닐 수 있지만, 내 생각에 가장 중요한 것은 무지에 친숙해지는 것입니다. 나는 여전히 이 문제로 싸우고 있습니다. 종교는 답을 제시합니다. 이성에 의지하게 되면, 합리적, 이성적,

사려 깊은 판단을 하게 되면, 그리고 당신의 삶을 정직하게 성찰하면, 모든 것에 대해 다 알 수 없다는 결론을 어렵지 않게 얻게 될 것입니다. 사람들에게 불확실함에 편안해지라고 어떻게 하면 잘 알려 줄 수 있을까요? 나는 모두를 만족시킬 답을 알지 못합니다. 다만 내가 아는 것은, 확실하지 않은 것을 친숙하게 받아들이는 태도가 중요한 열쇠라는 것과 당신의 삶에서 그것을 해 낼 수 있다는 것뿐입니다. 사실 나도 여전히 고민하고 있습니다. 잘 모르겠습니다. 답을 갖고 있지 못합니다. 믿음과 관련하여 진실하고, 자신에게 솔직하고, 자신의 삶을 진심으로 성찰한다면, '알지 못함'에 편안해지는데 지금의 외로움도 도움이 될 것입니다. 물론 장담할 수는 없습니다. 내가 아는 유일한 것은 내가 다 알지 못한다는 것입니다. 내가 유일하게 확신하는 것은 이것입니다.

무슬림들이라면 당신에게 믿음을 회복할 때까지 알라신의 이름을 부르라고 말할 것입니다. 기독교인들이라면 진정한 믿음을 얻기 위해 예수를 받아들이라고 말할 것입니다. 이것들이 바로 당신이 시작했던 지점에서 당신을 망쳤던 쉬운 답들입니다. 아무런 근거 없는 엉터리 처방입니다. 당신이 증거에 기반한 믿음을 형성하려 한다면, 확정된 결론이란 있을 수 없습니다. 모든 가능성이 열려 있습니다. 그것을 어떻게 하는지 당신에게 알려 주는 책은 없습니다. 그것은 어떤 기법들이 아닙니다. 그것은 태도의 문제입니다.

그래서 나는 이렇게 제안합니다. 자신에 진실하고 솔직해 지십시오. 그리고 타인에게도. 모든 것들이 다 잘 될 것입니다. 이 이야기 이상을 해줄 수 없음을 이해해 주면 좋겠습니다.

언제든지 연락해도 좋습니다.

피터

이 장의 내용은 비교적 간략하다. 다루는 주제와 관련된 전문가 평가를 받은 연구문헌들이 부족하기도 하고, 그리고 나의 일차적 관심이 사람들이 신앙에서 벗어나도록 돕는 것이지, 회복의 방안을 제공하는 것이 아니기 때문이다. 신앙에 의심이 들기 시작한 사람들이 신앙에서 온전히 회복하는 데는 대개 몇 년씩 걸리기도 한다. 사유의 힘이 이끌고, 솔직함과 알고자하는 하는 욕구가 동기부여 하며, 치유에 대한 새로운 용기들이 이어져 가는 과정이다. 목사, 랍비, 이맘 같은 신의 대변인들과는 달리, 나는 어떤 길이 최선이라고 말하는 주제 넘는 짓을 하지 않는다. 그들처럼 일일이 가르치려 드는 간섭과 오만함은 사람들을 다시 종교로 되돌아가게 하는 행동들이다.[49]

이 장에서 나는 신앙으로부터 회복하려는 사람들에게 도움되는 정보를 제공하는 역할만 할 것이다. 욕심을 내서, 해야 할 일들과 하지 말아야 할 일들에 대해 이야기 할 수는 없다. 회복단계에서 지침이 될 보편적인 행동규범을 말하기에는 너무도 많은 변수(개인사, 종교 전통, 교육, 문화적 유산, 심리적 성향, 인간관계들, 삶의 조건 등)들이 있다.[50]

이 장에서는 치유 후의 권고사항도 다루는데, 이성과 합리성에 의존하는 성향을 키우고 훈련하는 측면에 한해서다. 그리고 두 개의 대화로 마무리한다.

회의주의 커뮤니티를 소개하라

이제 신앙을 가진 사람들에게 인지적 틈새를 만들었고, 엉터리 인식원리를 폭로했고, 신앙 밖으로 탈출을 도왔다. 이제 무엇을 할 것인가?

중재를 마친 후에, 상대를 방치해서는 안 된다. 지속적으로 도울 수 있도록 이름과 연락처와 여러 정보를 준비해야 한다. 처음 신앙을 단념하게 되면 정신적 충격과 해방감이 동시에 찾아온다. 특히 그 사람이 비우호적인 친구들과 가족들에서 "뚝 떨어져 나왔다"면 더 심하다. 신앙을 벗어 던진 이들이 자신을 지원해 줄 여러 그룹들이 있다는 것을 알게 해야 한다. 중재의 끝 무렵에는 항상 그들에게 제공할 정보들을 미리 준비해야 한다. 아울러 이후에 언제라도 달려가 도울 수 있는 상대에 대한 정보도 알아 두어야 한다. 나는 지역의 여러 기관들(예를 들면, 포틀랜드 탐구센터Center for Inquiry-Portland, 포틀랜드 인본주의자들Humanists of Greater Portland, 밋업Meetups, 포틀랜드주립대의 자유 사고자들Portland State University FreeThinkers)의 전화번호와 웹 주소를 적어 지갑에 넣고 다닌다.

시간이 된다면 치유 이후에도 지속적인 관계를 유지하고 최소한 온라인에서라도 만날 수 있도록 페이스 북 친구 맺기도 한다. 나는 예전에 신자였던 사람들과 점심이나 저녁을 먹고, 사무실이나 나의 주짓수 수련에도 초대한다. 내가 도왔던 많은 사람들과 친구가 되었다.

개인적인 관계를 유지하는 또 다른 이점은 그들을 믿음직한 인식원리를 가진 친구들과 새로운 커뮤니티에 소개할 수 있다는 점이다. 새로운 사교 관계를 맺는 것은 그들이 신앙 커뮤니티로 다시 돌아가거나 신앙이 재발할 위험을 낮춘다. 우호적인 관계와 커뮤니티를 제공하여 기존의 사회적 관계들을 단절시키는 것은 새로운 가치와 믿음직한 인식원리를 공고하게 뿌리내리게 한다. 특히 신앙에 대해 회의하기 시작하는 초기단계(숙고전단계, 숙고단계, 준비단계)에서 더욱 중요하다.[51]

의심의 가치를 권장하기

"알지 못하는 것을 거북해 하는 사회에 우리는 살고 있다. 아이들은 '잘 모르겠어요'라고 말하는 걸 배우지 못하고 있다. 이러한 솔직한 어법이 아이들에게서 아주 보기 드문 현상이 되었다. 어른들이 아무런 두려움이나 당황함도 없이 질문을 피해가고 대답을 꾸며대는 것을 너무도 많이 본 탓이다. 언젠가 대가를 치르게 된다. 세계가 직면한 난제들을 해결하는데 있어, 우리는 의심에서 영감을 얻는 혁신적인 사고방식을 가져야 한다. 이제 다함께 창의적인 다음 세대를 키우고 있는 부모들과 선생님들을 지원해야 한다."

_ 아나카 해리스, "세속주의자 뉴스 Secular News Daily", 2012.

신앙이 무너졌다. 그 자리에 무엇을 채워야 하나? 의심이다.

궁금증, 열린 마음가짐, 모르는 것에 자연스러워지기, 확신 대신 의심하기, 회의적이고 과학지향적인 태도 그리고 무엇이 진리인지 알고 싶은 진실한 욕구. 이것들이 바로 자유로운 정신의 속성들이다. 관찰하자. 기록하자. 조심스럽게 설명하고, 그리고 불편한 결론에도 마음을 열자. 독단주의와 확신을 탐구와 의심으로 대체해야 한다. 장기적인 측면에서는 탐구하는 성향, 회의하는 성향이 문화적으로 칭찬받는 미덕이 되도록 만들어야 한다.[52]

미숙한 행동하는 무신론자의 가장 실망스러운 생각 중의 하나는 사회적 평가에 얽매여 탐구와 회의를 학위와 자격으로 이해하려는 것이다. 제임스 에이지의 비극적인 소설 〈가족의 죽음 A Death in the Family〉(문희경 옮김, 테오리아, 2005)에 나오는 호기심과 의심을 거세 당한 소년처럼, 종종 이성과 회의가 사회의 사악한 힘에 의해 압도되어 버린다. 자유로운 탐구를 가로막는 이러한 제도들과 영향력이 힘을 발휘하지 못하게 궁금증을 지켜내는 강력한 사회적 지적운동인 개개인 모두가 일제히 이성을 추구하는 성향을 갖도록 할, 바로 새로운 계몽주의가 요청된다. 9장에서, 잘못된 확신에서 벗어나게 하고 믿음직한 인식원리에 의지하는 성향을 키우기 위해, 시민권 운동의 경험을 활용하여 새로운 계몽주의 확산의 여러 방안들을 제안할 것이다.

의심만으론 안 되는 때도 있다

단 2주일 사이에, 어머니에게 심장마비가 일어났고 신부전증이 왔고 패혈증 그리고 자궁에 종양이 발견되었다. 종양은 암으로 판명되었고 대장과 뼈로 전이되어 있었다. 다이내믹하고 활기차고 관대하고 발랄하고 그리고 믿을 수 없을 정도로 재미있고 사랑스러운 여인은 서서히, 고통스러운 마지막을 보냈다. 2012년 10월 27일, 어머니는 집에서 그녀를 사랑하고 존경하는 사람들에 둘러싸여 죽었다.[53]

어머니는 가톨릭 집안에서 자랐으나 특별히 종교적이지 않았고, 최소한 나에게 그런 모습을 보여 주지 않았다. 교회에 가지 않았고, 내가 아는 한 기도도 하지 않았고, 신에 대해 말한 적도 없었다. 하지만 어머니는 심장수술을 받으러 들어가기 전에 작은 구유에 있는 아기 예수상을 붙들고 있었다. 입원하고 있는 동안에는 그것을 아버지에게 가져다 달라고 부탁해, 늘 곁에 두고 있었다.

어머니가 죽음을 두려워해서 그랬다고 생각하지는 않는다. 내가 아는 한 어머니는 손자들을 위해 살았고, 또 간절하게 그들이

성장하는 것을 보고 싶어 했다. 마지막 몇 달을 견디는 동안에 어머니에겐, 아이들을 다시는 보지 못할 거라는 사실이 가장 고통스러웠을 것이다.

곰곰이 되짚어 보면서 어머니가 예수상에 성호를 긋는 것에 대해 생각하면, 어머니에게 의심을 권하는 것이 충분치 않다는 것을 알았다. 어림도 없었을 것이다. 그녀는 무언가 다른 것이 필요했을 것이다... 손자들이 잘 지내고 있다는 소식일지도... 아버지와 내가 자신과 함께 있고, 손을 꼭 잡고 있다는 것을 그리고 우리가 그녀를 진심으로 사랑한다는 것을 아는 것일지도... 아니면 완전히 다른 무언가를?

나의 어머니 같이 가장 힘든 순간에 있는 사람들에게 우리가 제공할 수 있는 것은 과연 무엇일까? 나는 오랫동안 이 질문에 대해 생각했는데, 답은 여전히 어렵다. 아마 없을지도 모른다. 신앙에 감염되고 세뇌당한 사람이 어려움에 처했을 때 그에게 필요한 것, 예컨대 신앙에 대한 그의 잘못된 의지가 가져다주는 심리적이고 정서적 위안과 같은 것을 우리는 줄 수 없을 것이다.

하지만 동시에, 우리 모두는 죽는다는 것을 알고 있다. 확실성이 없는 삶이 어느 정도 절망을 안긴다 할지라도, 모든 인간은 죽음 앞에서 평등하다는 그 생각에 희망이 있다. 인간이라는 종은 우리 모두 끝내 죽게 된다는 사실로 인해 보다 강해지고 있다.

신앙의 강력한 호소력은 상상할 수 없을 정도로 고통스러운 때에 위안과 마음의 평화를 주는 것이다. 죽고 나서 72명의 처녀의 보상을 준다는 약속이 사랑하는 사람들과의 더없는 행복을 결코 대신할 순 없다.[54] 현실에 충실한 사고가 죽음과 대면하고 있거나 고통 받고 있는 사람에게 줄 수 있는 어떤 위안을 줄 수 있을까? 나는 잘 모르겠다. 지금 같은 고통의 시대에 결국 줄 수 있는 거라곤, 우리가 함께 있는 것이다. 어머니가 죽어가는 침대 곁에서 어머니의 손을 잡고 있는 것은 참을 수 없는 고통이자 또 아름다운 일이다. 나는 거기서 내가 그녀의 고통을 덜어주는 존재가 된다는 것을 알게 되었다. 어머니의 손을 잡고 침대에 앉아도 되겠냐고 물었을 때, 어머니는 떨리는 목소리로 말했다. "그럼, 물론이지." 그리고 미소 지었다. 그것이 어머니가 나에게 했던 마지막 말이다.

당시의 나의 행동이 이 책에서 주장하는 것에 충실하지 않는 것임을 안다. 하지만 나는 어머니 인생의 마지막 며칠 동안 그녀의 믿음에 아무런 말도 하지 못했다.

다음 세대와 새로운 가치

희망은 다음 세대에게 있다. 우리에겐 목표가 분명한 광범위한 캠페인이 필요하다. 이 조직적인 운동은 12학년제 학교 시스템의 여러 학과목에서, 여름 캠프에서, 도서관에서, 아이들이 보는 신자들과의 토론에서, TV와 라디오에서, 인터넷 채팅 방에서 그리고 우리가 아이들과 만날 수 있는 모든 곳에서 진행되어야 한다. 우리 메시지의 핵심은 이것이어야 한다. 세상에는 우리가 모르는 일들이 많다. 몰라도 괜찮다. 설령 죽음에 대해서라도. 당신이 모르는 무언가를 알고 있다고 주장하지 않는 것은 인격적 결함이 아니라, 용기다.

사람들이 특히 아이들이 알지 못하는 것에 편안해지도록 돕는 일과 함께 호기심, 회의적 사고, 세계에 대한 탐구의 열정을 일깨우고 권장하는 일은 너무도 중요한 우리의 책무이다. 어떻게 하면 아이들이 알지 못하는 것에 편안해질지, 어떻게 하면 믿음직한 인식원리를 발전시킬지에 대해 새로운 책과 연구들이 나와야 하고, 특히 삶의 근본적인 질문들에 관련된 책들을 언제 어디서든 널리 읽을 수 있도록 해야 한다. 다시 말해, 현존하는 패러다임(신앙)의 가치를 무력화하는 것과 함께, 아울러 제대로 인정받지 못하고 있는 이성의 가치를 제대로 알려야 한다.

내가 재소자들과 대화를 하며 얻은 소중한 교훈은 책만 가지고는 안 된다는 것이다. 우리는 읽을 수 없는 아이들, 즉 책을 펼치려 하지 않는 아이들, 특히 종교 커뮤니티에 속해서 우리들 책에 접근조차 못하는 아이들에게도 메시지를 전해야 한다. 정말 어려운 과제들이다. 접촉하기 어려운 아이들도 많다. 목사의 아들딸, 성당에서 복사로 선발된 소년, 주일학교에서 지원을 받고 있는 아이들, 알코올과 마약으로 12단계 갱생 프로그램을 이수하고 있는 청소년들, 이슬람이나 유대교 청소년 프로그램에 속한 아이들 그리고 가난 때문에 읽을 책이 없거나 학교에 가지 못하는 아이들이, 바로 그들이다. 지적으로 취약하고 세뇌되어 있는 또한 만나기 어려운 아이들에게 가장 많은 노력을 기울여야 한다.[55, 56]

중재

유명한 초밥 레스토랑에서 줄서 기다리면서 내 수업을 들었던 제자와 만났다. 그는 내 철학 수업을 두 과목이나 수강하였지만, 70에서 130명 정도 되는 많은 수강생들이 있어 나는 그를 알아보지 못했다. 건장한 20대 중반인 그는 여자친구와 함께 있었는데, 어울리지 않게 카우보이 부츠를 신고 있었다. 그가 반갑게 인사를 했을 때 나는 전화기로 문자를 보내고 있었다.

그: 피터, 피터! 여기서 뭐하세요? 세상에, 피터!

나: 안녕.

그: 누군지 아시겠어요?

나: 아니 잘...

그: 그럴 수 있죠. 저는 '비판적 사고' 수업을 들었고요. 그리고 '과학과 유사과학' 수업도 들었어요.

나: 아 그렇군요. 그 수업들 어땠나요?

(몇 분 동안 이야기를 나눴다. 그가 여자친구에게 나를 소개시켰다. 그리고 자신은 이제 신앙을 버렸고 그로 인해 여자친구와 다툼이 있었다고 했다.)

나: 두 사람은 정말 사랑하는 사이지요?

그녀: 그럼요.

나: 멋지네요. 그러면 당연히 서로 많은 이야기를 할텐데, 남자 친구가 신앙을 버린 것도 토론했겠네요?

그녀: 네, 하지만...

나: 괜찮아요. 계속해 보세요.

(주저했다.)

나: 어서 말해 보세요. 나쁜 이야기라도 괜찮아요.

(잠시 머뭇거렸다.)

그녀: 사실 남자친구가 좀 걱정돼요. 우리 가족이나 제가 보기에, 뭐랄까, 아무튼 힘든 시간이었어요.

나: 그렇군요. 이해할 수 있어요. 신앙을 버리는 게 두려울 수 있지요.

(한동안 말이 없었다.)

나: 가장 두려운 게 뭐든가요?

그녀: 음, 음... 그가 천국엘 가지 못할 것 같아요. 이상하게 들릴지 모르지만, 그게 절 제일 힘들게 해요.

나: 아니요, 전혀 우스꽝스럽게 들리지 않아요. 당신이 자라온 방

식인데요. 그 느낌을 전적으로 이해해요.

그녀: 그래요.

나: 그러니까, 당신 생각에 남자친구가 천국을 믿지 않아서, 그곳에 가지 못할 거란 거군요?

그녀: 그게 아니고요, 예수님을 믿지 않아서요.

나: 남자친구는 좋은 사람이에요. 남들에게도 잘하잖아요. 친절하잖아요? 진실하고요?

그: 당연하죠!

(웃음)

그녀: 그건 그렇죠.

나: 좀 더 바라시는 군요. 그가 좋은 사람인 것에 더해, 예수도 믿어야 한다고?

그녀: 네, 그랬으면 좋겠어요.

나: 나쁜 사람이지만 예수를 믿는다면, 천국에 갈 수 있나요?

그녀: 믿는다면, 당연히.

나: 천국이 당신의 목표라고 한다면, 좋은 사람이 되는 것보다 예수를 믿는 것이 더 중요한 거겠네요? 어떻게 생각하는지 알고 싶어하는 질문이에요.

그녀: 그럼요. 예수님을 통해서만 천국에 갈 수 있어요. 예수님을 믿으면 당연히 좋은 사람이 될 거구요.

나: 정말요? 예수를 믿는 사람들 중에 좋지 않은 사람들도 많잖아요. 아니면 그들이 믿은 척 하는 사람들이라 생각하는 건가요?

그녀: 모르죠. 그들이 믿는 척만 할 수도 있겠죠.

나: 거의 같은 생각이에요. 세상에는 뭐뭐하는 척들이 너무 많죠. 그런데 예수를 믿는 남자친구와 좋은 남자친구 중 하나를 선택한다면, 누굴 택하겠어요?

그녀: 둘 다요.

(웃음)

나: 말했잖아요. 하나만 고르라고.

(짧은 침묵)

그녀: 좋은 사람 쪽이요.

나: 그렇다면 당신에게 정말 중요한 것을 이미 알고 있는 거잖아요.

그녀: 그래요. 저도 그렇게 생각하는데. 전 단지 그가 좀 더.

나: 좀 더 원하는 것이야 인간의 당연한 욕심이죠. 분명 당신도 좋은 사람이 되려고 끊임없이 노력하고 있을 텐데요. 그렇죠?

그녀: 그럼요.

나: 예수를 믿지 않으면 더 좋아지지 않을까요?

그녀: 뭐라고요?

나: 내 말은, '예수가 신의 아들이다'는 이야기를 믿지 않고 그저 신화 같은 거라고 생각하면, 당신이 지금껏 해온 대로 할지, 아니면 나쁜 행동들을 하게 될지 궁금하다는 거지요. 예수를 안 믿으면, 당신이 난폭해지고 악의적이 되고 쩨쩨해지고 나쁜 일을 하게 될까요?

그녀: 생각해 본 적 없는데요.

나: 어느 순간 그러니까 내일이나 아니면 모레, 어쨌든 당신이 예수, 천국, 악마 같은 것들은 그저 신화일 뿐이라고 생각하고선, 더 이상 믿지 않는다고 가정해 보죠. 그래도 당신은 여전히 좋은 사람이겠지요?

그녀: 모르겠어요. 솔직히, 두려워질 것 같아요.

나: 뭐가요? 죽음? 천국에 못갈까 봐?

그녀: 예, 천국에 못가는 거요. 죽음도 그렇고. 전부 다요.

나: 그리고 사랑하는 사람들을 못 보게 될지도, 남자친구도?

그녀: 예, 아무 것도 없을 거예요. 그렇잖아요?

나: 그러니까, 죽은 후엔 아무 것도 없을 거라는 건가요?

그녀: 그렇죠. 그렇지 않겠어요?

나: 말꼬리 잡으려는 게 아니라, 난 진짜로 궁금해서 그러는 건데요.

그녀: 알아요. 근데, 당신 생각은 뭔데요?

나: 내 생각이 아니라, 당신 생각이 뭔지가 중요한 것 같은데요.

그녀: 아는데요, 당신 생각도 알고 싶은데요.

나: 뭐에 대한 내 생각이요?

그녀: 지금까지의 토론이요. 우리가 이야기해 왔던 것들에 대해서요. 남자친구 이야기도요.

(그녀가 남자친구를 가리켰다.)

나: 난 두 사람이 좋은 사람들이고 생각해요. 당신은 진실하고, 뭔가 옳은 일을 하려고 노력하고요. 그리고 서로 진심으로 사랑하고, 수도 없이 좋은 점들이 많을 거예요. 그렇지만 당신은 일련의 믿음들에 감염되어 있어요. 여기와는 다른 세상, 예를 들면 사우디아라비아 같은 곳에서 당신이 자랐다면, 아마 당신은 진실한 이슬람이 되었을 거예요. 난 예수가 신의 아들이라고 생각하지 않아요. 당신도 마음속으로는 그것이 사실인지 아닌지 의구심이 들기도 할 거고, 그래서 이렇게 이야기를 하고 있다고 생각해요. 내가 보기에 당신은 무언가를 믿어야 한다는 생각, 그것이 좋은 거라고 생각하는 것 같아요. 하지만 나는 당신이 그 믿음들을 떨쳐 버릴 가능성이 아주 크고, 주체적으로 살아 갈 수 있다고 봐요. 정말 잘 할 수 있을 것 같아요. 이제 인생의 어떤 전환점에 와 있고, 준비가 되어 있다고 생각해요. 이게 내 생각이에요.

(긴 침묵)

그: 와우, 멋진데요.

나: 어떻게 생각하세요?

(침묵)

그녀: 음, 잘... 글쎄요, 모르겠어요.

나: 괜찮아요. 당신은 진실하고 솔직한 사람이에요. 그것들을 당신의 믿음에 한번 적용해 보세요. 자신에게 정말 솔직하게 물어 보세요. 누군가가 죽었다가 살아나고 물위를 걸었다는 것을 정말 믿고 있는지. 자신에게 물어 보세요. 당신이나 남자친구가 좋은 사람이 되기 위해선 예수를 믿어야만 정말 가능한 건지. 정말 솔직하게요.

(오랜 침묵)

그녀: 알았어요. 그럴게요.

(우리는 서로를 안아주었다.)

깊이 알기

책

셋 앤드류, 〈신앙 벗어나기: 종교에서 이성으로의 여행 Deconverted: A Journey from Religion to Reason〉, (Andrews 2012).

제리 드윗 & 에튼 브라운, 〈신앙 이후의 희망: 한 전직 목사의 믿음에서 무신론으로의 여행 Hope after Faith: An Ex-Pastor's Journey from Belief to Atheism〉, (DeWitt & Brown 2013).

존 W. 로프터스, 〈나는 왜 무신론자가 되었나 Why I Became an Atheist: Personal Reflections and Additional Arguments〉, (Loftus 2008, 특히 20장 부분).

말린 위넬, 〈교회 떠나기 Leaving the Fold〉, (Winell 1993).

인터넷 자료

성직자 프로젝트 The Clergy Project (http://clergyproject.org): "성직자 프로젝트

는 초자연적 믿음들을 더 이상 믿지 않는 전직 성직자들이 활동하는 온라인 비밀 커뮤니티다. 2011년 3월 21일 시작된 이래 ... 최근에는 390명이 넘는 회원들이 네트워크에서 활동하고, 종교 커뮤니티에 속해 있는 신앙에 회의적인 성직자 문제를 토론한다. 이 프로젝트의 목표는 신앙에 회의적인 성직자들이 신앙을 극복하도록 지원하는 것이다."

존 W. 로프터스, "교회를 떠난 이들에게 주는 충고 Advice to People Who Leave the Fold," http://debunkingchristianity.blogspot.com/2009/07/advice-to-peoplewho-leave-fold.html

무신론 FAQ 위키, "이제 갓 신앙을 벗어난 사람들을 위한 무신론 FAQ Rational Wiki Atheism FAQ for the Newly Deconverted," http://rationalwiki.org/wiki/RationalWiki_Atheism_FAQ_for_the_Newly_Deconverted

종교에서 회복하기 Recovering from Religion (http://recoveringfromreligion.org/pages/home): "종교에서 회복하기는 비영리단체로 전국에 걸쳐있는 지역 조직들이 심신을 안정시키고, 훈련하고, 교육적인 지원을 통하여 종교적 관계를 벗어나려는 개인들을 다양한 차원에서 지원하고 장려하는 일에 전념하고 있다."

세속적 테라피스트 프로젝트 The Secular Therapist Project (http://seculartherapy.org/index.php): "세속적 커뮤니티에서 일하면서 나는, 정신상담을 받았던 사람들로부터 전문적 치료가 영적인 치료인지 종교적인지 아니면 뉴에이지 성향인지 알기 위해 여러 번의 상담을 거쳐야 한다는 이야기를 많이 들었다. 조사를 통해, 나는 실제로 비종교적인 테라피스트 또는 과학적 방법론에 따라 치료하는 테라피스트들을 찾는 것이 매우 어렵다는 것을 알게 되었다. 세속적 테라피스트는 자신들에게 환자들을 자주 위탁해 주는 교회나 목회자들과 소원해질까 봐 자신들이 인본주의자나 무신론자라고 홍보하지 않는다. 또 종교적인 내담자들을 잃을 수도 있다. 정말 많은 사람들이 비종교적인 테라피스트를 가까이에서 찾는 것이 어렵다고 말했다. 반대로 나는, 세속적 테라피스트 수천 명을 알고 있다. 그래서 우리는 어떻게 하면 이 내담자들과 테라피스트를 만나게 할까 고민했다. 한스 힐과 내가 2011년부터 씨름하기 시작한 문제가 바로 이것이다. 우리는 2012년 4월에 사이트를 가동하기 시작해 내담자와 테라피스트가 서로를 쉽게 찾도록 하고 있으며 삶의 질을 높이는 생산적인 일에 성공적으로 관여하고 있다."

7장
신앙 옹호론 부수기

샘 해리스는 종교에 대한 비판에 대한 방어논리는 세 가지로 정리된다고 통찰하였다. 1) 종교는 진리다 2) 종교는 유용하다 3) 무신론은 어떻게든 사회와 여타 가치들을 좀먹는다.

신앙에 대해서도 마찬가지다(몇몇 신앙 옹호론이 '신앙'이라는 용어를 새롭게 정의하면서 펼쳐진다 하더라도 또는 '심오한 듯 말하기'에 의지한다 하더라도). 기본적으로 신앙을 옹호하는 11가지 논리만 있을 뿐이다. 이들 옹호론 대부분은 해리스가 제기한 세 가지 범주에 속한다: 진리다, 유용하다, 사회적으로 요청된다.

이 장에서는 해리스의 범주에 따라 일반적인 신앙 옹호논리를 부수고자 한다.[57] 각각의 옹호론을 대변할 수 있는 적절한 인용문을 먼저 소개하고, 이에 대한 반박을 제시할 것이다.

신앙은 진리다

1. "우주는 왜 텅 비어 있지 않고 무언가가 존재하는가? 당신은

창조자가 없다는 믿음을 가졌을 뿐이다."

"이것만 명심하라. 무신론자는 이 모든 기적적인 동시 발생이 우연하게 일어났다고 믿는다. 그들은 단지 남자와 여자가 창조자 없이 생겨났다고 믿는 것이 아니라, 경탄할 만한 꽃들, 거대한 나무들, 맛있는 열매들, 예쁜 새들, 동물들의 세계, 바다와 물고기, 자연법칙 등등의 만물이 창조자 없이 생겼다고 믿고 있다. 그들의 믿음이 나의 믿음보다 훨씬 거대하다." _ 레이 컴포트, 〈멍청한 무신론자들 You Can Lead an Atheist to Evidence, but You Can't Make Him Think〉, 2009.

신의 존재에 관하여 내가 들은 최고의 논증은 바로 이것이다. 신자들이 휘두르는 만능 칼이다. 하지만 엉터리다.

여기에 대해서는 여러 반박이 가능하다. "시작에 아무 것도 없었다고 왜 가정하는가?" 여기엔 답이 있을 수 없다. 왕성하게 활동하는 독일 철학자 아돌프 그륀바움이 말했듯이, "도대체 왜 있음(有)에 대해 깜짝 놀라고 그러는가? 있음에 대해 놀라는 것은 아무 것도 없음(무)이 어떻게든 더 자연스럽고 편안하다고 생각하는 것이다. 태초는 공허함이 아니라 물질과 함께 시작되었다. 아무 것도 없음(무)이 있음(유)보다 훨씬 더 이상하다."(Holt 2012)

마찬가지로 "우주가 늘 존재한 것이 아니라는 걸 어떻게 아는가?" 빅뱅Big Bang으로 만들어졌다는 것이 매력적이긴 하지만, 이 세계가 빅뱅으로 만들어진 시간과 영원히 함께 가는 것인지, 아니면 물리학자 브라이언 그린의 생각처럼 우리는 끝없이 일어나는 무한의 빅뱅으로 만들어진 커다란 다중우주(우주가 하나가 아니라 여러 개의 다른 우주가 존재한다는 가설—옮긴이)의 일부인지는 알 수 없다.

왜 무언가 있는 것보다 아무 것도 없었다고 하는가? 무슨 근거로 무가 존재를 위한 초기 상태였다고 주장하는가? 있음이 초기 상태일 수는 없는가?[58] 아무 것도 없는 것이 엄청나게 예외적인 일이 아닐까? 우리가 설령 무보다 유가 예외적이다고, 과학적 이해의 한계로 온전히 알지 못해서 어쩔 수 없이 수용한다고 하더라고, 창조자가 우주의 시작에 대한 답이라고 왜 인정해야 하는가? 입증되지 않은 것을 기정 사실로 하면 안 된다. 우리가 정말 모르는 것에 대해 답을 알고 있다고 하는 것이 더 나은 것인가, 단순하게 "모르겠다"라고 솔직하게 말하는 것이 나은 것일까?

우주가 언제나 존재했을 가능성을 배제할 수 없다.[59] 이것은 당연히 창조주에 대해 의심하게 만든다. 신앙을 갖지 않는 사람들도 우주가 언제나 존재했을 수도 있다는 것을 받아들일 필요도 있다.

2. "신이 없다는 것을 증명할 수 없다."

"나는 사도 바울이 위대한 신앙 고백이라고 생각한다. 바울은 신앙을 증명하려 하지 않고, 단지 자신의 체험을 들려준다. 이렇게 말한다. "나의 체험이다, 이것을 그 누구에도 증명할 필요가 없다. 그리고 누구도 틀렸다고 입증할 수 없다." 교회가 지금껏 이런 자세를 취해 왔다면, 상황이 훨씬 더 좋았을 것이라고 생각한다. 증거를 찾으려고 노력하거나 예수의 몸에 무슨 일이 일어났는지 밝혀 내려 하는 일, 이 모든 것들은 신앙생활과 아무 상관없는 일들이다. 부활에 대한 믿음에서 모든 것은 해결된다―나는 신앙의 증명에 대해 이야기하는 것이지, 그것을 할 수 없다는 것이 아니다―이것이 신앙의 궁극의 체험이다.

나는 예수가 십자가에 매달렸고, 죽었고, 그리고 다시 부활하였다는 것을 믿는다. 나에겐 이것이 믿음의 최종적인 증표이다. 이와 같은 방식 이외의 것으로 증명할 수는 없다. 다른 어떤 것도 의미가 없다. 바울이 그 누구보다도 이것을 명확히 했다. "그리스도께서 만일 다시 살지 못하셨으면, 너희 믿음도 헛것이며"(고린도전서 15:14). 이것은 경탄스러운 구절이고, 이것이면 충분하다. 하지만 부활의 사건이 없다면, 부활에 대한 나의 체험이 없다면, 아무런 의미도 없는 것이고 나는 그리스도의 부활을 증명할 수 없다. 차라리 모두 갖다버리는 것이 낫다. 어렸을 때 이런 이야기를 들었을 때는, 들었던 것 중에 가장 엉터리 논리라 생각했다. 바울이 거기에 더해 계속 "그러나 이제 그리스도께서 죽은 자 가운데서 다시 살아"라고 말했기 때문이다. 바울은 자신의 믿음 말고는, 아무 것도 증명하지 않았다. 감동스러울 뿐이다."

_ 버너 도지어, 〈신 앞에 서서: 버너 도지어의 가르침 Confronted by God: The Essential Verna Dozier〉, 2006.

이런 이야기를 들을 때, 나는 참자 참자를 되뇐다. 이 논리와 관련하여 더 놀라운 점은 지식 수준과 교육 정도에 상관없이 폭넓은 사람들로부터 이 논리를 듣게 된다는 점이다. 핵심은 이것이다. 신이 없다는 것을 증명할 수 없기 때문에, 따라서 신은 존재한다. 신앙에 대한 모든 옹호론에서, 어떻게 이것을 신에 대한 믿음이나 신앙에 대한 타당한 옹호로 제시할 수 있는지 가장 이해할 수 없는 논리이다.

이것을 반박하기 위해, 금성에 살고 있는 파란색 피부의 키 작은 사람들 이야기를 해 보자.**60** 장담하건대, 금성에 파랗고 키 작은 사람들이 살고 있지 않다고 명쾌하게 누구도 증명할 수 없다. "금성에 파랗고 키 작은 사람들이 살고 있다고 믿나요?"라고 질문을 던진다. 세 가지 답이 가능하다: 예, 아니오 또는 모르겠어요.

'예'라고 한다면, 나는 피부색을 노란색으로 바꿀 것이다. 그들이 내가 묘사하는 생명체가 금성에 살고 있지 않다고 인정할 때까지 계속해서 색을 바꿔갈 것이다. 그리고 질문을 계속하면서 금성에 파랗고 키 작은 사람들이 살고 있다는 것을 믿는지 물을 것이다.

'아니오'라고 답한다면, "어째서? 그렇지 않다고 증명할 수 없을 텐데"라고 응수한다. 대개의 사람들은 눈치를 채고, 이것은 신 존재 문제와 다르다고 말한다. 다시 말해, 이 논증 방식은 다른 것엔 다 효과가 있을지라도 오로지 신은 예외라는 이야기다. (안셀름의 신 존재증명을 떠올려 보자. 누군가 반박을 제기할 때마다 그들은 언제나, 이 논증은 신과 관련되어서만 적용된다고 말한다.) 이 논증이 적용될 수 없는 신에게는 좀 더 특별한 무언가가 있다고 답한다면, 신은 뭐가 다른지를 말하라고 묻는다. 하지만 그 어떤 조리 있는 대답을 들어본 적은 없다.

만일 그들이 "잘 모르겠다"고 답한다면, 왜 신에 대해서는 유독 "잘 모르겠다"라는 태도를 취하지 않는지 다시 묻는다.

끝으로, "내가 어떤 증거를 제시해야, 신이 존재하지 않는다는 걸 증명할 수 있는가? 어떤 구체적인 증거여야 당신이 믿을 수 있는 근거가 되는가?"라고 묻는다. 믿음을 뒷받침할 증거가 없기에, 신이 존재한다는 믿음은 정당화될 가능성이 없다. 당연히 극소수의 사람들만이 이 질문에 설득력 있게 답할 수 있다.[61] 나는 이 토론을 그들이 증거에 따라 신을 믿는 것이 아니라는 사실을 제시하기 위한 발판으로 활용한다. 거칠고 힘이 들지만 또렷한 길은 바로 여기서부터 시작된다. "증거가 충분치 않으면 믿지 않아야 한다."

3. "무신론자가 되기엔 믿음이 충분치 않다."

"도킨스는 증거를 '보지 못하거나' 또는 '신성한 책과 모순되기 때문에 실상을 보기 거부하는' 사람이라는 상상속의 적에 대해 고통스러워하며 말한다. 그렇지만 그도 줄곧 자신이 설득당했던 진리가 들어 있고, 지금은 경험하지 못하지만 전적으로 자신하는 계몽의 미래시대를 희망을 갖고(그가 한 말이다) 고대하고 또 추진해 갈 수 있도록 은총을 주는, 신성한 책을 가지고 있다. 그들이 공유하는 용어—'희망', '믿음', '의심할 여지가 없는', '그때는 온다' 등—와 그들이 제기하는 추론 모두에서 해리스와 도킨스는 '믿음은 바라는 것들의 실상이요 보지 못하는 것들의 증거이니'라는 히브리서 11장에 나오는 믿음에 대한 정의의 전형적인 예를 보여 준다." _ 스탠리 피쉬, 〈무신론과 증거 Atheism and Evidence〉, 2007.

"현재의 포스트 모던 과학계가 보여 주는 증거들에 근거해서 볼 때, 생명과 우주가 우연하게 시작되었다고 믿는 무신론적 믿음이나 인류와 우주를 만든 초자연적인 존재가 있기 때문에 우리가 여기 있다는 유신론적 믿음 중에, 어느 믿음체계가 더 많은 믿음을 요구하고 있는가? 결론은, 두 믿음체계가 다 믿음을 요구하지만, 증거와 관련지어 볼 때 무신론적 믿음들이 더 많은 믿음을 요구하고 있다." _ 돈 사우사, 〈예수의 무덤: 사실인가 허구인가? The Jesus Tomb: Is It Fact or Fiction? Scholars Chime In〉, 2007.

이 반박은 수도 없이 들었다. 대개가 근본주의자 성향이 강한 사람들이었다. 그들에게서 느낀 점은, 자신의 믿음에 대해 진지하게 의구심을 갖고 있지만 자신의 믿음을 입으로만 소리 높여

지지하거나 보여 주고 (남들보다 자신에게 더) 싶어하는 사람들이라는 점이다.

이런 옹호는 여러 가지 문제가 있다. 첫째, 북유럽의 천둥번개의 신 토르Thor를 믿지 않는데 얼마큼의 믿음을 필요로 할까? 아니면, 그들은 토르 무신론자인가? 토르를 믿지 않는 것이 어떤 대가를 요구하나? 토르를 믿지 않는 것을 더욱 굳건히 하기 위해 사람들은 함께 모여 같이 노래를 불러야 하나? "무신론자가 되기에는 믿음이 충분치 않다"라고 말하는 사람은, '무신론'이라는 단어의 뜻을 전혀 이해하고 있지 못하거나, 아니면 그저 거짓말을 하고 있는 것이다.

둘째, 이러한 옹호가 나름의 영향력을 가지는 그럴듯한 이유는 출발점의 문제이다. 신자들은 신이라는 초기 설정 값에 의지하여 추론을 시작한다. 다시 말해, 신자들은 자신을 둘러싼 세계를 보고 '신'을 떠올린다. 지금 내가 비행기를 타게 되어 주변을 본다면, 구름들, 의자들, 사람들, 노트북 컴퓨터를 볼 수 있지만, 보이지 않는 통일적인 형이상학적 그리고 초자연적인 요소들은 찾을 수도 없다. 나는 오감으로 느낄 수 있는 물체들을 볼 수 있을 뿐이다. 왜 우리가 인식의 출발점에서 신을 떠올려야 하는지 내게는 이해되지 않는다.

프랑스 신학자 존 칼빈에 의해 처음으로 사용되었던 용어를 차용하여, 미국의 기독교 신학자 앨빈 플란팅가는 신을 기본값으로 인식하는 능력을 신성의 감지력 또는 '신의식God sensor'이라 한다(Plantinga, 2000). 플란팅가에 따르면, 어떤 사람들은 신성을 감지하는 감각기관이 내재되어 있다는 것이다. 그것은 실제 세계를 감지하는 감각기관인 우리의 눈과 같은 방식으로 신을 감지한다는 것이다.

신의식 논증의 가장 핵심적인 문제는 누군가 신을 감지하는 신의식이 있다고 주장하는 것처럼, 다른 사람들은 다른 상상의 존재를 감지할 수 있다고 주장할 수 있다는 점이다. 유명한 반증이 '위대한 호박the Great Pumpkin'이다. 미국의 만화가 찰스 슐츠의 4컷짜리 만화 '피너츠peanuts'(강아지 캐릭터 스누피로 잘 알려져 있다―옮긴이)에서, 라이너스는 바른 행동을 한 아이들에게 상을 주는 호박 조각에서 태어난 '위대한 호박'이 실제로 있다고 믿는다. 유신론자들이 신에 대한 감지가 직관적이라고 주장할 수 있다면, 진심으로 상상의 존재를 느끼는 다른 사람들이 그 존재가 실재한다고 왜 주장할 수 없는가? (이 논증은 매우 복잡해질 수 있다. 그래서 나는 가능하면 이 논증을 사용하지 말 것을 권한다. 대신 느낌에 대한 누군가의 확신이 인식의 정확도를 의미하는 것은 아니라는 사실에 집중하는 것이 좋다. 마음속에서 일본 천황의 신성함을 느낀다고 해서 일본 천황이 신성해지는 것은 아니다.)

"무신론자가 되기엔 믿음이 충분치 않다"를 반박할 때, 나는 '무신론'과 '믿음'에 대해 엄밀하게 정의하면서 시작한다. 그렇게 하면 이 두 단어가 어떻게 이 진술과 어울릴 수 있는지 상상조차 할 수 없게 된다.

4. "나의 신앙은 내게 진실이다."

"나의 신앙은 내게 진실이다"는 조금 세련된 신자들에게서는 아주 가끔 들을 수 있지만, 근본주의자들에게서는 절대 듣지 못하는 말이다.

이 말이 왜 잘못된 주장인지 납득시키는 것은 쉽지 않은데, 이런 말을 하는 사람들의 유형이 반박의 핵심과 깊이를 이해하기에 지적 수준과 교육정도가 조금 뒤떨어지기 때문이다. (물론 젊은 유아론자,

포스트모더니스트 그리고 인식론적, 인지적 상대주의자들은 여기에 포함되지 않는다.)

"나의 신앙은 내게 진실이다"란 말의 뜻은 누군가 가지고 있는 종교적 믿음은 다른 사람에 대해서 꼭 그럴 필요는 없고, 그렇게 말하는 사람에게는 진실이다는 뜻이다. 이 말을 하는 사람은 종교적 믿음이 보편적인 진리, 즉 모든 사람에게 적용되어야 한다고 주장하지 않는다.

나의 반박은 이렇다. "당신의 신앙 전통은 세계에 관한 사실들을 진술하고 있는가?"라고 묻는다. 예를 들어, 인간은 육체에 깃들어 지구에 갇힌 테탄thetans(사이언톨로지에서 말하는 불멸의 영혼-옮긴이)이다, 예수는 물위를 걸었다, 단식을 하면 날 수 있는 능력을 얻을 수 있다(Jacobsen 2011), 또는 에덴동산은 미주리의 잭슨 카운티에 있다. 이런 것들 말이다.

당신의 신앙 전통이 경험으로 증명할 수 있는 주장을 전혀 하고 있지 않다면, 당신의 신앙 전통을 따라 무엇을 해야 하는지가 명확하지 않다. 그렇지만 당신의 신앙 전통이 경험으로 증명할 수 있는 주장들을 하고 있는데(모든 신앙 주장들은 실증적 주장을 제기한다), 세계는 실제로 어떻게 있는지에 상관없이, 그 주장이 당신에게는 진실이라고 말하고 있는 것이다. 세계는 우리의 믿음이나 우리가 세계를 아는데 사용하는 인식원리에 상관없이 있는 그대로이기 때문에, "나의 신앙은 나에게 진실이다"는 어불성설이다. 우리가 20층 건물의 창문에서 뛰어내리면, 한 마리 독수리처럼 변해서 안전하게 날 수 있는 형체가 될 것이라는 믿음도 가능하다. 그러나 이런 일은 일어나지 않는다.

누군가 "나의 신앙은 나에겐 진실이다"라고 말할 때, 진짜 하고 있는 이야기는 이것이다. "나는 망상을 더 좋아한다, 증거가 있든 말든 나는 그것을 포기하지 않을 것이다."

5. "과학은 양자역학을 설명하지 못한다."

이 주장은 신앙의 영토를 요새화하려는 간절한 시도들이 모두 실패하였을 때 대화에서 튀어나온다. 나는 이 말을 들을 때마다, 정확히 무슨 의미인지를 되묻는다. 이 주장이 신앙을 어떻게 옹호할 수 있는지 아무리 생각해도 모르겠다. 양자역학은 과학이고, 과학적 방법론으로 규명되었다. 그리고 과학 안에서 증명될 수 있고 검증될 수 있다.

이 시도는 총알이 다 떨어져서 이제 토론에서 빠져 나오려는 시도로 전문가들의 글에서는 좀체 만날 수 없다. 해리스의 범주 어디에도 속하지 않는다. 이것은 '간극의 신 논증the God of the gaps argument'[62]의 다른 버전도 아니고, 정확하게 '심오한 듯 말하기'도 아니다.

이 주장은 우리는 실제로 아무 것도 확실하게 알지 못한다는 것을 말하기 위해 제시된다. 또한 최고의 지성들조차도 장악하지 못한 미지의 영역이 있음을 지적하면서 이성을 공격하는 시시한 시도라 할 수 있다. 이러한 사실이 마치 알지 못하는 것을 아는 체 하는 신자들에게 면죄부를 주기라도 하는 것처럼 말이다.

좀 더 조잡한 논리로는 양자역학을 기적을 정당화하는데 동원하는 것이다. 양자의 불확정성이 현실의 영역 즉, 도킨스가 중간계(우리가 경험하고 상상할 수 있는 크기, 거리, 속도가 아주 작거나 아주 크지 않은 중간 정도의 세계라는 비유이다. 우리가 이 중간계 환경에서 진화했기에, 방대한 우주와 미시적 세계에 대한 과학적 사실을 기괴하게 느낀다—옮긴이)라고 불렀고, 또는 영국 철학자 오스틴이 명명했던 '중간 크기 물질세계'로 흘러 들어서, 바다 갈라짐이나 자연치유 같은 수많은 기이한 일들의 원인이 될 수도 있다는 것이다.

후자의 주장에 대한 반박은, 양자세계의 기이함은 특정한 신앙 전통과 아무런 상관이 없다는 것이다. 즉, 양자의 세계에서 일어나는 것이 어찌어찌해서 중간자의 세계로 흘러들고, 설명할 수 없는 현상(그리고 가지고 있는 증거가 없는)들을 야기한다 하더라도, 양자역학이 어떤 신앙 전통으로 전락하는 것은 아니다. 양자세계의 기이함은 코란이나 성경에서 기적들이라고 말하는 현상의 원인이 결코 아니다. 물론 누군가가 이를 주장한다면, 그것을 어떻게 알았으며 증거가 무엇인지 물을 것이다.

전자의 주장은, 원자 구성입자에 대한 이해의 부족이 어떻게 신앙의 필요로 전환되는지 나로선 이해할 수 없다. 우주가 어떻게 조직되었고, 아주 미세한 작은 세계에서 어떻게 작동하는지를 우리는 아직 그리고 영원히 모를 수도 있다. 그렇다고 해서 이것이 엉터리 인식원리의 사용을 정당화할 순 없다.

6. "당신은 과학을 믿고 있다."

"신을 믿는 것이 독자적인 과학적 확증이 필요하다면, 우리 새로운 무신론자들의 과학 그 자체에 대한 어마어마한 믿음은 어찌해야 하나?"
_ 존 호트, 〈신과 새로운 무신론 God and the New Atheism〉, 2008.

"그들이 인정하든 안 하든, 과학자들은 믿음을 가지고 있다. 그것은, 당연하게도, 과학적 방법이 자연의 진리를 밝혀낸다는 과학적 방법에 대한 신뢰에서 자란 합리적 믿음이다. 어쨌거나 그것은 믿음이다. 과학자들은 과거의 성공에 기대어, 과학적 방법이 아직 밝혀지지 않은 자연적 진리를 알아낼 수 있다는 믿음을 가지고 있다. 그들은 정말 새로운 무언가가 발견될지 모른 채 실험을 하고 관찰을 한다. 하지만 그들은 자연세계의 아직 발견되지 않은 어떤 것이 있다면, 과학은 그것을 발견할 것이라고 확신한다. 그것이 믿음이고, 그 믿음은 종교적인 사람들이 가진 합리적 믿음과 유사한 믿음이다. 그것은 과거의 성공들, 합리성 그리고 개인적 경험에 근거하고 있는 믿음이다."_ 피터 도우밋, 〈과학과 종교의 통합 A Unification of Science and Religion〉, 2010.

"과학자들은 물질주의가 옳다고 믿어야만 한다. 그들은 이렇게 말해야 한다. '나의 일에서, 모든 것은 물질적이다라는 가설을 받아들여야 한다.' 이것이 바로 믿음에 대한 진술이다."_ 안느 포에르스트, 〈인조인간도 빵과 와인이 먹고 싶을까? Do Androids Dream of Bread and Wine?〉, 2001.

"과학은 진실이고 그리고 성경, 천국과 지옥, 예수 그리스도의 부활은 신화라고 우리가 반드시 믿어야 하는 이 엄청난 믿음."_ 플로이드 맥엘빈, 〈무신론자의 믿음 Faith of an Atheist〉, 2009.

이것은 신앙이 완파되고 사기성이 폭로된 이후 게임의 종반전에 나타나는 주장이다. 자신들은 X를 믿고 당신은 Y를 믿는다. 둘 다 믿음을 가지고 있지만 다를 뿐이다. 믿음은 동등하다는 것이 그들이 하고 싶은 말이다. 내가 보기에 그들은 어리석고 무식한 사람으로 보일까봐 두려워 그런 말을 하는 것 같다. 논쟁을 끝내고 체면을 지키고 싶은 것이다.

과학은 신앙의 반정립이다. 과학은 다중의 중복적인 검증, 평가, 인간에 의한 편향을 방지하기 위한 안전장치를 가진 방법이다. 과학은 잘못된 주장들을 제거하여 버리는 교정장치, 바로 가설 검증을 내장하고 있다.

과학적 방법의 결과로 도출된 주장들도 과학자들에는 잠정적인 진리로만 받아들여진다. 영원한 진리로 지지되고 있는 신앙의 주장들과는 다르다. 과학적 방법을 통해 도출된 주장도 거짓일 가능성이 있다. 다시 말해, 주장들이 거짓이란 걸 입증할 방법이 있다. 바로 이점이 대부분의 신앙 주장들과 다른 것이다. 예를 들면, 북유럽의 신 로키Loki가 변신할 수 있다는 주장이 거짓임을 입증할 방법은 없다.

또한 과학자들은 제기된 주장들이 거짓임을 증명하기 위해 노력한다. 그들의 신앙 주장들이 참이라고 조금의 의심도 없이 말하는 종교지도자들과는 다르다. 특정 연구 결과의 발표를 막기 위하여 과학자들 사이에 어마어마한 음모가 있다는 이상한 소문도 말이 되지 않는다. 만일 어떤 과학자가 널리 인정되고 있는 과학적 주장이 거짓임을 증명해 낸다면, 그는 유명해지고 중요한 자리에 오르고 연구논문이 출간되고 돈도 더 벌게 될 뿐만 아니라 동료들로부터 존경을 받게 된다. 반박한 가설이 중요한 것일수록 보상도 더불어 커진다. 만일 한 전도사가 그가 따르는 신앙 전통의 주장들이 거짓이라고 말한다면, 그는 파문되거나 자리에서 쫓겨날 것이다.

과학은 우리의 앎을 진일보시키는 방법이다. 진리의 곁으로 다가가고 거짓을 제거하는데 사용하는 방법론이다. 과학은 우주가 어떻게 작동하고 있는지를 이해하고 설명하는 우리가 최근까지 발견한 최고의 방법이다. 만일 보다 나은(더 잘 설명하고, 잘 예측하고, 비용이 적게 드는) 것이 나타나면, 폐기해야 하는 것이다(Schick & Vaughn 2009).

7. "당신은 배우자가 당신을 사랑한다고 믿는다."

도킨스: 우리는 증거가 아무 것도 없을 때, 그럴 때만 '믿음faith'이란 단어를 써야 한다.
레녹스: 결코 그렇지 않다. 나는 당신이 아내를 믿는다고 생각하는데? 그것과 관련하여 어떤 증거가 있는가? 아니면 당신이 근거하고 있는...
도킨스: 있다. 수많은 증거가 있다.
레녹스: 음.
도킨스: 일반화를 하자. 내 아내 걱정은 하지 말고...
레녹스: ......
도킨스: 보편적인 이야기를 하자. 누군가 우리를 사랑한다는 것을 어떻게 아느냐, 그런 건가?
레녹스: 그렇다.
도킨스: 그러니까, 당신이 무언가를 향한 '믿음'이라는 단어를 사용할 수는 있다. 원한다면, 하지만 그건 단어의 올바른 사용이 아니다.
레녹스: 아니, 맞다.
도킨스: 왜냐하면, 당신이 왜 그런지 알기 때문이다. 다양한 신호들을 통해서 아내가 당신을 사랑한다는 것을 안다. ... 그것들이 증거다.
레녹스: 올바른 어법이다.
도킨스: 그것들이 완벽한 증거들이다. 그건 믿음이 아니다.
레녹스: 그것도 믿음이다.

2007년, 도킨스는 영국의 철학자 존 레녹스와 토론에서 이 질문을 받았다. 도킨스는 마침내 "단어의 올바른 사용법이 아니다"라고 말하게 되었다. 레녹스가 "그건, 올바른 사용법이다"라고 답했다. 하지만 그렇지 않다.

"당신은 배우가 당신을 사랑하는 것을 믿는다"는 논리는 신앙이 완전하게 파괴되기 전에 나오는 '초반전'의 성격이 짙다. 그것은 "당신은 과학을 믿는다"와 유사하지만 그만큼 거만한 것은 아니다. 이것은 나날의 사건에서 현실에서 답을 찾기 위해 믿음을 사용하는 보다 구어적인 어법이다.

풍부한 증거가 있을 때 사용하는 믿음(실제 사람의 행동에 대한)과 증거가 부족할 때 쓰는 단어라는 정의를 가진 믿음(감지할 수 없는 우주의 창조자에 대한)을 비교하는 것은, 전혀 다른 것이다. 아내가 나를 십중팔구 사랑할 것이란 생각은 극단적인 가설이 아니다. 반면에 우주를 창조한 어떤 존재가 영적인 힘으로 처녀를 임신시켜서 아이를 낳았는데 그 아이는 죽은 후 다시 살아났다는 이야기는 매우 기이한 극단적인 주장이다.[63] 매우 기이한 주장과 일상의 일을 동일시하는 것, 그리고 그 "둘 다 믿음이 필요"하다고 말하는 것은 비유의 실패다.

신앙은 유용하다

8. "신앙은 내게 큰 도움이 된다."

"나는 신앙에 의지하여 당뇨병 치료에 도움을 받고 있다. 기도는 나의 당뇨병 치료와 관리에 중요한 역할을 한다. 혼자서는 아무 것도 할 수 없다는 사실을 나는 받아들인다. 하느님의 사랑, 영광 그리고 내가 이겨내도록 전적으로 돕는 섭리를 믿는다. 왜 당뇨병이 왔는지 모르겠지만, 내 삶에서 지금 해야 할 미션이 무엇인지는 알고 있다. 내게 목적

의식과 신앙은 마음의 평화에 가장 중요한 것이다."_ 니콜 존슨, 〈당뇨병과 함께 살아가기 Living with Diabetes〉, 2001.

"신앙은 나에게 목적의식과 자신감을 다시 채워 주었다. 신앙은 삶에 대한 기쁨과 열정을 되찾게 해 주었다."_ 알리 & 알리, 〈호랑나비의 영혼 The Soul of a Butterfly〉, 2004.

"신앙은 내게 희망을 주었다. 나는 나의 신앙이라고 했다. 모든 것이 사라진 마지막이 올지라도, 나의 신앙은 나를 버티게 해 줄 것이기 때문이다. 신앙은 나를 겸허하게 하고 목적의식을 갖도록 한다. 낙관적이게 한다. 기쁨을 준다. 나를 추동한다. 나보다 위대하고 강력하고 어디든 존재하는 존재를 믿는다. 하느님이 나를 살아 움직이게 한다는 것을 나는 알고 있다."_ 슈가 터너, 트레이시 바흐라흐 엘러스, 〈빈민가에서 슈가의 생활 Sugar's Life in the Hood〉, 2003.

 신앙은 진리를 알 수 있는 신뢰할만한 방법이 아니라고 상대가 분명하게 인정하기 전까지, 나는 종교의 이점에 대한 토론으로 넘어가지 않는다. 신앙의 이점에 대해 대개의 토론은, 신앙이 진리로 가는데 도움이 되는지 아닌지가 아니라 한결같이 관심을 딴 데로 돌리고 핵심 주제에서 벗어나 대화를 혼란스럽게 만든다.
 신자들과 대화를 통한 중재를 한 번이라도 해 보면, 신앙의 이점에 대한 토론이 뚜렷하게 구분되지 않는 것을 알 수 있다. "그래요. 당신 말이 맞아요. 신앙은 잘못된 인식원리이고 따라서 우리를 진리로 이끌고 가지 못할 가능성이 매우 크죠. 하지만 신앙을 갖는 것은 그 사람에게나 우리 사회 모두에게 엄청난 이득을 줄 거예요." 누구도 이렇게 말하지 않는다.

신앙이 이점이 있느냐 없느냐 논쟁은 상대가 신앙은 진리로 가는 신뢰할만한 길이 아니라는 발언을 분명히 한 이후에 해야 한다. 물론 이를 상대에게 인정할 것을 요청할 정도로 대화가 진척되었다면, 웬만해서는 신앙의 이점에 대한 토론을 하지 않아도 될 것이다.

어쨌든 이런 상황에 처해 있다면, 나는 어떻게 믿을 수 없는 사유방법이 도움이 될 수 있는지 묻는다. 신뢰할 수 없고 그리고 나중에 수정하지도 못할 엉터리 사유가 사회 구성원들에게 이로울 수 있는지 묻는다.

신앙 유용성 논증의 가장 큰 문제는 사람들이 자신들에게 이로운 점이 무엇인지를 잘못 이해할 수 있다는 점이다. 개인 차원에서는 마약중독, 알코올 의존, 학대 관계에 빠진 사람들도, 여러 측면에서 이러한 상태에 있는 것이 이로운 것이라고 주장할 수 있다. 그리고 종교적 믿음의 제국 안에서도 사람들은 자신에게 무엇이 이로운가에 대해 종종 잘못 생각할 수 있다. 예를 들면, 신앙이 허용하지 않는 나의 개인적인 관계에 대한 결정들,(나의 할아버지는 가톨릭 교인이었는데, 가톨릭교회가 어머니 결혼을 허용하지 않아서 부모님은 사도교회에서 결혼식을 했다.) 동성애에 대한 심각한 왜곡, 이혼을 허락하지 않아 계속되는 행복하지도 않고 고통스러운 결혼생활, 종교적 이유로 물리적 자기학대나 극단적인 금식 등이 그런 예들이다.

사회적 차원에서 보더라도, 탈레반은 국민의 절반을 투옥하는 것도 구타하는 것도 가능하다고 생각하는데, 이는 그들에게 이로울 뿐만 아니라 의무라고 여긴다. 잘못된 추론과정을 공유하는 사람들이 많으면 많을수록 더 많은 사람들이 피해를 입는다. 근대 이전의 세계에서는 신앙 때문에 종족 자체를 거의 멸종상

태로 이끌고 갔던 문화들도 많이 있었다.[64]

　마지막으로 이것이 가장 중요한 것인데, 우리가 확인할 수 있는 거의 모든 연구들은, 신앙공동체의 혜택이라고 주장되는 것들이 실은 신앙과는 아무런 관련이 없고 종교, 공동체, 사회적 네트워크, 사회적 연대 등과 관련이 있다고 주장한다.[65]

　사회적 연대와 호혜는 이런 연구에서 변수로 검증될 수 있다. 신앙이 어떤 유익을 제공하고 있다고 말하려면, 먼저 여러 변수들과 분리되어서 검증될 필요가 있다. 내가 아는 한, 하나의 변수로 신앙을 분리하여 조사하고 긍정적인 결과를 보여준 연구는 없었다.

9. "신앙 없는 삶은 무의미하다."

　"신앙이 없이는, 삶은 무가치해지고 무의미하며 실패와 죽음만이 남는다."_ 헤르미니오 감포니아, 〈더 나은 당신을 위한 위대한 처방 Great Prescriptions to a Better You〉, 2010.

　"신앙이나 희망이 없다면 삶은 무의미해진다. 보고 듣지도 않는 관객 앞에서 공허한 제스처 놀이만 연기될 것이다."_ 루이스 솔로몬, 〈아테네에서 아메리카까지 From Athens to America〉, 2001.

　이 논리가 어떻게 신앙을 옹호하는지 이해할 수 없지만, 널리 퍼져 있는 말이다. 이것들은 신앙이 진리를 담고 있는지 여부가 아닌 신앙의 결과에 대한 진술이다. 많은 사람들이 신앙 없이는 자신들의 삶이 의미가 없고, 그리고 삶의 목표를 가질 수 없다고 말한다.[66]

알지 못하는 것을 아는 체 하지 않으면 삶의 의미가 없다고 생각하는 이들에게, 나는 강력하게 그리고 진심어린 마음으로 심리치료와 상담을 받을 것을 권한다. 삶의 무력감과 목적의식의 상실감이 크면 우울증이 올 수도 있고 이것은 매우 심각한 병이다. 정신질환이나 트라우마도 없고 어떤 망상에 사로 잡혀 있지도 않는데, 건강한 성인이 삶이 무의미하다고 느낄 이유는 없다.

누군가 "신앙 없는 삶은 무의미하다"라고 말할 때마다, 나는 삶에서 의미를 찾을 수 있는 여러 의미의 원천들을 추천한다. 아이들, 음악, 미술, 시, 기부, 독서, 취미, 세상을 더 좋게 만드는 작은 실천들, 소박한 친절 등등. 그런 말을 하는 사람에게 어울리는 의미의 원천들을 추천하려고 노력한다. 아울러 중국에서 입양한 딸 이야기도 한다. 내 딸이 우리들 삶에 가져온 기쁨과 의미에 대해서 말이다.

압도적으로 많은 사람들이 자신들의 삶에서 의미를 찾을 수 있다고 수긍할 것이다. 그렇지 못한 사람들에게는 전문가의 정신의학 상담을 받아 볼 것을 진심으로 권한다.

10. "하루하루를 견디는데 의지하는 신앙을 왜 없애려 하느냐?"

이것은 강단 좌파의 가치들에 물들지 않은 자유주의 성향의 경제적 약자들에게 널리 퍼져있는 말이다.[67] 잘못된 사유의 방법론을 제거하는 것이 어째서 하루하루를 버티는 걸 어렵게 한단 말인가. 반대로, 정확하게 이성적으로 사유하는 것은 하루하루를 견뎌 낼 가능성을 현격하게 높일 것이다. 믿음직한 이성적 사유방식들은 우리들에게 삶의 장애물들을 극복할 있는 능력을 가져다준다. 이성적 사유방식을 통해 우리들은 번영의 조건을 마련하는데 더 많은 힘을 갖게 된다.

  이 진술이 가진 또 하나의 논리는 어떤 믿음의 내용이 어려움을 극복하는데 도움을 준다는 것이다. 예를 들면, 사랑하는 사람이 죽어 거친 경쟁이 없는 행복한 사냥터로 갔다고 믿는 것이, 그 사람의 죽음을 보다 쉽게 받아들일 수 있게 한다는 것이다(이 믿음은 북아메리카 원주민 몇 종족들에게서 나타난다). 하지만 건전한 추론방법을 사용하면, 일반적으로 널리 퍼진 죽음 이후의 일에 대한 믿음을 덮석 붙잡는 것보다 더 나은 결과를 얻고 자기 삶에 대한 통제력을 더 잘 발휘할 수 있다. 사람들은 어떤 믿음의 내용에 매달려서라기보다 그가 사용하는 방법론에 의해 특정 믿음에 빠져드는 것이다.

  사람들에게 신앙이 필요하다고 강변하는 것은 희망을 포기하라는 것이고, 이성과 합리성의 중요성을 이해할 능력이 없는 존재로 신자들을 비하하는 것이다. 죽음을 받아들이는, 고통의 순간을 견디는, 우리 삶의 의미와 목적을 만드는, 우리의 경외감과 감탄을 설명하는, 그리고 우리의 행복한 삶에 기여하는, 더 나은 길과 나쁜 길이 있다. 이 길은 신자들도 완벽하게 이해하고 성취할 수 있는 길이다.

무신론은 좀이다

11. "신앙이 없다면, 도덕적으로 세상은 퇴화한다."

"우리에게 신앙이 없었다면 세상은 비극과 재앙으로 치닫고 있었을 것이다. 나는 정말 그렇게 믿는다." _ 토니 블레어, 2012. 5. 15.

"신을 믿지 않으려고 막대한 차원에서 온갖 노력을 다한 지난 100년은 폐허였다. 나치즘, 스탈린주의, 폴 포트 학살, 집단 학살, 낙태, 관계의 단절 등. 이 모든 것들은 국가가 강요한 무신론이 부추긴 것들이다. ... 신 없이 더 나은 세상을 만들 수 있다는 것은 환상이다."

_ 성공회 시드니 대주교, 피터 젠슨 (2012b).

이 논리는 게임의 막바지에 등장한다. 스탈린과 히틀러는 언제나 주인공이고 때론 무솔리니, 폴 포트, 김일성 가문 등이 적절한 예로 등장한다. 옳고 그름의 객관적인 기준 없이는 보통 사람들을 야만의 세계로 빠져 들게 할 뿐만 아니라, 잔인한 독재자도 피할 수 없다는 주장이다.

"신앙이 없다면, 도덕적으로 세상은 퇴화한다"는 실증적인 주장이다. 이것은 세계에 대한 사실을 다루는 진술이다. 물론 거짓이다. 이에 대한 대응은, 다양한 사회들의 신앙심 정도와 삶의 질 지표를 제시하는 것만으로도 충분하다. 북유럽은 세계에서 종교인 비율이 가장 낮은 곳이다. 하지만 삶의 질을 평가하는 항목에서 늘 맨 위에 위치하는 국가들이다(더 자세한 것은 미국의 사회학자 필 주커먼의 논문을 보라).

특히 기독교인들이 이런 옹호론을 자주 하는데, 한마디면 된다. '사우디아라비아'('이란'도 가능하다). 사우디아라비아는 지구상에서 가장 헌신적이고 독실한 신자들의 인구밀도를 가진 나라다. 하지만 그곳의 시민들은 기본권을 제한당하고, 종교적 규제의 횡포에 시달리고 있다.

마지막으로, 사람들은 스탈린과 히틀러 카드로 현대에 있었던 최악의 독재자들이 통치하는데 무신론자로서의 영향이 컸다는 논증을 한다(히틀러는 무신론자가 아니며 이신론(신은 세계를 창조했지만 세계에 관여하지는 않으며 계시나 기적을 행하지 않는다는 관점을 가진 이성적인 신관—옮긴이)에 가까웠다).⁶⁸ 히틀러가 무신론자였다는 가정을 받아들인다 하더라도, 그들이 무신론자였기에 그렇게 행동했던 것은 아니다. 신을 믿지 않는 불신이 그들이 저질렀던 특정한 행위에 영향을 준 것은 아니다. (폴 포트의 경우를 가지고 비유해 보자. 폴 포트—분명 나쁜 사람이다—는 레프러콘 leprechaun(아일랜드 설화에 나오는 작은 요정—옮긴이)을 믿지 않았다. 당신도 레프러콘을 믿지 않는다. 따라서 당신도 폴 포트만큼 나쁘다. 이게 말이 되는가!) 정확하게 말해 그들의 사유체계가 끔찍한 것이었다. 믿음이 필요로 하는 정당화를 건너뛴 채 신앙과 닮은 사유체계를 가지고 있었기 때문이다(공산주의, 나치즘, 파시즘 등 이데올로기에 대한 무분별한 수용에는 이런 경향이 나타난다).⁶⁹

기타 옹호론들

자주 나오는 것들은 아니지만 다음의 옹호론들도 있고, 나는 이렇게 대응한다.

- 옹호: "무신론도 또 다른 종교에 불과하다. 무신론을 믿는 것이다."
  대응: 무신론은 정직하고 이성적인 사유활동의 결과로 나타난 하나의 판단이다. 무신론은 신의 존재를 입증할 수 있는 증거들을 최선을 다해 찾고 내린 결과이다. 아무 것도 없다가 그 결론이다. 무신론은 종교가 아니다. 무신론은 믿음이 아니다. 무신론은 근본적으로, 신(들)에 대한 믿음이 없는 것이다. 무신론자는 아무런 교리나 교의를 따르지 않을 뿐더

러 특정한 행동양식에 참여하지 않는다.

- 옹호: "많은 현대과학과 실용학문은 어떤 합리적인 증거들에 뒷받침된다기보다 한낱 '순수한 선호'에 불과하다. 종교도 이와 같다." (프랑스 수학자 앙리 푸앵카레의 〈과학과 가설 Science and Hypothesis〉을 읽는 흥미로운 경험을 하였는데, 이 책은 100년 전에 쓴 책인데 여전히 통용되고 있다.)

  대응: 과학은 종교가 가지고 있지 못한 자기교정 메커니즘을 갖고 있다. 18세기 이래 실제로 모든 과학적 이론들은 모든 분야에 걸쳐서 서로 영향을 미치며 함께 비슷한 수준으로 발전되었다. 미래의 어느 시점에, 특정한 종교적 명제들이 이처럼 수렴될 수 있다고 생각하는가? 그렇지 않다. 그 명제들은 독단적인 것들이기 때문이다.

- 옹호: "그런 것은 절대 말하지 마라. 사람들을 불쾌하게 만들고, 당신을 얼간이로 생각할 것이다."

  대응: 문제는 무엇을 믿고, 어떻게 행동하느냐. 이는 함께 살아가는 시민들의 삶에 대해 일정 정도의 영향력을 가지는 사회에서의 일종의 민주주의 문제이기도 하다. 나는 얼간이가 되든 말든 상관없다. 어떤 생각을 비판하면 나쁜 사람이 된다는 생각에 동의하지도 않는다. 어떤 생각에 대한 비판은 그 사람에 대한 비판이 아니다. 우리의 생각은 우리가 아니다. 아이디어가 존엄한 것이 아니라, 사람이 존엄한 것이다. 나는 어떤 아이디어가 진리가 아니기 때문에 그리고 사람들이 진리라고 생각하는 그것이 위험을 가져오기 때문에 그 아이디어를 비판한다.

- 옹호: "당신은 맹목적인 신앙에 대해 이야기하고 있다. 그러나 나의 신앙은 맹목적이지 않다."

대응: 신앙에는 맹목적이라는 꾸밈말이 불필요하다. 모든 신앙은 맹목적이다. 모든 신앙은 증거들이 충분하지 않아도 믿는 것이다. 이것이 신앙의 본질이다. 증거를 가지고 있다면 그에게 신앙은 필요하지 않다. 증거를 제시하기만 하면 된다.

- 옹호: "무신론과 세속적 인본주의는 많은 믿음을 필요로 한다는 점에서 어떤 종교 못지않다. 무신론자와 세속적 인본주의자들은 종교적 이슈들에 대해 모호하게 얼버무리길 좋아한다. 자기들이 종교적이지 않다는 것과 종교적 편견에서 자유롭다는 것을 주장하기 위해서다. 하지만 그 누구보다 그들은 종교적이고, 신자들 못지 않다. 그들은 자신들의 신앙에 대해 자각하지 못하고 자신들의 편견에 대해 맹목적이다. 이런 말이 있다. '비종교적인 사람은 없다. 거짓 신만 있을 뿐이다.'"

대응: 무신론과 세속적 인본주의를 혼동하는 것은 용어 자체에 대한 완전히 잘못된 이해다. 세속적 인본주의는 하나의 철학이자 일련의 숭고한 목표들이다. 무신론은 단순하게 신이나 신들에 대한 믿음이 없는 것이다. 신성한 파괴자 시바신Shiva을 믿지 않는 것에는 어떠한 교의나 교리도 없다. 따라서 그런 말은 실은 대꾸의 가치도 없다. 어떤 예배의 형식을 갖추지도 않은 그저 신화적 이야기들에 대한 믿음을 버리지 못할 정도로 사람들이 어리석다고 말하는 것은, 편협하고 비관적이며 그리고 일고의 가치도 없는 주장이다.

중재

이제 이러한 대응들을 어떻게 사용하였는지 두 개의 짧은 중재를 통해서 보여 주고자 한다. 중재의 목적은 상대가 붙들고 있는 믿음을 바꾸는 것이었다.

첫 번째는 거리에서 만난 사람과의 대화이고, 두 번째는 친구의 친구와 한 파티에서 나눈 대화이다. 우리는 철학과 종교에 대해 이야기를 나누었다. 두 대화 모두 본격적인 토론 부분부터 소개한다.

중재 1

그: 내가 보기에 당신이 원하는 것은 사람들이 가진 신앙을 없애는 것이군요.
나: 네, 그게 뭐 문제가 있나요?
그: 음, 도대체 왜 그런 생각을 하는데요? 진짜로 그렇게 생각해요?
나: 내 생각이 중요한 건 아니고요. 그게 왜 문제냐고요?
그: 내가 당신 제자는 아니잖아요. 질문에 질문으로 되묻지 마세요.
나: 좋아요. 정말 솔직하게 말하면요, 이성적으로 생각하는 법을 배우도록 사람들을 돕는 나의 헌신적인 활동은 칭찬을 받아야 한다고 생각해요. 그러니 이제 질문에 대답해 주실래요? 신앙에서 벗어나도록 사람들을 돕는 것이 왜 나쁜 일이라고 생각하는지요?
그: 대부분의 신자들은 선량하고 품위 있는 사람들이예요. 당신은 기독교인에게서 선하고 유익한 것, 그러니깐 그들이 의지하고 있는 무언가를 없애려고 하고 있어요.
나: 그들이 신앙을 필요로 한다고 생각하나요. 그것이 진리로 그

들을 안내한다고 생각하나요?

그: 미친 사람이 아니고선 당연한 얘기죠. 신앙은 그들을 행복하게 하는 것만이 아니라, 그들을 지켜주기도 하죠. 당신 시도가 성공하였을 때 무슨 일이 생길지 생각해 봐요.

나: 무슨 일이 일어날까요?

그: 뭔 일이 일어날지 알잖아요. 그들이 살인자나 강간범이나 뭐 그런 사람이 될 수도 있겠죠.

나: 그러니깐 당신은, 잘못된 사유방법을 바로잡아주면 사람들이 살인자가 될 수 있다고 생각하는 건가요?

그: 많은 사람들이 살인이나 강간하지 않는 첫 번째 이유는 종교 때문이에요.

나: 그렇담, 북유럽은 어째서죠?

그: 당신 같은 사람들은 북유럽 이야길 되게 좋아하나 봐요.

나: 네?

그: 아니 그건 같지 않죠.

나: 어떤 점이요?

그: 거기와 여기는 여러 조건들이 다르잖아요, 알잖아요.

나: 뭔 말인지 잘 모르겠어요. 무슨 뜻이죠?

그: 내 말을 정확히 알고 있을 텐데요, 내 말은 두 곳이 전혀 유사하지 않는데, 그런데 당신은 두 곳을 같다고 본다는 거지요.

나: 당신 말은, 만일 다른 변수들이 달라지지 않고 북유럽 사람들이 더 많이 기독교인이 되면, 살인과 강간 범죄율이 내려갈 거란 말인가요?

(한숨을 쉬며 한동안 말이 없었다.)

그: 난감하군요.

나: 그래서 당신 마음을 바꿀 생각이 있고, 신뢰할 수 없는 추론방

법이 사회에 악영향을 끼치지 못하도록 많은 사람에게서 제거하는 것을 돕는 일에 동의한다는 것인가요?

(한숨)

나: 그런가요?

(한숨)

중재 2

그: 당신 부인을 신뢰하나요?

나: 어떤 행동을요? 비행기 조종? 노. 당뇨병 같은 건강관련 문제들에 대해? 예스. (내 아내는 전문의이고 의과대학 교수이다)

그: 음, 내 이야긴, 당신 아내에 대한 믿음이 있냐고요?

나: 저, 그것은 내가 아내를 '신뢰 한다'와는 다른 거잖아요, 그렇죠? 신뢰와 신앙은 다르잖아요.

그: 아니, 내 말은 당신 아내에 대한 믿음이 있냐는 거예요, 그런가요?

나: 아니요. 정말로, 아니요. 나는 아내에 대한 믿음은 없어요. 나는 아내가 하는 일에 대해 신뢰하고, 또는 어떤 일에 대해서는 신뢰하지 않아요. 아내가 우리 아이들을 학대하지 않을 것을 신뢰하죠. 그녀가 나에게 로레나 보빗(강제로 성관계를 한 남편의 성기를 잘라 법정에 섰던 미국 여성. 결국 정당방위로 무죄판결을 받았다. 이 사건은 부부 사이에서의 강간이 공식 인정되는 계기가 되었다—옮긴이)처럼 하지 않을 것을 신뢰하죠. 하지만 그것은 믿음과는 아무 관련이 없는 것이죠. 근데 왜 그걸 묻죠?

그: 왜냐하면, 당신이 믿음은 언제나 나쁜 것이라고 해서죠. 내가 보기엔 당신도 믿음을 가지고 있다는 거죠.

나: 무슨 믿음을 가지고 있다는 거죠?

그: 아주 많죠. 당신 아내, 스위치를 켰을 때 불이 켜질 것이라는 등 ―

나: 난 믿음이 없어요. 내 삶은 믿음이 없는 기쁨입니다.

(같이 웃었다.)

나: 난 스위치를 켰을 때 불이 켜질 거라는 믿음을 가지고 있지 않아요. 두 가지 이유로 그것을 알고 있죠. 과거의 경험 때문이고, 무언가 먼저 일어나면 다른 것이 일어난다는 과학적 프로세스 때문이죠. 생각해 보세요. 그런 것들은 신앙이나 입증되지 못한 믿음들과는 완전히 다른 것이잖아요?

그: 불이 계속 켜질 것인지 알 수 없잖아요.

나: 물론이죠. 전구가 나가버릴 수도 있겠죠―

그: 그러니까 당신은 믿음을 가지고 있는 거예요. 그 불이 꺼지지 않을 거라는.

나: 아니요. 나는 그 불이 꺼지지 않기를 바라지만, 그렇지 않을 수도 있지요. 그것은 바람이죠 믿음이 아니라. 불이 안 들어오는 걸 내가 보지 않는 한 그것이 꺼졌다고 믿지는 않아요. 만일 불이 안 켜지면, 그러면 전구를 바로 바꾸겠죠. 그리고 이제는 잘 켜질 것이란 것을 알죠. 전구를 교체했던 과거의 경험이 있기 때문이죠. 그러니까 스위치를 올려 불을 켜는 데 굳이 믿음을 가져야 할 필요가 없어요. 뭘 놓친 점이 있나요. 잘못 추론한 것이 있나요?

(침묵)

그: 아니, 그렇게 생각하지 않아요.

나: 그럼, 내 아내나 스위치를 켜는 것에 대해서는 동의할 수 있지 않을까요? 우리가 믿음을 가져야 할 필요가 없다는걸요.

(오랜 침묵)

그: 그래요. 그렇다고 생각해요.

나: 멋지시네요. 그럼 우리 이것을 다른 문제들 그리고 우리는 왜 신앙이 불필요한가, 왜 갖지 말아야 하나?에도 적용할 수 있겠지요. 신앙, 그건 아니다 라고 말하면 돼요.

(웃음)

깊이 알기

책

크리스토퍼 히친스, 〈자비를 팔다 The Missionary Position: Mother Teresa in Theory and Practice〉, (Hitchens 1995). (김정환 옮김, 모멘토, 2008).

크리스토퍼 히친스, 〈무신론자 입문: 믿지 않는 사람들을 위한 필독서 The Portable Atheist: Essential Readings for the Nonbeliever〉, (Hitchens 2007).

빅터 스텐저, 〈미세조정의 허구: 왜 우주는 우리를 위해 설계되지 않았는가 The Fallacy of Fine-Tuning: Why the Universe Is Not Designed for Us〉, (Stenger 2011).

빅터 스텐저, 〈신과 원자 God and the Atom〉, (Stenger 2013).

필 주커먼, 〈왜 덴마크와 스웨덴 사람들은 비종교적인가? Why Are Danes and Swedes So Irreligious?〉, (Zuckerman 2009).

영상물

"도덕엔 신이 필요할까? Is God Necessary for Morality?", 윌리엄 레인 크레이그와 (미국 철학자) 셸리 카간의 토론, http://www.youtube.com/watch?hl=en&client=mv-google&gl=US&v=SiJnCQuPiuo&nomobile=1

8장
신앙에 제대로 대처하기

대학은 한층 더 신앙, 엉성한 사유, 인식론적 상대주의 그리고 잘못된 추론들과 싸워야 하는 곳이다. 하지만 왜 그렇게 하지 않는지 그리고 무엇을 해야 하는지 이 장에서 설명할 것이다. 또한 인식론적 상대주의(앎에 이르는 어떤 방법도 다른 방법들 못지 않게 좋다) 입장을 가진 사람들과 어떻게 대화해야 하는지도 다룰 것이다.

대학의 구성원들은 신앙과의 전투, 이성과 합리성의 증진, 회의주의자 양성에 있어 전략적인 버팀목들이다. 많은 대학 졸업생들이 다음 세대의 지도자와 정책입안자가 된다. 우리는 비판적 사고를 가르치는 것에 멈추지 않고, 신앙에 대한 태도를 바꾸도록 유도하는 교육자로 그들을 훈련시켜야 한다.

이 장에서는 교육 현장의 주체들인 학자, 교육자 그리고 가장 중요한 학생 활동가들에 대한 호소와 부탁을 세 섹션에서 다룬다. 우선, "현재의 학문적 좌파: 잘못된 사유에 대해 비판하는 것이 어떻게 비도덕적이 되었나"에서는 문제를 진단한다. 그리고 "수업에서의 종교적 주장들"에서는 구체적인 해결책을 다룬다. 마지막으로 "상대주의 극복"에서 교육자와 행동하는 무신론자에게 상대주의 극복의 로드맵을 제시한다.

잘못된 사유에 대한 비판이 어쩌다 비도덕적이 되었나

"사람에 대한 관용과 생각에 대한 관용을 혼동하는 것은 이성과 합리성이 좋은 생각과 나쁜 생각을 구별하는데 사용될 수 없게 만들어 버린다. 우리의 선호로는 현실 문제를 해결하지 못한다는 것을 인정하지 않는다면, 세상을 진일보시킬 수 없다."_ 맷 손턴, 사회운동가

이 섹션은, 학문적 자유주의—나는 '현대 아카데미 좌파'라 부른다—의 주류들이 어떻게 인식원리에 대한 비평을 도덕적 금기로 만들었는가에 대해 이야기 할 것이다. 논의를 위해 자유주의의 간략한 계보를 검토하며 시작해 보자. 자유주의에 덧씌워진 가치들을 설명하면서, 자연스럽게 이슬람과 이슬람 공포증에 대한 논의를 전개하고, 그런 다음 페미니즘과 신앙에 대한 최근 자유주의의 왜곡에 대해 설명할 것이다.

고전적 · 사회적 자유주의

자유주의는 17세기에 영국의 철학자 존 로크에 의해 창시되었다. 로크에게 자유주의의 의미는 정부의 제한, 법에 의한 지배, 정당한 법 절차, 자유, 종교의 자유, 표현의 자유, 출판의 자유, 집회의 자유, 정교 분리 그리고 각각의 권력에 대해 상호 감시하는 권력의 분립 등이다.

로크의 고전적 자유주의는 오랜 기간 점진적으로 발전하여 사회

적 자유주의가 되었다. 사회적 자유주의는 19세기에 등장하였고, 창시자는 영국의 사상가 토마스 힐 그린이다. 그린은 적극적인 자유를 주창했고, 근본적인 선으로서 인간 존재를 설명하고, 공동선의 증진에 기여하는 사회·경제적 질서를 주장했다.

20세기에서 사회적 자유주의는 점진적으로 발전하여, 현대 아카데미 좌파 탄생에 영향을 미쳤다.[70] 현대 자유주의의 실상은 이전의 온전한 자유주의의 유골일 뿐이고, 자신이 무엇인지 스스로 설명하지 못하고 오히려 유골을 부패시키고 있는 기생적인 이데올로기들에 기대어 설명되고 있다. 바로 상대주의, 주관주의, 관용, 다양성, 문화다원주의, 다름의 존중, 포용 등등이다.[71] 이렇게 자유주의에 침습한 가치들은 고전적·사회적 자유주의가 가진 기본적 자유권을 위한 저항과 모든 압제에 대한 투쟁의 역사를 배신하였다.

역사적으로 볼 때, 자유주의의 본질과 현재 자유주의에 편승하고 있는 이데올로기들이 필연적으로 한 몸이 되어야 할 아무런 이유도 없다. 고전적 자유주의와 현대 아카데미 좌파의 영향권에 속한 가치들 사이에 필연적 연결고리가 없다는 사실이 희망의 근거이다. 희망은 고전적·사회적 자유주의가 제기한 해방의 희망을 파괴하는 형식적이고 침습적인 가치들과 현대 아카데미 좌파가 결별하는 것이고, 자유주의의 역사적 연원과 문제의식의 근원으로 돌아가는 것이다.

침습적인 가치들 그리고 선호

자유주의에 편승하고 있는 가치들과 이데올로기를 구별해 내고 정리하는 것이 쉽지는 않지만, 문화적 상대주의로부터 시작할 수 있다.

현대 강단 좌파들은 문화적 상대주의 핵심을 광범위하게 수용하고 있으며, 문화적 상대주의를 하나의 가치로 권장하고 있다. (지금껏 나는 문화적 상대주의를 가진 보수주의자를 만나지 못했다.) 문화적 상대주의에 깔려있는 기본적인 생각은 사람들은 언제나 자신이 속한 문화와 문화적 관점을 가지고 판단을 하고, 따라서 다른 문화와 문화적 습속에 대해서 신뢰할만한 판단을 할 수 없으며, 이것이 의미하는 것은 문화와 문화적 습속들은 평가될 수 없다는 것이다. 예를 들면, 브라질 사람들은 아보카도를 설탕이나 단맛이 강한 음식과 같이(아보카도 스무디처럼) 먹지 않고, 미국 사람들은 소금과 짠 음식을 곁들여(과카몰리처럼) 아보카도를 먹는다. 이것은 문화적 습속이기에 옳거나 틀린 것이 아니라는 것이다.

문화적 습속에 대한 확실한 평가를 할 수 없다는 주장은 엉뚱하게도 도덕의 문제로 전환되기에 이른다. "우리는 문화적 습속에 대해 평가할 수 없다"에서 "우리는 문화적 습속에 대해 평가를 해서는 안 된다"로 바뀌었다. 문화적 선호에 대한 합리적 비판의 불가능성이 이제 문화적 선호에 대해 판단하는 것의 비도덕성으로 바뀌었다.

상대주의 그리고 비판의 비도덕성은 문화에서 인식의 세계로 넘어와, 문화적 선호에 대한 정확한 판단의 불가능성에서 세계에 대한 탐구 시스템에 대한 신뢰도를 평가하는 것의 부도덕성으로 확장되기에 이른다. 종국에는 객관적인 평가를 할 수 있는 특권적인 문화적 우세함이란 없는 것처럼, 객관적인 인식론적 평가를 할 수 있는 특권적인 인식론적 관점도 또한 없다는 결론에 이른다.

인식론적 상대주의는 또한 믿음을 만드는데 사용하는 어떤 사유방법도 다를 뿐이지 문제 삼을 수 없다는 생각에 다다랐다. 이는 일종의 인식론적 평등주의이다. 아울러 하나의 사유방식은 언제나 또 다른 사유방식에 의해 평가되는 것이기 때문에 사유방식에 대한 평가 또한 하지 말아야 한다는 생각과 하나가 되었다. 결국 인식원리에 대한 신뢰할만한 기준은 있을 수 없다는 것이다.

예를 들어, A 사회의 사람들이 현실을 이해하고 지식을 얻기 위해 우선적으로 코란을 사용하고, B 사회의 사람들이 과학적 방법론을 사용한다고 해 보자. 인식론적 상대주의자들은 둘 다 세상을 알기 위한 서로 다른 방법이라고 말한다. 어떤 사람이 현실과 자신의 믿음들을 정당하게 일치시키기 위해 과학적 방법론을 사용한다면, 코란에 기대는 모습을 보고는 열등하고 바보스러운 짓으로 생각할 것이다. 마찬가지로 코란을 가지고 시작한 사람들도 똑같은 생각을 할 것이다. 코란이야말로 완벽한 책이고 현실을 이해하기 위한 최고의 방법이라는 전제를 가지고 시작한 사람도, 같은 기준으로 다른 방법론들은 열등하고 오도된 것으로 판정할 것이다.

인식론적 상대주의는 주관주의를 낳기도 하고 주관주의에 의해 발생하기도 하며, 주관주의와 공존하면서 주관주의로 전환되고 있다(주관적 전환이라고도 한다).[72] 다시 말해, 우리는 객관적으로 알 수 있는 세계라는 생각에서 주관적으로 알 수 있는 세계라는 생각으로 옮겨갔다. 주관적으로 인식 가능한 세계에서는 나에게 진리인 것은 무엇이든지 다 진리다. 객관적으로 인식 가능한 세계에서는, 실제로 자신의 믿음들에 타당하게 일치하는 무엇인가가 실제로 존재한다. 그것들은 일정 정도 공유되고 안정적으로 존재하고, 철학적 어법으로 말하면 공동의 불변의 정신과 독립된 원리체계이다(Boghossian 2006b, 201a). 객관성이란 이렇게 생각할 수 있다. 만일 당신을 포함하여 모든 사람들이 사라져버린다 해도, 우주는 지금처럼 그대로 계속될 것이다. 당신의 믿음과는 완전히 독립적으로 말이다. 하지만 주관성이 제1의 원리를 차지하는 세계는 객관적인 진리가 있을 수 없다. 진리는 오직 당신에게만 진리이다.

인식체계는 이렇게 하여 선택하는 것으로 전락하고 말았다. 즉, 믿음을 형성하는 프로세스 A(점, 점성술, 신성한 문서에 의한 상담)를 우선시 하는 사람들과 문화, 반면에 다른 프로세스 B(가설과 실험, 오류증명, 과학적 방법론)를 우선시 하는 사람들과 문화가 존재하게 되었다. 인식체계는 피자의 토핑 같은 것이 되었다. 참이냐 거짓이냐의 문제가 아닌 선호의 문제가 되었다.[73]

문화적 다원주의

인식체계를 주관적이고 단지 선호의 차원으로 생각하는 것은 문화적 다원주의의 영향을 받았거나 그리고 그곳에 빠져들었음을 의미한다. 여기에는 까다로운 여러 문제들이 있고, 우리가 용어들을 분명히 하며 명확하게 구분해야 한다.

'문화적 다원주의multiculturalism'은 학계에서 자주 듣게 되는 용어이다. (캐나다인들이 1970년대부터 공식 정책에 이 용어를 쓰기 시작했다.) 문화적 다원주의에 깔려 있는 가장 근본적인 생각은, 서로 다른 문화들은 평화롭게 공존할 수 있고 공존하여야 한다는 것이다. 문화적 다원주의는 초기에는 국민들을 통합하는 그리고 다양한 별개의 그룹들로 구성되는 포용적인 문화를 만들기 위한 하나의 전략적 방안이었다. 하지만 오늘날 학계에서 사용되는 용어인 문

화적 다원주의는 전혀 다른 것이 되었다.[74]

문화적 다원주의라는 우산은 다른 종류의 공존을 위해서도 펼쳐졌다. 바로 지식체계, 인식체계의 공존을 주장한다. 다른 문화와 인종들이 상대를 공격하지 않으면서 조화롭게 공존할 수 있는 것처럼, 또한 다른 인식체계가 서로 공격하지 않으면 조화롭게 공존할 수 있다는 것이다.

이제 우리는 어떻게 고전적 자유주의가 비판적 합리성이 가진 해방의 잠재력을 파괴하는 이데올로기로 변모하였는지 알게 되었다. **현대 강단 좌파는 인식론적 비판을 통해 실재를 알기 위해 사용하는 방법에 대한 비평과 합리적 분석이라는 인식론적 비판을 도덕적 금기로 만들어 버렸다.**

나의 주장이 강단의 시대정신에 설득당한 이들을 당혹스럽게 할지 모르겠다. 방법론(고대 문서의 해독을 통해 지구의 나이를 추정하려는 추론방법 등)에 대한 비판, 또는 문화적 습속(미터법의 사용이나 이슬람 여성들의 부르카 착용 등)에 대한 비판, 종교 경전(모르몬경이나 유라시안서 등)에 대한 비판은 사람에 대한 비판이 아니다.[75] 물론 인종에 대한 비판도 아니다. 문화적 다원주의는 모든 인식체계, 앎을 위한 방법들, 신앙 전통, 지역의 신화들을 사람들의 불변하는 속성(인종, 성, 성적지향 등)으로 혼동하고 있다.

현대 강단 좌파의 또 다른 교리는 믿음, 가치 등의 관념들이 존엄성을 가졌다는 것이다. 누군가가 존엄성을 사람의 특성일 뿐만 아니라 관념의 특성이라고 생각하면, 당연히 어떤 관념에 대한 비판을 사람에 대한 비판처럼 받아들이게 된다. 다시 말해, 도덕적 측면에서 사하라 사막 이남의 아프리카인들이나 또는 스칸디나비아 사람들의 신체적 특성에 대해 평가해선 안 되는 것처럼, 또한 그들의 사상이나 신앙 전통 등에 대해서도 비판하지 않아야 한다는 것이다.

관념에 대해 존엄성을 인정하는 경향은 신앙 비판에 대해 두 가지 판결을 내린다. 먼저 신앙 전통에 대해 비판하는 것을 마치 흑인 비하 단어 'N'를 발언하는 것처럼 편파적 발언으로 보는 것이다. 이것은 '정치적 올바름'을 적용하는 것이고 나아가 논리적 비판으로부터 신앙을 옹호하는 것이다. 다른 사람들이 자신을 나쁜 사람이라 평가하는 것에 더해 비열한, 험악한, 편견이 심한, 편파적인, 몰상식한, 혐오스러운 사람으로 생각할지 모른다는 두려움으로 인해 많은 사람들이 신앙에 대해 비판하지 못하고 있다.

두 번째는 비판자 개개인을 환자로 만들어 버린다. 예를 들어, 이슬람 전통의 믿음들을 비판하는 사람을 두고 "…에 대한 혐오증…phobia"이라는 접미사를 붙여버린다. (용어에 주의해라, 이슬람혐오증, 종교혐오증). 이것이 암시하는 것은 이성적 분석과 비판이 정신적 이상을 시사한다는 것이다.

특정한 관념들을 비판하는 사람에게, 그것이 어떤 분야이든, 어떤 두려움에 이끌려서나 또는 정신적으로 비정상이 낳은 병적인 행동으로 딱지붙이는 것은 고전적·사회적 자유주의 핵심 사상에 대한 완벽한 배신이다. 이것은 자신의 관점으로 자유로운 상태에서 행복을 추구하며 살아갈 권리, 그리고 표현의 자유를 구가하는 권리로서의 자유주의 핵심에 대한 배반이다. (다른 신앙을 가졌다고, 인종이 다르다고 차별과 혐오를 겪고 있는 사람들이 존재한다. 어떤 생각을 사람과 구분하지 않고 범주를 뭉뚱그려 버리고 이성적 비판을 병적 증상으로 보는 것은, 차별로 고통 받은 사람들의 삶을 모욕하는 것이고 동시에 합리적 비판과 분석의 자유의 근간을 흔드는 도발이다.)

관용과 이슬람

관용도 앞서의 것들과 같은 계통인 또 하나의 자유주의 가치다. 이 또한 이성을 파괴하는 어떤 것으로 왜곡되었다.[76] 관용은 호혜적 상황에서만 작동한다. 관용은 불관용에는 제대로 대처하지 못한다. 관용과 관용에 의한 보호는 이제 사람에서 한쪽 기둥으로만 지탱되는 관념들에 적용되기에 이르렀다. 관용의 이름으로 불관용, 반과학적 관점, 비합리성 그리고 모든 위계적 편견들을 보호하는 것을 멈춰야 한다. 우리는 옛 유럽에서 이슬람 급진주의를 상대하면서 자유민주주의가 파괴되었던 사례를 알고 있다.

문제는 사회적 관용이다. 신앙에 기반을 둔 방법을 소중히 여기는 사회들은 진정으로 완전히 불관용적인 사회이다. 동성애자에 대한 불관용, 여성의 권리에 대한 불관용, 소수자 권리에 대한 불관용, 다른 종교에 대한 불관용, 표현의 자유에 대한 불관용이 판친다.[77] 좌파와 자유주의에 편승한 여러 가치들은 관용을 사회적으로 문화적으로 그리고 인식활동 행태에까지 확장해 왔다. 예를 들면, 최근 아프가니스탄에서는 코란에 대한 신성모독을 주장하며 대규모 항의가 있었고 사람을 죽이는 일까지 있었다(Partlow & Londono 2011; Sieff 2012). 그리고 많은 이슬람 세계에서는 덴마크의 신문 질란트 포스텐이 선지자 마호메트를 희화화했다고 폭동이 일었다.

보다 최근에는, 영화 〈이슬람의 순진함 Innocense of Muslims〉(2012)에 대한 반발로 리비아, 이집트, 인도네시아 심지어 호주에서도 폭력적인 시위가 있었다. 서구 사회에서는 이 행동들을 관용이라는 안경을 통해 해석한다. 우리의 강단 좌파는 이를 곧 미국

사회에 다가올 문제로 보기도 했다. 미국은 특히, 다른 가치들과 믿음들과 다른 문화에 대해 더 많은 관심 더 많은 관용 더 많은 이해가 필요하다는 것이다.(Davis 2012; Falk 2012; Williams 2012). 하지만 폭력 시위로 사람이 죽는 이들 사회야말로 지구상에서 가장 관용이 없는 사회이다.

그들의 난폭한 시위는 우리의 관용이 충분치 않아서나 더 많은 관용을 원하기 때문에 일어난 것이 아니다. 그들의 신성한 문서들을 진리나 지식으로 가는 길로 여기기 않는 사람들이 훼손했다고 집단적인 히스테리를 발산하며 광폭한 행동을 계속하고 있는 것이다.[78] 그렇지만 많은 좌파들은 이러한 행동들을 우리에게 더 많은 관용을 요구하는 것이라고 해석한다. 나아가 많은 사람들은 공개적으로 검열을 주장하기도 한다(Malik 2012).

난폭한 거리 시위에 대한 잘못된 이해는 몇 가지가 더 있다. 좌파들은 이슬람권에 살지 않는 사람들이 이러한 행동에 분노하는 유일한 이유가 그들의 문화와 인식체계를 이해하지 못하기 때문이라고 본다. 다른 문화를 이해하면 그들에게 분노하지 않을 거라는 것이다. 바로 이것이 문제의 핵심을 놓치게 하는, 종교적 감성이 공격받았다고 난폭하게 시위를 하고 사람을 죽이는 것을 잘못이라고 보지 않는 그들에게 깔려 있는 기본적인 관점이다. 결국 신앙에 기반을 둔 인식체계가 가져오는 명백한 잘못까지 용인하는 것이다.[79]

그들이 왜 거리에서 난폭한 행동을 하는지 이해하지 못해서가 아니라, 반대로 그들이 거리에서 왜 광포한 행동을 하는지 제대로 이해했기 때문에 우리는 불안해 한다고, 나는 생각한다.

좌파, 페미니스트 그리고 고전적 자유주의 되살리기

오늘날 좌파들은 도덕적 인식론적 불균형을 감지하지 못하고 있다. 고전적 사회적 자유주의에 편승한 기생적 가치들이 도덕적 인식론적 판단을 하는 능력과 기회를 제거해 버렸기 때문이다. 오늘날 고등교육에서 무슨 일이 진행되고 있는가를 보여 주는 전형적인 사례가 판단중지다. 좌파 지식인들은 사실 문제를 제대로 추론하고 판단하는 것을 가르치는 대신에 판단중지를 가르치고, 진정한 좌파인양 만족스러워하고 있다.

오늘날 미국 교육현장의 교육자 대부분은 이런 유의 강단 좌파들이다. 이러한 이데올로기 도매상에 속하지 않는 교육자일지라도, 개인의 가치를 존중하는 것과 어떤 인식원리에 대해 비판하는 것을 구분하지 못하는 문제를 안고 있다(Gross & Simmons 2007; Jaschik 2012; Kurtz 2005; Rothman, Lichter, & Nevitte 2005; Tobin & Weinberg 2006). 이로 인한 가장 불행한 결과는 많은 교수들이 학생들에게 판단중지를, 특히 도덕적 판단에서 판단중지를 가르치는 것이다.[80] 인식원리에 대한 비판의 중지는 잘못된 것이고 끝내야 한다. 교육자가 학생들에게 가르쳐야 하는 것은 어떻게 더 나은 더 많은 통찰력이 있는 판단을 할 것인가이다. 그리고 신뢰할 수 없는 추론방법과 신뢰할 수 있는 추론방법을 어떻게 분별할 것인가이다.

오늘날 페미니즘의 실패에 대한 이야기도 빠트릴 수 없다. 최근 페미니즘은 강단 좌파와 결혼하였거나 최소한 동거하고 있다. 결론적으로, 페미니즘은 외부에서 온 불순한 가치들에 오염되었다. 이로 인해 비극적이고 재앙에 가까운 현대 강단 페미니즘의 실패를 겪게 되었고, 탈레반의 난폭하고 무자비한 여성혐오, 파푸아뉴기니 전역에서 행해지는 여성에 대한 끔찍한 폭력, 오스트레일리아의 아보리지널 여성들에 대한 만연된 성적·신체적 폭력 그리고 끝도 없이 열거할 수 있는 여성에 대한 만행들에 맞서 싸우지 못하고 있다.

만일 톨레랑스, 다양성, 문화적 다원주의 같은 가치들과 결별한다면 페미니즘엔 과연 무엇이 남아 있을까? 미국의 페미니스트들은 다른 문화권 여성들의 처우에 대해 비판을 더 많이 해야 할까 아니면 더 적게 해야 할까? 답은 분명하다. 페미니즘의 침묵은 그들이 문화적 다원주의와 상대주의 가치들을 읊조리면서 이에 오염되었기 때문이다.

신앙

요즈음 강단 좌파들은 신자들과 자신도 모르게 동맹자가 되었다. 강단 좌파들은 신앙에 대한 비판을 따돌림하고 있다.[81]

문화적 다원주의와 여러 이데올로기 연합들은 '다양한' 인식원리에게, 특히 신앙에 기반을 둔 사유체계에 비판의 면책특권을 부여한다. 문화적 다원주의는 문화와 인종을 하나로 뭉뚱그리고 신앙과 추론방법에 대한 공격을 인종과 성과 같은 불변의 특성들에 대한 윤리적 공격과 동일시하면서, 신앙에 기반한 사유체계의 버팀목이 되어 준다. 이제 합리적 비판들이 비도덕적 행위가 되어버렸다.[82]

고전적·사회적 자유주의를 저버리면서 강단 좌파는 신앙과 신앙 주장들에 대한 비판을 도덕적 문제로 나아가 도덕적 파탄으로 바꿔치기 해버렸다. 신앙에 대한 비판은 반윤리적, 비도덕적, 공격적인, 불필요한 그리고 약간 잔인한 일이 되었다. 더 나아가 비판자들은 비도덕적, 반관용적, 분열적, 심지어 혐오스러운 사람이 되어 버렸다. 이것은 부당하고 위험천만한 처사다.[83]

신앙은 인간이 가진 불변의 특성들이 아니다. 사람들은 신앙 전통을 바꾸거나 버릴 수 있다. 결코 젠더나 종족 같은 류가 아니다. 특정 신앙 전통을 떠난 사람들을 일컫는 말로 '배교자'란 말까지 쓴다.[84] 어떤 사회에서는 배교의 대가가 곧 죽음이다 (United States Department of State 2011a).[85]

신앙 전통을 떠나간 사람들을 공격하는 관습을 인정하는 것이야말로 존 로크와 토마스 힐 그린 시대의 계몽주의자들이 내세웠던 관용을 가장 기괴하게 사용하는 슬픈 예다. 이는 관용은커녕 이데올로기적 맹목이며 도덕적 비겁함이다.

희망

최근 강단 좌파는 봇물 터지듯 사회적, 도덕적, 인식론적 재앙을 만들고 있다. 이성과 합리성을 약화시키고, 신앙, 종교, 미신, 유사과학, 온갖 종류의 거짓 인식원리들이 번성하는 조건을 만들어왔다. 다음 세대의 비판적 사고 능력을 거세시킨 직접적인 책임이 이들에게 있다. 비판적 사고의 상실이 더 나은 사람이 되는 것이란 헛된 믿음까지 만들어냈다.

나는 현대 강단 좌파가 자유주의로 복귀하고, 온갖 생각과 주장에 적용하는 상대주의, 주관주의, 문화적 다원주의와 단절될 것이라 기대한다. 해리스, 히친스, 데닛 및 여러 사람들이 새로운 자유주의의 한계를 폭로하고 고전적 사회적 자유주의 회복의 절박함을 호소해 왔다. 자유주의는 다시 한 번 효과적이고 강렬한 변화의 무기가 될 수 있다.

교실에서의 신앙 주장들

"과학이 알지 못하는 것에 대해 아는 체 하면, 그 사람은 비웃음을 당한다."_ 맷 손턴, 사회운동가

당신의 철학입문 수업에 30명의 학생들이 열심히 공부를 하고 있다.[86] 모든 시험이 끝나고, 점술판을 사용하여 그들의 점수를 채점하여 학생들에게 통보한다. 당신의 손가락을 플랑셰트 planchette(중세시대 점치는 도구로 손가락을 얹어 생긴 모양이나 글자로 잠재의식, 심령현상을 읽어내는 점술판-옮긴이)에 얹고 심령이 그들에게 알맞은 점수를 알려 주길 기다린다.

학생들은 어떤 반응을 보일까? 분노, 당혹감, 망연자실?

아마 두 그룹으로 나뉠 것이다. 먼저 환상적인 아이디어라고 생각하는 학생들이다. 낮은 점수를 예상했던 학생들은 주사위가 운 좋게 굴러서 합격점을 주길 바랄 것이다. 점술판이 공평한 점수를 산출하는 믿음직한 공정이라고 실제로 믿는 극소수의 학생들도 있을 것이다. 나머지 모든 학생들은 경악할 것이고 격한 말을 쏟아 낼 것이다.

최근 우리의 교육현장 분위기가 솔직하게 말하지 못해서 그럴 뿐, 이 상황은 오늘날 학생들의 추론을 평가하는 교수들의 모습과 너무 닮았다. 교수들은 신뢰할 수 없는 추론방법에 의문을 제기하는 것에 겁먹고 있다. 종교적 믿음들이 특별하고 영예로운 지위를 차지하고 강고한 문화적·사회적 그리고 지적인 칼집으로 보호받고 있다.

사회(행동)과학(사회학, 철학, 인류학 등)에서, 어떤 학생이 자신의 신앙 전통을 따라 미신을 믿는다고 말해도, 그 진술 그리고 그런

결론에 이르게 된 과정이 의심할 여지가 없는 논리에 근거한 정당한 지식 주장인 것처럼 취급하고 있다. 신앙에서 도출된 주장들은 비판할 수 없는 그리고 더 이상의 질문이 면제된 것으로 받아들여진다.

모든 교육현장에서 이러한 사후강직 같은 지적 마비가 생기는 것을 허용해서는 안 된다. 사회과학에서 학생들의 믿음 형성의 원리와 과정에 대해 따져 묻는 것이 금기가 되었지만, 반대로 자연과학(수학, 화학, 생물학 등)에서는 주장들을 검증하고 추론과정을 따지는 것이야말로 학생들에게 효과적 추론능력을 가르치는 것의 본질이라고 본다.

신앙을 사용하는 것이 자연과학의 정당화 과정에서 어떻게 나타날지, 수업시간에 생물학 교수와 학생이 토론하는 것을 한번 가정해 보자.

교수: 인플루엔자 바이러스가 세포에 침입했을 때 (X)가 나타난다.
학생: 글쎄요, 저의 이론은 그렇지 않는데요.
교수: 자네 이론은 뭔가?
학생: (Y)가 나타납니다.
교수: 왜 그렇게 생각하는가?
학생: 제가 믿는 종교에서는 그것이 옳다고 합니다.

'신앙'이라는 하나의 단어가 합리적 토론을 종결한다.

사회과학 분야에서 교육자들은 합리적인 토론이 잘 되고 있는 척 하고 있다. 어떤 결론에 대한 정당화로 신앙을 적용하는 것이 보호받아야 하는 것으로 심지어 면책특권처럼 취급되고 있다. 지적태만이 신자들에게 도덕적 존중과 사회적 정당성을 부여하고 있다.

이제 끝내야 한다. 모든 학과목에서 학생들의 추론방법을 교정하고, 신앙에 근거한 추론이 통용되지 못하게 하고, 학문적·문화적 그리고 교육적인 규범을 제시해야 한다.

신앙은 세계를 알기 위해 시도하는 방법이다. 하지만 참된 결론을 도출할 가능성이 낮고, 철학적으로 보았을 때 믿음을 절대로 확증할 수 없는 방법이다. 이는 서로 다른 신앙 전통들이 경쟁적인 주장을 만들어내고 있고 그리고 이 주장들 모두가 옳을 수 없다는 사실(물론 모두가 거짓인 경우는 가능하다)이 명백하게 입증하고 있다.

불행하게도 학교 안팎에서 모두 신앙을 비록 허울만 그럴듯한 것이지만 하나의 인식원리로 취급하고 있지 않다. 신앙은 도덕적 신뢰와 사회적 문화적 정당성을 확보한 무조건적이고 기초를 이루는 도덕적 체계로 자리를 잡았다. 특히 놀라운 사실은 신앙의 고상한 도덕으로서의 위상이 신자들에게만 효과를 발휘하고 있지 않다는 점이다. 신앙을 인식원리로 사용하지 않는 사람들조차도 신앙에 근거한 추론의 거룩함으로 빨려 들여가도록 하는 여러 방식이 교육현장에서 제도화되었다.

교수가 학생들의 신앙에 근거한 주장들을 바로잡아 주는 것이 무례하고 비정상적이고 공격적이며 강압적이며 폭력적이며 그리고 반민주적인 것이 되어 버렸다. 그렇지만 학생들이 반평등적이거나 인종차별적 주장을 할 경우, 교수가 이를 지적하고 질책하는 것은 충분히 예상할 수 있다. (이것이 의미하는 것은 학생의 어떤 주장에 대해 지적하는 것은 본질적으로 폭력적인 교수와 학생간 권력/권위 관계에서 해서는 안 되는 것이 아니라, 어떤 주장이냐에 따라 사회적 문화적 정치적 고려를 해야 한다고 강단 좌파들이 생각하고 있다는 것이다. 이것은 명백하게 이중 잣대이다.)

사회과학에 종사하는 교육자들은 자연과학에서 기본이 되고 있는 태도와 동일한 교육적 태도를 받아들여야 한다: 신앙에 근거한 정당화를 묵인하지 않아야 한다. 신앙 주장을 진지하게 받아들이지 않아야 한다. 신앙은 따를 만한 결론을 도출하는 근거로 받아들여질 수 없다는 것을 분명히 지적해야 한다. 학생에게 그들의 결론에 대한 증거, 논증 그리고 이유를 제시할 것을 요청하고, 그렇지 못할 경우 그들 주장이 진지하게 채택되지 못한다는 것을 주지시켜야 한다.

점술판을 사용하는 것이 공정한 점수를 매기는 방법이 아니라고 우리가 알고 있는 것처럼, 교육자는 종교적 주장은 신뢰할만한 결론을 도출하는 근거가 아니다는 점을 분명히 해야 한다.

상대주의를 넘어

인지적·인식론적·도덕적 상대주의는 학생들이 인문학을 연마하는데 꼬박꼬박 과다 복용하고 있는 독약이다. 그들은 다른 인식원리, 문화적 풍습 그리고 도덕체계에 대해 판단중지 하라고 배운다. 결과적으로, 비판적 평가를 할 수 있는 능력이 심각하게 약화된다.

신앙이 잘못된 인식원리임을 폭로하려면, 하나의 인식원리가 옳다면 다른 것도 옳다는 기이하고 모순적인 '평등적 상대주의'나, 인식원리들은 결코 평가할 수 없다는 상대주의자들의 견해를 바로잡아야 한다.

여기서는 인식론적 상대주의를 어떻게 교정할 것인가에 대해, 첫째, 상대주의를 극복했던 기법과 관련하여 나의 경험들을 요약하여 설명하고, 둘째, 교육자와 행동하는 무신론자들이 인식론적 상대주의를 극복하도록 돕는 모델을 설명할 것이다.

"좋아, 그건 단지 당신에게만 맞는 거야."

비판적 사고를 가르치기 시작한 20년 전부터, 상대주의를 무너뜨리기 위한 나의 노력은 학생들의 많은 불평에 직면하였다. 내가 제시한 어떤 논증도 "좋아요, 근데 그건 당신에게만 맞는 말이죠"라는 주문이나, "문화적 안경을 통해 보고 싶은 것만 보고 있다" 또는 "서구적, 헤게모니적, 제국주의적, 백인 남성의 관점에서 벗어나지 못했다" 등의 천편일률적 대답을 들었다. 처음에는 이런 반응들에 좌절했다. 제시한 사례가 어떤 것이든 추론과정이 무엇이었든, 늘 '거부'라는 대답을 마주쳤다.

여러 곳의 대학에서 수만 명의 학생들, 교도소 재소자들 그리고 거리에서 사람들을 만나며 시간이 흘렀다. 그리고 이 문제는 구석구석에 스며있을 뿐만 아니라, 이 문제를 넘어서지 않고서는 사람들에게 올바른 추론방법을 가르치는 것을 불가능하다는 결론에 이르렀다. 추론을 잘하기 위해서는 경합하거나 부적절한 대안들을 하나 둘 제외할 수 있어야 한다. 만일 여러 선택지들을 객관적으로 판단하는 방법은 없다고 믿는다면 이 일을 할 수 없다.

예를 들면, 대안요법들을 활용하기 위해 자연요법사를 방문할 것인지 과학적 증거와 패러다임에 근거하는 치료를 받기 위해 공인된 전문의를 찾을 것인지 결정해야 한다면, 어떤 작용원리가 최선의 답을 내놓을 지 알 수 있어야 한다. 어떤 것이 건강에 좋을까? 이것들이 단지 서로 다른 치료시스템이고 이를 평가할 측정법은 없다는 전제에서 출발한다면, 판단을 내리는 능력과 자질을 발전시킬 동기가 사라져버린다. 내가 내리는 결정을 평가할 수 없다면, 어떻게 하면 더 통찰력이 있는 판단을 할지를 배우려 하지 않을 것이다. 결국 이러한 판단들을 내리는 메커니즘 또한 완전히 주관적이 되고 만다.

교육자에게 최우선의 과제는 상대주의와의 싸움이다. 나는 모든 강좌의 시작 30분에서 60분 정도를 소크라테스 문답법을 개괄하는데 할애한다. 나는 교육자들과 행동하는 무신론자들이 어떤 토론에서든 사용할 수 있으면 좋겠다는 생각에 쉽고 간편하게 사용할 수 있는 프로세스를 개발하였다. 간단한 흐름도를 〈부록 C〉에 소개하였다.

실재에 대한 잘못된 이해

학생들이 현대 강단 좌파로부터 받았던 여러 악영향들을 30분이나 60분 만에 바로잡는 것은 불가능하다. 만일 수강생이 100명이 넘는다면 학생들에게 질문을 하는데 수업 시간을 다 써버릴 것이기에 어려울 것이고, 따라서 이 수업모형은 시간의 제한 하에서 수강생 규모에 따라 활용할 수 있다. 이 기법을 활용한지 5년이 되어 가는데, 내가 아는 한 인식론적 상대주의를 교정하지 못한 학생은 없었다.

질문 1: 사람들이 실재를 잘못 이해할 수 있는가? 거의 모든 학생들이 '그렇다'라고 답하거나 고개를 끄덕일 것이다. 소수의 학생들이 '아니오'라고 답하거나 확신할 수 없다는 표정을 지을 것이다. 다시 묻는다. "프레드가 2 더하기 2는 18이다 하고, 슈는 41이라 한다. 둘 다 공식을 통해 답을 얻었는데, 누군가는 틀렸지 않는가?" 어떤 학생도 '아니오'라고 답하지 않을 것이다.

질문 2: 일부 사람들은 실재를 잘못 이해하는가? 실재에 대한 잘못된 이해의 문제에서 누군가가 실제로 실재를 잘못 이해하는 문제로 옮겨간다.

중요한 것은 먼저 예를 제시하지 않는 것이다. 대신에 학생들 스스로가 제시하도록 한다. 내 경험에 따르면 학생들은 다른 학생들이 제시한 예들에 더 적극적으로 이야기하고, 강사가 제시한 것에는 훨씬 소극적이었다. 이 단계에서의 시간 대부분은 예를 제시하는데 쓴다. 5분에서 7분을 배정하고 가능한 한 많은 학생들이 발언할 수 있도록 배려한다.

이 질문은 답이 없는 질문이라고 생각하는 학생들이 있을 수 있다. 대개 인류학을 전공하는 학생들은 상대주의 교리에 깊게 젖어있는 있는데 이들이 대표적이다. 그들에게 알 수 있는 것이 있는지 묻고, 알 수 있는 것과 알 수 없는 것의 예를 제시해 보라고 한다. 수학과 언어학에서 나타나는 항진명제Tautology(동어반복이라고도 한다. 논리적으로 증명가능한 항상 참인 명제를 의미한다. 동어반복은 새로운 의미를 제시하지는 못하지만, 논리적 형식만으로 참인지 거짓인지 알 수 있다는 것을 보여준다-옮긴이)는 대개 학생들이 알 수 있는 것이 있다는 것에 동의하게 한다. 이것이 효과가 없다면, 나는 우리가 이야기를 나누고 있으며 목적에는 동의하지 않지만, 내가 말하고 주제에 대해서는 어느 정도는 알고 있고, 이것은 알 수 있는 것도 있다는 것을 의미한다고 말한다. 보통 가장 완고한 상대주의자조차도 다음 단계와 일련의 다음 질문들로 나아가게 한다.

질문 3, 4: 그리고 명제 5: 실재를 이해하고 싶을 때, 하나의

방법도 옳고 다른 것도 옳을 수 있는가? 아니면 어떤 방법은 적절하지 않는가? 만일 그렇다면, 어떤 방법은 옳거나 더 나을 수 있다는 것을 의미한다. 여기서 나는 예를 제시한다. 신앙을 예로 들지는 않는다. 신앙이 예로 거론되면, "그것은 나중에 논하자. 지금은 우리 모두가 동의할 수 있는 '신뢰할 수 없는 방법'의 예들을 찾아보자"고 한다. 신뢰할 수 없는 방법의 노골적인 예로 내가 제시하는 것은 '동전던지기로 결정하기' 같은 것들이다. 동전던지기는 결정을 해야 할 때 사용하기엔 믿음직하지 않은 방법이라는 걸 학생들은 쉽게 동의한다. 앞면이 나오면 수학을 전공할 것이고, 뒷면이 나오면 무용을 전공할 것이다 경우처럼 말이다. 아울러 학생들이 신뢰할 수 없는 방법의 다른 예들도 제시하도록 한다.

다음 질문으로 자연스럽게 넘어간다. "만일 동전 던지기처럼 나쁜 방법들이 있다면, 그것에 의지하면 안 된다는 의미이다. 어떤 방법이 나쁘다고 하는 것은, 이는 곧 다른 좋은 방법이 있다는 뜻이다. '나쁜 것'이란 상대적인 단어이기에, 좋은 방법이 있다고 하지 않는 한, 나쁜 방법이란 말은 성립되지 않는다. 그렇죠?"

'나쁘다'를 상대적인 단어가 아니라고 생각하는 학생들에게는, 나는 '바보스러운'이나 '맛있는' 같은 다른 상대적인 단어들에 대해 토론한다. "누군가를 바보스럽다고 할 때, 똑똑한 사람이 있어야만 그렇게 말을 있지 않겠니?"라고 묻는다. 이것으로 대개 토론을 진척시킬 수 있다. 간혹 '나쁘다'는 단어를 물고 늘어지는 경우가 있다. 그런 경우 나는 무엇이 나쁘다는 식으로 이야기를 하지 않고 실재에 다가갈 수 없는 '나쁜 방법'을 통해 설명을 한다. 여전히 이해하지 못한다면, '나쁘다'라는 단어를 그들이 어떻게 사용하는지 묻는다. 그들과 내가 생각하는 '나쁘다'의 의미가 크게 다르지 않지만 해결되지 않는다면, 샘 해리스의 말을 인용하여 그들이 '나쁘다'라는 단어를 어떤 의미로 쓰는지 내가 모를 뿐만 아니라, 그들도 '나쁘다'라는 단어를 어떤 의미로 쓰는지 모르는 것이라고 말해 준다. '나쁘다'라는 단어에 대한 간략한 토론을 마치고, 질문 6과 7의 다음 단계로 나아간다.

질문 6과 7: 어떤 것이 좋고 어떤 것이 나쁜지, 알아낼 수 있는가? 여기서부터는, 기초는 잡혔다. '신뢰할 수 있는', '좋은' 그리고 '나쁜'에 대한 토론이 있었기에, 아주 극소수만이 우리가 실재에 다가가거나 멀어지게 하는 방법이라는 개념에 대해 여전히 상대주의적 태도를 갖고 있을 것이다.

학생들에게 어떻게 좋은 방법과 나쁜 방법을 분간하는지 그들의 생각을 묻는다. 그들의 대답에 상관없이, 그들이 좋은 방법과 나쁜 방법을 구분하는 데 적용한 기준을 어떻게 알았는지 묻는다. 간단한 질문으로, 이성과 증거에 기반을 둔 방법이 좋은 것이며 반면에 다른 방법들은 나쁜 것이라는 결론에 이르게 된다.

제언들

- 모든 학생들이 동의할 때까지 다음 단계로 넘어가서는 안 된다. 이해하지 못한 학생이 있다면 건너뛰지 말고 시간을 더 써야 한다. 질문을 통해 그들을 이해시켜야 한다. 개념이 충분히 설명되지 않았다면,[87] 연구실로 불러 토론을 계속하여야 한다.
- 1번 질문을 하면서, 객관성 대 주관성에 대해 토론할 수도

있다. 2장에서 논했던 것처럼, 선호의 문제에 대한 차이를 생각하라고 말한다. 레드 와인이 화이트 와인보다 양고기에 더 잘 어울린다 같은 것들이다.
- 2번 질문에서, 사람들이 실재를 잘못 이해하는 예를 제시하는 학생에게 반드시 보상을 주어야 한다. 진지한 토론에서도 칭찬을 아낄 필요는 없다.
- 2번 질문은 또한 자신들 믿음이 참이라고 믿는 사람들 수가 많다고 그 주장이 진리일 가능성이 높아지지 않는다는 점을 이해시키는 데 활용될 수 있다. "잘못 알고 있는 사람들의 수가 그들 믿음이 진리일 가능성을 높이는가? 예를 들어, 죠가 마을에 외계인이 있다고 생각하고, 그리고 베티에게 이것을 확신시켰다면, 이로 인해 외계인이 존재할 가능성이 높아졌는가?"라는 질문을 통해 이런 생각을 함락시킬 수 있다.

중재

중재 1

평소 연구실 전화는 전혀 받지 않는다. 받았던 한 번의 경험은, 화가 난 한 학부모의 전화였다. 내 강의를 듣는 아들이, 내가 그의 신앙에 대해 이의를 제기한 것에 마음 상했다는 것이다. 나는 연구실로 와서 이야기 하자고 했다. (대부분의 사람들이 처음으로 만나는 걸 꺼려하지만, 좋은 싫든 누군가에 한 행동을 책임지는 일은 대개 토론으로 이어진다.)

연구실에서 30분 정도 대화를 했다. 50대 중반의 나이에 다부진 체격에 희고 부드러운 손이 인상적이었다. 들어와 앉으면서 그는 의심스러운 눈빛으로 둘러보았다. 얼굴을 찌푸리면서 긴급한 문제인양 이야기를 시작했다.

그: 전화로 이미 이야기를 했지요. 내 아들의 신앙에 이의를 제기한 것은 선을 넘은 거예요.
나: 잠깐만요, 먼저, 당신 아들이 무슨 수업을 듣고 있나요?
그: 비판적 사고.
나: 그렇군요. 그런데 왜 신앙은 토론꺼리가 아니라고 생각하나요?
그: 그건 권력 남용이죠. 당신에겐 그럴 권리가 없어요. 학생들은 아직 어려서 당신이 말하는 것을 믿는다고요. (그는 몇 분 동안 계속 이야기했다. 같은 말을 반복했고, 나는 들었다.)
나: 좋아요. 그렇다면, 비판적 사고 수업에서 어떤 이야기를 해야 하나요?
그: 신앙 얘기만 빼고 어떤 것도 다.
나: 대수학?
그: 말도 안 되는 소리잖아요. 대수학 이야기가 가당키나 해요.
나: 맞아요. 근데 뭘 이야기 해야 하고 할 수 없는지에 대한 기준은 내가 세우는 것 아닌가요? 그래서 나는 대수학을 안 하죠. 그렇다면 다른 신앙들에 대해서는? 이슬람은요? 이슬람에 대해 이야기해도 되나요?
그: 아니오. 이슬람 학생도 있잖아요. 당연히 안 되지요.
나: 사람들이 어떻게 지식을 얻게 되는 지에 대해서는?
그: 가능하죠, 물론. 신앙에 대해 이야기 하지 않는 한에서요.
나: 정리하면, 어떻게 사람들이 지식을 알게 되는지, 신앙과 연관되지 않는 한에서 이야기 할 수 있다. 이렇게 생각한다는 거죠?

그: 네. 맞아요.

나: 그러면 노아의 방주는요? 그 이야기는 할 수 있나요?

그: 뭐, 뭐에 대해서요?

나: 사람들이 큰 배와 거기에 탔던 모든 생물종과 그런 것들을 어떻게 알았는지에 대해 이야기 할 수는 있나요?

그: 아니오. 아니오.

나: 코알라는요?

그: 코알라?

나: 코알라가 어떻게 방주에서 호주로 갔는지에 대해선 얘기해도 되나요?

그: 무슨 이야길 하는 거예요? 코알라라니요?

나: 작고 귀여운 곰 있잖아요? 호주에 사는. 동물원에 가보셨잖아요?

그: 알죠. 근데 왜 코알라 이야길 하죠?

나: 코알라가 어떻게 그곳에 갔는지 알고 싶기 때문이죠. 그리고 내가 이 이야기를 수업에서 할 수 있는지 당신 의견도 알고 싶고요.

그: 코알라가 이 문제와 뭔 관계가 있다는 거죠?

나: 자, 코알라가 방주에서 내린 다음, 어떻게 호주까지 갔을까요?

그: 이주했겠죠. 이주.

나: 그런데 코알라는 유칼립투스 잎만 먹어요. 그리고 방주가 닻을 내렸다고 얘기되는 곳에는 유칼립투스 나무가 없어요. 그렇다면 코알라는 어떻게 호주로 갈 수 있었을까요?

그: 예전엔 다른 것을 먹었겠죠.

나: 그렇다면 진화했겠네요?

(한동안 침묵)

나: 그래서 내가 코알라에 대해 이야기해도 되나요, 안 되나요?

그: 그 이야기를 하면 안 되죠. 당신이 실제 하고 싶은 것은 신앙 이야기일 테니까요. 그것은 당신 권한 밖의 문제에요.

나: 좋습니다. 그럼 제가 한번 정리해 볼께요. 정말 당신 생각을 알고 싶어요.

그: 코알라가 호주에 산다.

나: 질문인가요?

그: 아니오. 코알라는 호주에 살고 있다고 말했어요.

나: 그래요.

(긴 침묵)

그: 그러니깐 당신 말은, 그런 잎들이 없어 코알라가 호주에 갈 수 없었다는 거죠?

나: 아니요. 그렇게 단정한 게 아니고 물었지요. 어떻게 코알라가 호주에 갈 수 있었을까, 방주가 멈춘 곳에 유칼립투스 잎들이 없었는데?

(그는 돌연 전화기를 꺼내 누군가에게 걸었다. 나는 앉아서 기다렸다. 전화를 받지 않자, 그는 목사에게 메시지를 남겼다. 노아의 방주가 닻을 내린 후에 어떻게 코알라가 호주에 갈 수 있었는가? 질문을 반복했다.)

나: 좋아요. 뭔가에 대해 잘 모를 때 누군가에 묻기 위해 전화를 하죠, 그렇죠?

그: 그래요.

(그는 별 중요하지도 않는데 그가 다니는 교회의 목사에 대해 열정적으로 설명을 했다. 2분 정도 지나 그의 말을 막았다.)

나: 만일 이러한 문제가 수업시간에 제기되었다면, 아들이 집에 와서, 그가 같이 안 살 수도 있을 테니, 아무튼 그가 당신을 만났을 때, 이 질문을 상담할 수도 있을 텐데요. 도움이 되지 않을까요?

그: 아니오.

나: 아니라고요?

그: 그래요, 그런 걸 궁금해 해선 안 되죠.

나: 누구나 궁금한 건 있어요. 당신도요. 당신도 아까 목사에게 물어 보려고 전화를 했잖아요.

그: 그것하곤 다르죠.

나: 어째서 당신은 궁금해 할 수 있고, 아들은 안 된다는 거죠?

(한참을 말이 없었다.)

그: 뭐, 궁금해 할 순 있겠죠.

나: 자, 대답하기 전에 꼭 좀 생각해 보세요. 우린 둘 다 아버지에요. 나도 두 아이가 있어요. 당신처럼 그들을 사랑하고 진실로 최선을 다하고 싶어요. 궁금한 게 없는 것이 아들에게 더 낫다고 정말로 생각하나요? 그게 당신이 아들에게 원하는 삶의 모습인가요, 진실로?

(생각하는 듯 했다.)

그: 아니요.

나: 맞아요. 저 또한 내 아이들에게도 그걸 바라지 않아요.

(침묵)

나: 아들이 듣는 비판적 사고 수업에서, 우리가 한 것은 이것이죠. 학생들에게 뭐든지 질문하라고 하죠. 어떤 것이든. 나도 질문을 하죠. 오늘 당신에게 했던 것처럼. 전 무엇을 생각하라고 말하지 않았어요. 질문을 했죠.

(우리는 악수를 하고 대화를 끝냈다.)

중재 2

동료 교수와 나눈 대화이다. 50대 초반의 심리학자인 그녀는 헌신적인 기독교 신자이다. 내가 무신론자라는 것을 알게 된 그녀가 먼저 이야기를 시작했다.

그녀: 그리스도의 사랑을 받아들이지 않는다니 믿기지 않네요. 도대체 왜 그러는 거예요?
나: 말이 안 되잖아요. 왜 그 미신을 믿는데요?
그녀: 어리석은 자는 그 마음에 이르기를 하나님이 없다 한다.
나: 그건 질문에 대한 답이 아닌데요. 수비학에서 볼 때 9는 나의 행운의 숫자다고 말하는 것처럼.
그녀: 당신이 안타까워요. 정말로요.
나: 그것도 마찬가지로 답이 아니죠. 왜 그 미신이 진실이라고 생각하나요?
그녀: 아주, 아주 많은 이유가 있지요.
나: 대표적으로 세 개만 말해 주세요. 하나만 해도 좋고요.
그녀: 하나님은 당신을 사랑하십니다. 예수그리스도의 사랑이 없었다면 당신은 영원히 저주 받았을 거예요.
나: 좋아요, 유대교 학생을 가르친 적 있나요?
그녀: 학생들에게 그런 것을 묻진 않지만, 뭐 그럴 수 있겠죠. 가르친 지 당신보다 오래 됐으니까요.
나: 같은 신앙을 갖지 않은 학생을, 그들이 영원히 저주받을 것을 알면서 가르칠 때 느낌이 어떻든가요? 어찌됐든, 당신이 믿는 기독교는 다른 신앙을 가진 사람들에게는 영원한 구원을 허락하지 않는 종교인데.

그녀: 무슨 말이죠?

나: 힌두교 신앙전통에는 배타성이 전혀 없고, 그들은 신뢰를 받는 모든 사람들은 관용을 받아야 하고 구원에 이를 수 있다고 믿어요.

그녀: 그런 관용은 이미 충분히 하고 있어요. 모든 학생들을 중립적으로 대하죠. 당신, 당신의 구원을 위해 안타까워서 이야기를 하는 거예요.

나: 학생들에게 중립적인 것이 중요한가요 아니면 그들에게 좀 더 신뢰할 만한 사유방법을 가르치는 게 중요한가요?

그녀: 둘 다죠.

나: 하나만 선택한다면?

그녀: 그럴 순 없죠.

나: 그렇다면, 진리를 알기 위한 신뢰할 만한 방법을 아는 것이 중요한가요, 아니면 당신이 확신하는 믿음을 갖는 것이 더 중요한가요?

그녀: 내 믿음들은 참이에요.

나: 그걸 어떻게 알죠?

그녀: 매일의 일상에서 알지요.

나: 예를 하나 들어주실래요?

그녀: 우리 주변에, 매일매일, 언제나 있지요.

나: 당신 곁에 있는 것이라고요? 나무나 물건 같은 걸 말하는 건 아니죠?

그녀: 맞아요. 나무들, 사실 모두 다 하나님이 창조하신 것들이죠. 전 그분을 매일의 삶에서 만나죠.

나: 글쎄요, 무슨 뜻인가요?

그녀: 예수님에게 마음을 열지 않아 하나님 사랑을 받아들이지 못하는 것이, 당신 문제예요.

나: 누군가 기꺼이 예수를 마음으로 받아들인다면, 당신도 힌두교인이 될 수 있나요? 여전히 당신은 천국에 갈 수 있을 텐데.

그녀: 아니요. 다른 어떤 종교에서도 위안을 얻고 싶지 않아요.

나: 위안을 꼭 그것에서만 얻어야 하나요?

그녀: 나는 그리스도에게 의지하고 있어요. 그의 사랑을 알 수 있고, 느껴요.

나: 어쨌든 알겠어요. 그것들이 어떤 느낌을 주었기 때문에, 당신 믿음이 참이다는 걸 알 수 있다는 말인가요? 그런 건가요?

그녀: 맞아요. 그분의 사랑을 매일 느끼죠. 그로인해 나는 더 나은 사람이 되지요.

나: 좋아요. 그런데 우린 지금 당신의 믿음이 참인지 이야기 하다, 어떻게 당신이 그걸 느끼고 있는가 하는 문제로 이야기가 바뀌었어요. 아까 그것이 참이라는 걸 아는 많은 근거가 있다고 했고, 이제 하나를 들었는데요.

그녀: 그것이 진실임을 틀림없이 알 수 있어요.

나: 난 그것이 참인지 아닌지 사실 잘 모른다. 하지만 그것이 나를 만족스럽게 한다는 것은 안다. 이렇게 말하는 것이 솔직한 것 아닌가요? 그것이 진실하게 사는 게 아닐까요?

그녀: 그건 내가 그것이 진리라고 생각하지 않을 때만 가능한 얘기죠.

나: 하지만 당신이 믿는 것이 참이라고 어떤 근거도 제시하지 못했어요. 사실인지 아닌지에 대한 문제에, 당신의 느낌을 말하는 걸로는 당신 믿음이 참이라고 입증할 수 없어요. 또 다른 것이 없다면, 다년간의 교수 경험을 가진 심리학자로서 인정하는 게 좋지 않겠어요, 어때요?

(아무 말이 없었다.)

깊이 알기

논문

피터 보고시안, "학생의 믿음을 따져야 하지 않을까? Should We Challenge Student Beliefs?" (Boghossian 2011c).

책

폴 보고시안, 〈앎의 공포 Fear of Knowledge: Against Relativism and Constructivism〉, (Boghossian 2006c).

오스틴 데이시, 〈신성모독의 미래: 인간권리 시대의 신성에 대한 고발 The Future of Blasphemy: Speaking of the Sacred in an Age of Human Rights〉, (Dacey 2012).

그레그 루키아노프, 〈배우지 못하는 자유: 캠퍼스 규제와 토론의 종말 Unlearning Liberty: Campus Censorship and the End of American Debate〉, (Lukianoff 2012).

허먼트 머터, 〈젊은 무신론자의 생존 가이드: 세속주의 학생들 돕기 The Young Atheist's Survival Guide: Helping Secular Students Thrive〉, (Mehta 2012).

앨런 라이언, 〈현대 자유주의의 성장 The Making of Modern Liberalism〉, (Ryan 2012).

인터넷

제임스 랜디 교육재단 JREF (The James Randi Educational Foundation http://www.randi.org/site/): "제임스 랜디 교육재단은 초자연적 현상과 유사과학의 주장들을 퇴치하기 위해 1996년에 설립되었다. 재단은 검증가능한 조건에서 초자연적인 능력을 증명하는 사람에게 백만 달러를 상금으로 내걸고 있다. 연구 및 교육현장에서 활용 가능한 혁신적인 교육 자료들을 제공하며 비판적 사고자의 새로운 세대들에게 탐구정신을 불어넣기 위해 노력하고 있다."

교육에서 개인권리를 위한 재단 FIRE (Foundation for Individual Rights in Education; http://thefire. org/): "FIRE의 사명은 미국의 대학에서 개인들의 권리를 지키고 보호하는 것이다. 표현의 자유, 평등, 정당한 법적 절차, 종교적 자유, 양심의 존엄 등의 개인의 자유와 존엄의 근간이 되는 것들이다. FIRE의 핵심사업은 보호받지 못하는 이들을 보호하는 것이고 캠퍼스에서 이러한 권리들에 대한 위협과 그리고 이를 지킬 수단들에 대해 걱정하는 미국인들과 커뮤니티를 교육하는 것이다."

미국을 위한 비종교인 연대 Secular Coalition for America (http://secular.org): "미국을 위한 비종교인 연대는 미국 세법 501(c)(4)(비영리 조직에는 기부금에 대해 소득공제를 받는 세법 501(c)(3)의 적용기관이 있고, (4)는 기부금 소득공제 혜택을 받지 못한다. 이는 자유롭고 더 적극적인 로비활동을 위한 선택이다-옮긴이) 적용을 받는 조직으로 우리의 목적은 미국에서 불신론적 모임들의 목소리를 키우고 다양성을 확장하기 위한 목적을 가지고 있다. 워싱턴 D.C.에 본부를 두고 정부와 활동가 파트너들 그리고 언론과 접점을 키워가고 있다. 스텝들은 우리와 뜻을 같이 하는 사람들의 특별한 관심사인 여러 이슈를 가지고 미국 의회에 로비활동을 하고 있다."

회의주의 연구 커리큘럼 센터/회의주의자협회 The Skeptics Society's Skeptical Studies Curriculum Resource Center (http://www.skeptic.com/skepticism-101/): "학생들에게 회의주의적 사고를 가르치기 위한 지식과 정보를 무료로 제공하는 포괄적인 지식정보 사이트이다. 이 센터의 정보들은 수업에 활용할 수 있는 나날이 축적되고 있는 추천 책과 독서 목록, 교수요목, 수업 프로그램, 파워포인트 자료, 학생 프로젝트, 보고서, 그리고 영상자료를 제공하고 있다." (나의 '무신론', '비판적 사고' 그리고 '지식, 가치 그리고 합리성' 수업 강의요강도 여기서 볼 수 있다.)

9장
신앙 봉쇄 방안들

"종교가 독특한 특성들이 혼합된 하나의 바이러스라고 상상해 보자. HIV 바이러스와 감기 바이러스는 다르지만, 둘 다 우리 몸에 침투하고 자신의 복제에 유리한 방식으로 우리 몸의 메커니즘을 장악한다. 종교는…
1. 사람들을 감염시킨다.
2. 다른 바이러스들에 대한 면역체나 방어체계를 만든다.
3. 어떤 정신적, 육체적 기능을 장악하고, 개인들이 방어할 수 없는 방식으로 개인들 내부에 침투해 있다.
4. 바이러스의 확산을 위해 특정한 방법들을 활용한다.
5. 바이러스의 복제를 위해 숙주를 프로그래밍 한다.
모든 종교는 이러한 각각의 활동에서 어느 정도 성공을 거두고 있다."

_ 대럴 레이, 〈신들의 생존법 The God Virus〉

몸이 독소에 감염되듯 정신도 마찬가지다.

신앙은 도덕적 미덕의 탈을 쓴 분류되지 않은 인지적 질환이다. 우리는 병에 걸릴까봐 늘 염려하고, 병에 걸리면 건강을 회복하기 위해 최선을 다한다. 하지만 신앙 바이러스 경우는 그렇지 않다. 신앙에 감염된 사람들은 오히려 고마움과 감사를 느낀다. 감사함을 극복하고 신앙 바이러스를 몰아내는 것이 힘든 이유는, 대니엘 데닛이 밝힌 것처럼 신앙을 도덕적 미덕으로 받아들이기 때문이다(Dennett 2007). 사람들은 그것을 만성병으로 생각하지 않고 선물이나, 심지어 축복이라고 생각하면서 신앙에 감염된다.

신앙을 갖지 않은 많은 사람들이 자신들도 감염될 수 있다고 걱정하지 않는 것도 놀라운 일이다. 여러 복잡한 이유가 있고 논의는 신경과학의 영역으로까지 이어질 것이다(Berns et al., 2012; McNamara 2009; Newberg 2006; Previc 2006). 하지만 문제의 가장 심각한 부분은 신앙이 도덕과 한데 얽혀 있다는 것이다. 사람들은 신앙은 중요한 것이라고 생각하면서 신앙 바이러스에 감염된다. 그리고 무언가를, 어떤 것이든 믿은 것이 미덕이라고 칭송한다(Dennett 2007; Dennett & LaScola 2010).

이러한 널리 퍼져 있고 유달리 사라지지 않는 현상은—이것은 밈meme(모방을 통해 생각·믿음·행동양식 등의 문화적 요소들이 개인이나 집단으로 전달된다는 개념으로 문화의 복제와 진화를 설명하는 도킨스의 개념이다—옮긴이)의 작용이다—하나의 견고한 문화적 가치가 되어 영향력을 확보하였고, 그리고 선험적인 진리로 간주되어 왔다: 믿어라. 당신의 믿음을 지켜라. 믿음은 좋은 것이다. 믿음은 소중한 것이다. 신앙이 더 나은 사람을 만든다. 신앙을 가진 사람은 좋은 사람이다.

믿음의 소중함 그리고 믿음을 지키는 것을 선으로 여기는 사회를 만들어 온 것이다. 널리 알려진 경구 "네가 믿는 것을 옹호하라" 조차도 반드시 추구해야 하는 미덕이자 이것의 결핍은 하나의 실패라는 긍정적 의미로만 자리 잡았다.

자신의 믿음을 따라야 하는지 말아야 하는지는 믿음이 무엇인지 그리고 왜 그렇게 생각하는지에 전적으로 달려있다. 확고한 믿음을 갖는 그 자체만으론 결코 선이 될 수 없다. 신뢰할만한 도덕적 추론은 사람들이 가진 확신의 정도에 따라 결정되는 것이 아니다. 열정적인 믿음과 좋은 사람이 되는 것은 같은 것이 아니다. 더욱이 '신념을 따라라' 그리고 '믿어라'는 특정 믿음들을 독단적으로 옹호하기도 한다.

진리를 믿는 것이 중요하다.[88] 우리가 믿는 것과 문제의 실제 상태가 합당하게 일치하는 것이 중요하다. 우리가 믿는 것이 실재와 정확히 일치할 때만, 우리의 번영을 가능하게 하는 기반을 만들 수 있다. 진리를 중요하게 생각하지 않는다면, 우리는 더 이상 진리를 찾으려 하지 않을 것이다. 종교 바이러스에 감염된 사람들에게 가장 슬프고 비극적인 일은 그들이 더 이상 진리를 탐구하려 하지 않는다는 것이다.

행동하는 무신론자는 확신, 독단, 미신, 유사과학 그리고 신앙과의 싸움에서 가장 중요하고 그 첫걸음을 시작하는데 꼭 필요한 사람들이다. 하지만 행동하는 무신론자들 만으로는 새로운 계몽주의와 이성의 시대로 나아가는데 힘이 부친다. 사람들이 신앙, 믿음, 확신에 대해 생각하고 평가하는 방식을 바꾸는 근본적인 변화를 만들고 발전시키고, 궁극적으로는 언뜻 보기에는 도저히 고칠 수 없을 것 같은 이러한 문제들을 처리할 대대적인 해결책을 실행해야 한다.

이 장에서는 독자들이 이성을 위한 싸움에 기여할 수 있는 여러 방법들을 제시하고 실현가능한 변화들을 제안하고자 한다. 이 제안들은 실천하기에 쉬운 것부터 복잡하고 어려운 것까지 다양하다. 이 제안들 외에도 할 수 있는 많은 일들이 있을 것이다.

'믿음'이라는 단어는 종교적 맥락에서만 사용하자

'믿음'이라는 단어가 '희망', '신뢰' 그리고 '신용'이라는 단어와 같은 뜻으로 쓰이고 있다. 이것은 신자들이 종교적 맥락에서 '믿음'이라는 단어를 어떻게 쓰고 있는가의 문제가 아니다. 예를 들면, 2장에서 논의했듯이, '믿음'이라는 단어는 언제나 빠짐없이 지식 주장과 결합되어 있다. 다시 말해, 신자들이 예수가 나병환자를 낫게 했다(마태복음 8:1-4; 마가복음 1:40-45; 루가복음 5:12-16)고, 절름발이를 낫게 했다(마태복음 9:1-8; 마가복음 2:1-12; 루가복음 5:17-26)고 믿는다 말할 때, 그들이 치유되었기를 희망한다고 말하는 것이 아니다. 그들은 예수가 병자를 정말로 낫게 했다고 주장하고 있는 것이다.

하지만 '믿음'이라는 단어가 종교적 맥락이 아닌 곳에서 쓰일 때는 다음의 경우들이다. "나는 네가 내일 시험에서 합격할 거라고 믿는다" "너는 배우자를 믿는다" "그녀는 비행기가 추락하지 않을 거라고 믿었다." '믿음'이라는 단어가 이렇게 사용될 때는 '희망하다', '신뢰하다' 등등과 동의어로 쓰이는 것이다. 이것은 매우 심각한 문제인데, 신자들이 믿음을 정의하면서는(예수가 이러한 기적을 행했다는 것을 그들은 정말 알 수도 없고 알지도 못하는 경우이다), 그들은 알고 있다는 것과 확실성을 포기하면서 '희망', '신뢰' 그리고 '신용'이라는 의미로 바꾸어 버린다.

어떻게 말하는가가 중요하다. 우리가 사용하는 단어가 중요하다. 어떤 단어는 우리를 허상의 세계에 빠트린다. 대표적인 것이 거짓과 현혹이다. 만일 '믿음'이라는 단어를 일상적인 맥락에서 사용한다면, 자신의 경험을 잘못 해석하는 늪으로 발을 내딛는 것이고, 수많은 신앙 전통 주장들을 엄호해 주는 것이다. 나는 최우선적으로 '믿음'이라는 단어의 용법을 바꾸고 그것과 함께 사용하는 단어들과 표현들도 함께 바꿔야 한다고 생각한다.[89] 영어의 새로운 문법을 제안하는 것이 아니다. 또한 '믿음'이라는 단어나 또는 '신'이라는 단어를 금지해야 한다고 하는 것도 아니다. 언어 검열관이나 문법학자로서 말하는 것이 아니다. '믿음'이라는 단어를 종교적 맥락이 아닌 곳에 사용하는 것이 잘못되었다거나, '믿는다'라는 단어에 대한 언어적 사용유예를 내려야 한다고 주장하는 것 역시 아니다.[90] 나의 목표는 명령이 아니라 도움이 되고 싶은 것이다.

내가 주장하는 것은, 우리의 생각을 설명하고, 앞으로의 계획을 서술하고, 우리의 관심사를 주창하고, 지지하고 반대하는 것을 표명할 때, 보다 더 신중하고 사려 깊게 단어를 선택하자는 것이다. 단어를 사려 깊게 선택할수록, 세계를 이해하는 방식도, 우리의 책임과 관심사에 대한 옹호 활동에도, 변화를 만드는 우리의 역량을 이해하는데도 더불어 사려 깊어 질 것이다. 우리는 '믿음'이라는 단어가 만들었던 오랜 기간 다양한 맥락으로 써온 언어 습관을 넘어서야 한다. 우리의 언어를 꼼꼼히 점검하고, 우리가 세상에 대해 생각하는 방식과 일치하지 않는 우리의 언어에 대해 경각심을 가져야 한다.

또 하나의 변화도 필요하다. 너무도 많은 사람들이 분명한 증거도 없이 명확한 미래의 상을 가지고 있어야 편안하다는 생각에 익숙해져 있다. 이제는 반대로, 미래에 대해 알지 못하는 것을 자연스럽게 생각하며, 실천주의자의 자세를 가져야 한다: 미래에 대해 관심이 있고 무언가 해내고 싶다면, 그러면 그 일을 하라. 미래는 알 수 없다. 그러니 행동하라. 일이 이루어지길 기다리지 마라. 기도하지 마라. 믿지 마라. 상상의 존재에 기대지 마라. 행동하라.

인종차별 주장처럼 신앙 주장에 낙인을 찍자

> "증거도 없이 강한 확신을 품는 사람들은 우리사회의 권력의 중심부가 아니라, 사회의 주변부에 속한다."
>
> _ 샘 해리스, 〈종교의 종말 The End of Faith〉

중장기적인 목표는, 하나의 방법론으로서의 신앙 그리고 그 방법론을 통해 생겨난 주장들을 인종차별 발언을 대하듯이 낙인을 찍는 것이다. 마이클 셔머와 다른 몇 사람들과 함께 나는 오래 전부터 시민권 운동의 성공모델에서 배워야 한다고 주장해 왔다. 이 모델은 3단계로 전개될 수 있다. 제일 먼저, 인식원리로 신앙을 사용하는 것이 타당하지 않다고 공개적으로 낙인을 찍는 것이다(이 단계는 이미 시작되었다). 둘째, 신앙을 근거로 정당화할 생각조차 못하게 하는 것이다. 셋째, 사람들이 신앙이란 단어를 사용하는 것을 생각조차 하지 않도록 하는 것이다. 노예제는 받아들일 수 없고 반드시 철폐되어야 하는 것처럼, 신앙도 그렇게 생각하게 하는 것이다. 우리는 이를 차별에서 평등으로 이끌었던 여성들의 권리 운동에서 보아왔다. 마찬가지로, 언젠가는 신앙은 문화적 가치로서의 영향을 상실하고 이성에 자리를 내주게 될 것이다.

신앙에 기반한 정당화를 막기 위해 당장 활용 가능한 대화기법 하나는 '어른들 자리adult table' 대응이다. 누군가 자신의 주장을 뒷받침하는 증거를 가지고 있다면, 그는 '어른들 자리'에 앉을 수 있다. 증거가 없다면, 그는 애들의 소꿉장난 자리로 가야 한다. 예를 들어, 아이를 학대할 가능성이 크기 때문에 동성애자들에겐 입양을 허용해선 안 된다고 누군가 주장한다 치자. 이것은 경험에 의거한 주장이고 또 과학적인 기법들을 통해 참인지 거짓인지 알아낼 수 있다(물론 이 주장은 거짓이다). 실증적으로 증명할 수 있는 주장을 해야만, 설령 그것의 결론이 추악한 것이라 할지라도, 대화에서 발언권을 가질 수 있는 것이다. 고대 문서를 흔들며 다른 이들이 그것의 권위를 마지못해 받아들일 것을 요구하거나, 자신의 믿음들을 정당화하는데 신앙을 들먹거린다면, 애들 자리에 가 앉아야 한다. 소꿉놀이를 하면서는 자신이 좋아하는 어떤 이야기도 나눌 수 있다. 하지만 그곳엔 책임도 없고 공공정책에 대한 발언권도 없다.

　물론 이 원칙은 우리가 먼저 제대로 지키고, 그 다음에 다른 사람들에게 요구해야 한다. 신자들을 책임감 있는 어른으로 대우하고 그에 걸맞은 합리적 행위자로서 정당화의 합당한 기준을 지키라고 요구하는 것은 정당하다. 그들과 공범자적 태도를 가지고 신자들이 신앙에 근거하여 도출한 결론에 침묵하고 공공연하게 허용하는 것은 위험할 뿐만 아니라, 망상을 가질 자격을 부여받았다고 신자들이 진지하게 생각하도록 만든다.

　'어른들의 자리' 비유는 신앙옹호자들인 신앙 커뮤니티 지도자들에게 제대로 써먹을 수 있다. 이맘 물라 랍비 목사 신부 승려 스와미 구루 사제 무당 주술사 기타 종교적 지도자들을 만날 행운이 있다면, 직설적으로 그리고 단호하게 그들 주장의 증거를 요구해야 한다. 그들의 계속되는 증거 제시 실패에는 이렇게 말해야 한다. "당신은 모르는 것을 아는 체 하고 있군요. 애들 자리로 가세요. 여기는 어른들 자리랍니다."

어떤 경우에도 진실을 말하라

"우리는 냉철하고 솔직하고 직설적인 대화를 두려워한다. 하지만 우리가 두려워해야 할 것은 어리석고 위험한 생각이다. 직설적이고 솔직한 대화는 몇몇 이들에게 공격적일 수 있지만, 어리석고 위험한 생각은 우리 모두에게 치명적일 수 있다."_ 맷 손턴, 사회운동가

우리는 종교적 주장들이 아무런 제지를 받지 않는 문화에 살고 있다. 너무도 자주 사람들은 신앙 진술 앞에서 몸을 사린다. 다른 이들이 불쾌할까 봐 스스로 입을 닫는다. 이제 침묵은 끝내야 한다.

우리가 자진해서 침묵한 결과, 종교적 주장들은 광장으로 그리고 투표함으로 진출하였고, 사람들은 종교적 믿음에 문제제기 하지 않는 것에 익숙하게 되어서 결과적으로 신자들의 자신감은 점점 더 확고해졌고, 신앙이 더 나은 사람을 만든다는 허황된 생각에서 여전히 허우적거리고 있다.

하나의 해결책은 솔직하고 직선적인 화법이다. 신자들이 우리에게 한 전도활동 만큼 돌려 주어야 한다. 솔직해 져라. 단도직입적이 돼라. 직설적이 돼라. 미안해 하지 마라. 이성을 지키는데 불평하지도 변명하지도 우물대지도 마라. "미안한데요, 근데…" 또는 "이렇게 말하는 나를 이해해 주세요…" 또는 "양해해

주실 거로 알고…" 등의 말을 절대 하지 말자. 당신 생각과 왜 그렇게 생각하는지를 정확하게 말하라. 한 대 치면 한 대 쳐라. 위험을 무릅쓰고 진실을 말하라. 파르헤지아parrhesia('진실 말하기'라는 뜻으로 불이익과 위험을 무릅쓰고 솔직하게 숨김없이 말하기에 강조점이 있다.-옮긴이) 팀의 일원이 되자. 행동하는 무신론자가 되자.

사람들이 당신을 존경하지 않을까 걱정하지 마라. 신앙주장에 진심으로 직접적으로 맞설 때, 당신을 더 많이 존경하는 더 많은 사람들을 만나게 될 것이다. 진실하고 정직한 사람은 존경받는다. 얼치기와 겁쟁이는 존경받지 못한다.

늘 공부하자

공부하고 책을 읽고 종교 옹호자들의 토론 영상을 보고 좋은 팟 캐스트를 듣고 온라인 강좌에 등록하고[91] 정보를 계속 찾아야 한다.

네 명의 선구자와 마이클 셔머의 책들을 읽지 않았다면 그들과 함께 시작하라. (해리스와 셔머에서 시작하여 도킨스와 데닛으로 마무리하길 권한다). 플라톤 선집(리퍼블릭, 아폴로지, 엔디프로, 고르기아스)에서부터 니체의 주요 저작들(아침놀, 짜라투스트라는 이렇게 말했다. 선악을 넘어서, 도덕의 계보, 우상의 황혼, 안티크리스트)로 나아가라.[92]

믿음 닫힘에 대처하기 위해 종교옹호론자 책을 읽은 것도 필요하다. 두 사람만 추천하고 싶은데, 앨빈 플란팅가와 윌리엄 레인 크레이그다. 하지만 책을 사지 않는 게 좋을 듯하다. 그들의 프로젝트에 당신이 돈을 보탤 필요까진 없으니, 꼭 사야 된다면 동네 헌책방에서 사라. 그 편이 그들에게 저작권료를 보태주지 않는 방법이다.

마지막으로 각 장의 끝에 '깊이 알기'에 소개한 더 읽을 만한 것들을 공부하길 바란다.

어떻게든 기여하자

모두가 행동하는 무신론자가 될 수는 없다. 어떤 이는 자질이 없을 수 있고, 다른 이들은 중재에 걸맞은 성향을 갖지 않을 수 있다. 또 다른 이들은 사회 인간관계에 대한 불안과 사회적 공포로 망설이고 있을 것이다.

행동하는 무신론자가 되지 않아도, 이성과 합리성에 기여할 수 있다. 당신이 할 수 있는 기여를 찾고, 그것을 하면 된다. 변호사라면 법률서비스를 자원봉사 하고, 기술자라면 시민제작 방송을 만들거나 팟 캐스트 제작을 돕고, 사교모임을 좋아한다면 지역의 자유 사고자들의 모임 장소로 집을 제공하고, 글쓰기를 좋아한다면 반이성적 사례를 폭로하거나 문제제기하는 투고를 하고, 조직 활동가라면 평판이 좋은 조직들의 기금모금과 활동 지원을 위해 일하고, 거리에서의 활동이 편하다면 신앙 확산에 맞서는 피켓 시위를 하고,[93] 시간이 없거나 그러한 성향이 아니라면 이러한 활동을 하는 단체에 기부할 수 있다. 이 장의 마지막 '깊이 알기'에 열심히 활동하고 있는 조직들을 소개했다.

활동하라. 참여하라. 자원봉사 하라. 이성을 지지하는 후보에게 투표하라. 개인적 자질을 활용하고 이성을 증진하고 반이성과 싸우는데 발언하라. 어떻게든 기여하라.

실험하고 공유하자

 신앙 바이러스와 싸우는 자신의 전략을 시험하고 개발하여야 한다. 적절한 기회를 활용하여 자신이 했던 구체적인 노력들을 책, 잡지, 유튜브, 소설, 다큐멘터리, 연극, 독자투고, 노래, 미술작품 등등으로 생생하게 알려야 한다. 당신의 성공과 실패에서 다른 사람들이 배울 수 있도록 경험을 제공하여야 한다. 아무것도 하지 않는 것보다 시도하고 화끈하게 실패하는 것이 훨씬 낫다.

연구모임 파트너십을 조직하자

 고등학교와 대학교는 이성과 합리성을 배양하는 연구실로 활용되어야 한다. 이를 위한 하나의 방법은 연구 파트너십을 조직하는 것이다. 개개인의 교사, 교수 그리고 모든 교육 주체들이 네트워크의 손을 뻗어야 한다. 회의주의자협회, 제임스 랜디 교육재단, 이성과 과학을 위한 리처드 도킨스 재단, 탐구센터, 세속적 학생 동맹, 다른 존경받는 조직들과 함께 해야 한다. 그리고 이들에게 이성, 합리성, 비판적 사고, 과학에 대한 대중적 이해를 어떻게 증진시킬 수 있는지를 물어야 한다.
 파트너십은 다양한 형태가 가능하다. 학생들을 위한 주제별 온라인 책자 발간, 교과 과정에 대한 자문, 신문기사 탐구활동 지원, 지역의 학교에 비판적 사고 강좌 운영, 언론 기사에 대한 논평, 그리고 연구 모임들이 할 수 있는 모든 것을 해야 한다. 파트너십의 목표는 이성과 합리성, 과학에 대한 대중적 이해를 증진시키는 과업을 보다 잘 수행하고 보다 널리 영향을 미치기 위해 한마음으로 일하는 것이다.[94] 덧붙여 파트너십은 교육자들에게 이성을 증진시키는 기회는 물론, 이론을 실천에 적용하고, 공동체에 기여하고, 더 많은 공부를 하길 원하는 학생을 발견하고 육성하는 좋은 기회를 제공한다.

공중보건의 위기처럼 신앙에 대처하자

"생물학적 바이러스의 전략들은 놀랄 정도로 종교적 전파의 방법과 닮았다. 종교적 전향은 인성을 해치는 것 같다. 바이러스 패러다임에서, 신 바이러스에 감염되면 마치 광견병이 중추신경계의 일부를 해치는 것처럼, 그 개체의 비판적 사고능력은 자신의 종교에 대한 존경으로 바뀐다. 간단한 사고실험만으로 신 바이러스가 어떻게 비판적 사고를 약화시키는지를 알 수 있다. 신 바이러스는 한 개체를 감염시키고 그런 다음 다른 바이러스에 대한 예방주사를 놓는다. 생물학의 매개체들은 기생충, 바이러스, 병원체를 한 보유숙주에서 다른 숙주에게 옮긴다. 종교적 매개체도 이와 비슷한 방법으로 활동한다. 목사, 신부, 이맘, 승려 등등이 바이러스를 옮기고 새로운 사람들을 감염시킨다. 바이러스는 주의 깊게 자원들을 자신에게 집중되도록 하고, 다른 경쟁 바이러스에 주지 못하도록 금기를 만들어 낸다. 때론 매개체는 실패하기도 한다. 매개체를 개발하는 비용이 많이 들기에 소아성애자 목사 같은 실패한 경우에도 불가피하게 보호하기도 한다. 돌연변이는 끊임없이 발생한다. 가끔 마틴 루터의 경우처럼 돌연변이가 위기에 처한 사람들과 문화에서 나타나기도 한다."

_ 대럴 레이, 〈신들의 생존법 The God Virus〉

신뢰할 수 없는 인식원리의 확산을 적극적으로 도모하는 그룹, 기관, 조직들이 있다. (자유수호연합Alliance Defending Freedom, 동맹방위 기금Alliance Defense Fund, 법과 정의를 위한 미국센터American Center for Law and Justice, 크리스찬 법률 소사이어티Christian Legal Society, 기독교인 법률협회 Christian Law Association, 전국 법률재단National Legal Foundation, 대형교회, 작은 교회, 유대교 회당, 모스크, 절 등등). 우리는 이러한 신뢰할 수 없는 인식원리를 확산하고 조장하는 조직과 제도들을 공중보건의 위기의 관점으로 바라봐야 한다. 여기서 나는 대책이 어떠해야 한다고 설명하거나 특정 중재를 설명하지는 않는다. 신앙을 반드시 정신의 바이러스로 재개념화해야 한다고 주장(Brodie 1996)하는 사람들 그리고 다른 전염병의 위험처럼 바로 봉쇄하고 뿌리뽑아야 하는 것으로 신앙을 대해야 한다는 사람들이 늘고 있다.[95] 이러한 주장에 힘을 더하고 다시 한 번 강조하는 것이다.

우리 사회가 전염병과 병원균 그리고 공기나 물이나 음식을 통해 감염되는 질병을 처리하는 메커니즘을 만들어 왔던 것처럼 (식당에서 유해물질을 차단하고 질병의 확산을 막기 위해 노력하는 것처럼), 잘못된 인식원리를 퍼트리는 교육시스템, 예배당, 여러 기관에서 대규모의 집요한 중재가 필요하다.

하지만 대규모의 중재의 제도화와 개발에는 진지한 고민을 해야 하는 윤리적, 헌법적 그리고 표현의 자유의 문제들이 있다. 이러한 헌법에 보장된 기본권 문제들이 있기 때문에, 이러한 조직들의 제거가 아닌, 치명적인 인식원리의 확산에 대응하는 목적의 중재가 필요하다(인식원리에 의해 나타난 결론들이 아니라, 인식원리 그 자체가 타깃이다). 이런 중재들은 믿음직한 인식론들을 증진하고, 권장하고 돋보이게 하고 매력 있게 만들어야 한다. 다시 말해, 예방접종과 억제 전략은 증거에 입각한 믿음의 가치를 널리 알리고 북돋우는 것이다.⁹⁶ 이것을 어떻게 구체적으로 달성해 가야 하는가는 우리가 머리를 맞대고 더 연구해야 할 과제이다.

다시 강조하지만, 인종차별이 법적으로 허용되지 않는 것처럼 신앙을 불법으로 만들자는 것이 결코 아니다. 신앙의 문제를 공중보건 차원의 문제로 개념화하고 공중보건의 메커니즘을 차용하여 필요한 중재를 진행하자는 것이다.

재정적 타격을 가하자

신앙 확산을 봉쇄하기 위한 열쇠의 하나는 거짓 인식원리를 퍼트리는 가장 지독한 가해자들, 바로 종교기관들에게 재정적으로 타격을 주는 것이다.⁹⁷ 궁극적으로 종교조직들에 대한 면세 정책은 반드시 철회되어야 한다(미국에서는 아마도 최소한 12년 이상 걸릴 것이다).⁹⁸ 특히 이러한 종교적 면세기관들로 인해 다른 비영리기관들이 성장하지 못하고 있다.

이러한 조직들이 재정적으로 어려움을 겪게 되면 그들의 영향력과 힘은 절대적으로 약화될 것이다. 5년이나 10년에 걸친 중장기적 목표를 가지고 종교기관들의 재정적 타격을 입힐 수 있는 실현 가능한 두 가지 방안이 있다.

- "(성직자)들의 주거비용 대부분이 연방세 면세혜택을 받고, 이 금액은 대략 그들이 받는 혜택의 3분의 1에 해당하는 데"(Henriques 2006a) 이 혜택을 없애야 한다. 이 면세혜택은 "그 규모와 자선의 목적에서 웨렌 목사의 교회 같은 종교기관들과 비슷한 세속적인 비영리단체의 활동가들에겐 적용

되지 않고, 저임금의 빈민지역 교사들과 지역 커뮤니티에서 일하고 있는 복지기관 종사자들 … 세속적인 비영리단체에서 인도주의적 활동에 참여하고 있는 사람들에게도 적용되지 않는다."(Henriques 2006a)는 사실을 반드시 주목해야 한다.
• 종교기관에 대한 연금법의 예외조항을 폐지하여야 한다. "종교기관 고용주들은 에리사Erisa, 종업원퇴직소득보장법, 바로 근로자의 연금계획에 대한 고용주들의 의무와 노동자의 권리를 규정하는 연방법의 규제를 받지 않고 있다. 이러한 예외는 종교기관이 운영하는 병원에서 일하는 노동자들에게 여러 문제를 발생시키는데, 그들의 연금이 에리사에 의해 보장되지 않는 경우가 그런 것들이다.

이 두 가지의 수단으로 종교기관들은 위축되고 전도의 위세도 심각한 재정적 타격을 입을 것이다.

종교기관들이 쉽사리 현재의 편파적인 특혜를 포기하지는 않을 것이다. 하지만 신앙이 평가절하 되어가면서 점차 시대와 법이 교회, 모스크, 사원, 유대교 회당에 세금 납부를 요구하게 될 것이다. 이러한 근본적인 변화를 만들어가고 있는 조직의 하나가 '종교로부터의 자유재단'이다. 이 재단을 후원하는 것은 신앙 바이러스의 억제에 필요한 법과 제도의 변화를 더 빨리 실현시킬 것이다.[99]

아이들을 회의주의자(무신론자)로 키우자

"실제로 모든 종교는 아이들에 대한 교리주입을 감염의 핵심전략으로

삼고 있다."_ 대럴 레이, 〈신들의 생존법 The God Vires〉

　　"반항기에 있던 내 아들은 자신은 근본주의자가 되고 싶다고 말하기도 했다."_ 피터 보고시안

　아이들을 어떻게 가톨릭교인, 모르몬교인, 무슬림, 바하이교인으로 키울 것인가에 대한 수많은 책들이 나와 있다. 반면에 알지 못하는 것을 아는 체 하지 않는 아이 키우기에 관한 책들은 없다. 여기서 몇 가지 나의 아이디어를 제시하고자 한다. 영향력 있는 무신론자들의 의견과 개인적 자문을 받고, 아이들을 신앙으로 이끄는 실용서들을 역으로 활용하였으며, 아이들의 뇌 발달과 신념 형성의 프로세스에 관련된 광범위한 연구들을 참조하여 정리한 것들이다.

　말도 안 되는 형이상학적 믿음들에 사로잡히지 않도록 아이를 키우기, 당연한 말이라 말하는 것이 더 이상할 수 있다. 하지만 정말 중요한 문제이다. 압도적 다수가 신앙을 갖고 있는 사회에서, 그리고 무신론을 못마땅해 하고 심지어 무신론자를 비난하는 문화에서, 확고한 회의주의적 사고방식을 가진 아이로 키우기 위해서는 어떻게 해야 할까?

　먼저 종교에 회의적인 아이를 키우는 것은 사실 매우 쉽다고 말할 수 있다. 아이들은 부모의 종교적 견해를 따르는 경향이 있다는 점이 무신론 부모들에게는 복음이다(Acock & Bengtson 1980; Erikson 1992, pp. 141-148; Hoge, Petrillo, & Smith 1982; Iannaccone 1990, p. 309; Myers 1996). 그리고 우리 아이들과 미래에 좋은 징조들도 나타나고 있다. 종교를 믿는 가정 출신의 많은 아이들이 신앙을 버렸고, 신앙을 다시 갖지 않는 현상이 나타나고 있다. 그리고 신의

존재를 믿는 사람들의 수가 추세에 있어 지속적으로 곤두박질치고 있고, 반면에 무신론에 대한 사회적 동의와 무신론자의 수는 지속적으로 증가하고 있다(The Global Religious Landscape 2012).

아이를 무신론자로 키우는 것을 보장하는 공식은 없지만, 비판적 사고자 회의주의자 인본주의자 자유 사고자로 아이를 키우는 것이, 망상적인 사고와 알지 못하는 것을 아는 체 하는 것에서 십중팔구 벗어나게 할 것이다. 아이에게 회의주의적 사유방식의 중요성과 어떻게 회의적으로 생각할 것인가를 알려주는 것, 서로 연관되어 있고 상호의존적인 이 두 가지가 모든 교육적 가치 중에서 가장 중요하다(Luce, Callanan, & Smilovic 2013). 무신론은 특정한 예외적인 주장에 대하여 회의주의를 적용한 것이다. 따라서 아이들은 모든 측면에 걸쳐, 비단 신앙이나 기이한 형이상학적 주장들뿐만 아니라 모든 주장에 회의주의를 적용하도록 가르쳐야 한다.

회의주의적 태도와 성향을 발달시키는 것이 비판적 사고의 기법들을 익히는 것보다 훨씬 더 중요하다. 아이들에게 회의적인 성향을 함양시키면, 신앙 바이러스에 견딜 가능성이 커진다. 누구나 비판적 사고의 기량들은 키울 수 있다. 이것은 자전거 타는 걸 배우는 것과 같다. 하지만 회의주의적 태도가 없다면 탐구의 결과에 따라 행동하지 않을 것이다. 이것은 실제로 자전거를 타지 않는 것이나 마찬가지다. 다시 말해, 하나의 이슈를 다루는 데 있어 여러 기법들을 적용한다 해도, 결과에 따라 마음을 바꾸려하지 않는다면 애초에 탐구를 한 이유가 없었던 것이나 마찬가지다. 마치 유무죄나 형량을 정해 놓고 하는 하나마나한 엉터리 재판 같은 하나마나한 인지적 활동일 뿐이다.

회의적 사고 성향들과 기법들은 일차적으로 본받음을 통해 발달한다. 사회친화적 모델링pro-social modeling(긍정적 방향으로 다른 사람의 행동에서 관찰한 것을 자신의 행동에 적용하는 것-옮긴이)에 대한 흥미 있는 교육적, 교정적, 심리학적 연구문헌들이 많다. 다시 말해, 아이들이 했으면 하는 행동을 먼저 해야 한다. 아이들의 독서하기를 바란다면, 책을 읽어주는 것보다 책 읽는 모습을 보여라. 아이들이 자신들이 모르는 것을 아는 체 하지 않길 바란다면, 당신이 그렇게 해야 한다. 아이들이 하길 원하는 행동의 본보기를 보여라.

그렇다고 너무 단호한 모습을 보이지 않도록 조심해야 한다. 직설적으로 말하되 믿음 열림의 본보기를 보여야 한다. 언제나 특정한 신앙 주장(신앙 치료, 방언, 환생 등)들에 대한 증거를 들어주겠다고 아이들에게 말하라. 그리고 진심으로 들어야 한다. 결론에 이르게 된 과정에 주목하여 그들의 주장을 평가하면서 도와야 한다. 예를 들면, 환생에 초점을 맞추는 것이 아니라 환생하였다는 것을 어떻게 알게 되었는지에 집중하는 것이다. 달라이 라마를 이을 후계자를 선정하는 방식이 과연 신뢰할만한 방법인가? 도 좋은 예이다(티베트 불교 최대 종파의 수장인 달라이 라마가 죽으면 고위 승려들이 그가 환생했다는 증거를 제시하면서 그의 환생이라고 여기는 소년을 후계자로 지목한다-옮긴이).

다른 신앙 전통에 노출시키는 것도 예방에 효과가 있다. 기이하거나 의심쩍은 '다른 뭔가'를 통해, 아이들이 갖지 않았으면 하는, 당신이 원하는 바로 그것들을 직시하게 할 수 있다. 아이들과 함께 다른 종교 경전을 읽고, 그들의 종교 활동에 참여하고, 아이들의 가졌음직한 질문들(신앙과 종교에 관한 것만이 아니라 다양한 질문들)에 그들이 답을 찾도록 함께 준비하는 것도 좋다. 종교를 금단의 열매로 만들지 마라. 그런 것들이 있다는 것을 인정하고 아이들과 함께 종교 관련 책을 읽고, 아이들이 했으면 하는 행동의 본보기를 보이고, 진심을 다해 듣고, 그리고 온화하게 추론과정을 함께 평가하라.

망상 분류에 종교적 예외를 철회하자

미국 정신의학협회APA, the American Psychiatric Association가 발간하는 〈정신질환 진단 및 통계 편람 DSM, Diagnostic and Statistical Manual of Mental Disorders〉(제5판, 대표역자 권준수, 학지사, 2015.)은 의사들이 사용하는 가장 중요한 책의 하나이다. 그것은 정신질환의 진단을 위한 분류 체계이다.[100] 최근에 이 편람에서 종교적 망상이 정신질환 분류에서 제외되었다. 다음은 DSM 제5판에 기술된 망상에 대한 정의이다.

> "외부세계에 대한 부정확한 추정에 근거한 잘못된 믿음이다. 이 믿음은 거의 모든 사람들이 잘못된 생각이라고 믿고 있고, 잘못되었다는 것이 이론의 여지가 없으며 명백한 증거가 있음에도 불구하고 고집스럽게 유지된다. 이 믿음은 개인이 속한 문화나 하위문화의 구성원들이 통상적으로 받아들이지 못한다(예. 종교적 믿음은 여기에 속하지 않는다). 잘못된 믿음이 가치판단 문제와 관련되어 있을 때는 진실을 무시할 정도로까지 극단적인 경우에만 망상으로 간주된다. 망상적 확신은 때때로 지배관념overvalued idea(망상보다는 덜하지만 불합리하고 지속적인 믿음—옮긴이)으로부터 유추 가능하다(지배관념을 가진 개인도 비합리적 믿음이나 사고를 갖지만, 망상의 경우처럼 확고하게 붙들지는 않는다)."

종교적 믿음을 망상에서 제외한 것은 심각한 문제이다.(종교적 믿음이 망상에서 제외되는 논거는 그것들을 "문화와 하위문화 구성원들이 통상적으로" 받아들이고 있다는 것이다. 널리 공유되고 있거나 믿고 있는 사람의 수가 많다고 믿음이 건전하다고 평가하는 것은 문제가 있다–옮긴이) 종교적 망상이 DSM에 포함되어 있다면, 신앙으로 인한 문제에 대한 치료의 완전히 새로운 분야가 열릴 수 있다. 이렇게 되면 현존하는 윤리적 장벽들이 제거되고, 보험 적용이 가능하고, 학교에서 신앙과 관련된 특별한 교육프로그램을 할 수 있고, 신앙 전통에 의해 세뇌된 아이들을 돕는 길도 열리고, 그리고 신앙으로 인한 고통의 문제들을 해결하기 위한 중재들이 합법화될 수 있다.

공식적으로 인정된 정신질환으로 종교적 망상을 분류한다면 질환을 치료하기 위해 설계된 다양한 연구들이 합법적으로 가능해진다. 또한 연구자들이 다양한 치료법을 활용하고 무엇이 효과가 있는지 지속적으로 축적해 갈 수 있다. 물론 사회적 논란이 되는 분야이기에 연구를 가로막는 사회·제도적 장애물이 있을 수 있다. 하지만 가장 커다란 장벽이었던 IRB로부터 연구 승인을 받는 문제가 즉각적으로 해결될 것이다.

신앙의 문제들을 치료하고 억제하는데 있어 종교적 망상을 정신질환으로 분류하지 않는 지금의 예외를 바로잡는 것만큼 큰 도약은 없을 것이다. DSM에서 종교를 예외로 한 것을 바로잡는 것은 학자들과 의사들이 신앙의 문제를 치료하는데 상당한 자원들을 쏟을 수 있고, 뿐만 아니라 신앙 관련 중재를 둘러싼 윤리적 문제들에도 마찬가지로 도움이 될 것이다. 장기적으로 볼 때, 이러한 치료법들과 연구 성과들이 개선되고, 그 결과들이 궁극적으로 신앙을 억제하고 근절하기 위한 공공의료 정책을 만드는데 활용될 수 있을 것이다.

중재

2011년 9월 25일, 나는 포틀랜드주립대에서 열린 미국과학연구학회Sigma xi 행사에서 발표를 했다. 시그마xi은 전문적인 연구자와 학자들의 참여하고 있는 과학연구 단체이고, 이 행사는 오리건주 전역에서 온 200명이 넘는 과학자들이 참석하여 학제간 연구를 하는 모임이었다.

강연 제목은 "예수, 마호메트, 이의 요정 그리고 악의 존재들"이었다. 그런데, 행사 주관자가 정중하게 제목을 바꾸어 달라 요청했다. 나는 이에 응해, "예수, 마더 테레사, 이의 요정 그리고 악의 존재들"이란 제목이 이견 없이 받아들여졌다.

발표가 끝나고, 질의응답 시간에 한 참석자가 손을 들었다.

그: 오늘밤 당신의 발표에서 심한 불쾌감을 느꼈어요.

(방안은 찬물을 끼얹은 듯 조용해졌다.)

나: 당신의 불쾌감은 내 잘못은 아니라고 봅니다. 논거나 증거를 말해 주면 기꺼이 들어주겠어요. 당신이 불쾌감을 느낄 필요가 없다고 생각합니다.

그: 내 아내는 예수 그리스도에 의해 병이 다 나았어요.

나: 그것을 어떻게 아나요? 사람들은 늘 아프다가 또 낫곤 합니다. 당신의 신이 그 병에 대해 무엇을 했다고 생각하는가요?

그: 그녀는 불치병을 앓고 있었어요.

이것은 카제즈가 말한 '의제 따돌림 하기'의 한 사례이다. 그는 추측컨대 이런 주제가 공적으로 토론되지 않아야 한다고 생각해서, 토론을 중단시키고 싶었던 것이다. 사실, 토론장이 침묵으로 빠져들었고 실제로 모든 사람들이 몸 둘 바 몰라 했다.

이 일이 있고 나서, 두 사람의 청중이 내게 다가와 그의 행동에 주눅 들지 않는 나를 본 것이 중대한 사건이었다고 말했다. 그들은 특권적인 종교적 주장에 맞서서 공개적으로 반박하는 사람을 본 적이 없었다. 젊은 여자는 그에게 맞서는 나를 보면서 인생이 바뀌었다고 말하기도 했다. 희망을 봤다는 것이다.

깊이 알기

자녀 교육 관련

〈아이들에게 도움이 되는 책〉

아이들 책은 경외감, 탐구심 그리고 알지 못하는 것에 대해 편안함을 불어넣어 주는 것을 기준으로 고르는 것이 좋다. 아래는 독단에 빠지지 않고 지혜를 얻는데 도움 되는 책들이다.

리처드 도킨스 & 데이브 매킨, 〈현실, 그 가슴 뛰는 마법 The Magic of Reality: How We Know What's Really True〉, (Dawkins & McKean 2011). (김명남 옮김, 김영사, 2012).

아나카 해리스, 〈경이롭다 I Wonder〉, (Harris 발간예정).

스티븐 로, 〈정말 정말 엄청난 질문들 Really, Really Big Questions〉, (Law 2012).

〈회의주의(무신론)로 키우는 책들〉

데일 맥고원, 〈자유 사고자로 키우기 Raising Freethinkers: A Practical Guide for Parenting Beyond Belief〉, (McGowan 2007).

데일 맥고원, 〈종교를 갖지 않는 아이 키우기 Parenting Beyond Belief: On

Raising Ethical, Caring Kids Without Religion〉, (McGowan 2009).

〈청소년들에 좋은 대중문화들〉

바바 브링크만 Baba Brinkman (http://www.bababrinkman.com/): "바바 브링크만은 캐나다의 랩 아티스티이자 작가, 배우, 나무심기 운동가이다. 그는 다윈의 진화론과 제프리 초서의 〈캔터베리 이야기〉를 현대적 감각으로 재해석한 The Rap Guide to Evolution, The Canterbury Tales Remixed 등의 힙합 공연으로 힙합 어워드에서 상을 받기도 했다."

〈인터넷 사이트들〉

무신론자 부모들 Atheist Parents (http://www.atheistparents.org/ index.php): "우리는 교양 있는, 사려 깊은, 윤리적인, 사회적 책임을 아는, 환경에 대한 의식을 가진, 그리고 무엇보다 중요하게 신을 믿지 않는 아이들로 키우려고 하는 부모들을 돕기 위해 노력하고 있다."

〈세속주의 캠프〉

캠프 퀘스트 Camp Quest (http://www.campquest.org/): "탐험 캠프는 재미있고, 친구들과 함께 자유롭게 사고하고, 과학적인 상상, 자연의 경이와 인본주의 가치들로 구성한 교육적 탐험 프로그램을 제공한다."

캠프 인콰이어리 Camp Inquiry (http://www.campinquiry.org/): "이곳은 어린이들이 스스로 할 수 있는 곳이다. 우리는 청소년들이 종교적인 믿음과 유사과학이 판치는 세상에서, 신을 믿지 않는, 회의적인 그리고 세속주의 라이프스타일로 살면서 마주하는 문제들을 해결하도록 돕는다. 아이들은 좋은 습관과 윤리적인 삶을 일찍부터 정립할 수 있다는 신념을 토대로, 세 부분을 집중적으로 다룬다. 예술과 과학, 회의주의적 시각, 윤리적 품성의 개발을 '발견의 시대'에 걸맞은 통합적 접근법으로 구성하였다. 캠프지도자, 상담자, 교사들은 개인의 정체성, 신뢰할 수 있는 관계의 구축, 로컬과 글로벌 공동체에 대한 감각, 자연을 존중하는 삶과 관련된 핵심 문제들을 안내한다."

〈회의주의적 청소년 잡지〉

주니어 스켑틱 Junior Skeptic (http://www.skeptic.com/junior_skeptic/): "회의주의자의 모든 이슈들을 다루는 청소년들을 위한 주니어 스켑틱이다. 이 잡지는 젊은 독자들을 위한 과학과 비판적 사고 관련 출판물들을 발행하고 있다."

자녀 교육 이외 다른 주제들

〈책〉

러셀 블랙포드, 〈종교의 자유와 세속주의 주 Freedom of Religion and the Secular State〉, (Blackford 2012b).

숀 페어클로드, 〈유신론자관료들의 공격! 종교는 어떻게 합법적으로 우리에게 해악을 주나–우리는 무엇을 할 수 있나 Attack Of The Theocrats! How The Religious Right Harms Us All–And What We Can Do About It〉, (Faircloth 2012).

브라이언 레이터, 〈종교는 왜 너그럽게 묵인되지? Why Tolerate Religion?〉, (Leiter 2012).

대니얼 레이, 〈신들의 생존법 The God Virus: How Religion Infects Our Lives and Culture〉, (Ray 2009), (돋을새김, 2012).

알 스테판넬리, 〈자유 사고–미국 무신론자들 에세이 Free Thoughts–A Collection of Essays by an American Atheist〉, (Stefanelli 2012a).

캐서린 스튜어트, 〈복음 클럽: 기독교인 권리의 은밀함이 미국의 아이들을 망치고 있다 The Good News Club: The Christian Right's Stealth Assault on America's Children〉, (Stewart 2012).

〈온라인 아티클〉

라이언 크레이건, "비종교적 인본주의자들이 이렇게 종교를 원조하고 있다 How Secular Humanists (and Everyone Else) Subsidize Religion in the United States," (Cragun, Yeager, & Vega 2012).

〈추천할 만한 학술 단체와 파트너들〉

제임스 랜디 교육 재단 The James Randi Educational Foundation (JREF, http://www.randi.org/site/): "제임스 랜디 교육재단은 초자연적 현상과 유사과학의 주장들을 퇴치하기 위해 1996년에 설립되었다. 재단은 검증가능한 조건에서 초자연적인 능력을 증명하는 사람에게 백만 달러의 상금을 내걸고 있다. 연구 및 교육현장에서 활용 가능한 혁신적인 교육 자료들을 제공하며 새로운 비판적 사고자 세대에게 탐구정신을 불어넣고자 노력하고 있다."

이성과 과학을 위한 리처드 도킨스 재단 The Richard Dawkins Foundation for Reason and Science (RDFRS; http://richarddawkinsfoundation.org/): "도킨스 재단의 사명은 종교적 근본주의, 미신, 불관용의 해악을 극복하기 위하여 과학교육, 비판적 사고, 자연세계에 대한 증거에 근거한 앎을 지원하는 것이다."

세속적 학생 동맹 Secular Student Alliance (SSA; http://www.secularstudents.org/about): "세속적 학생 동맹의 사명은 과학적 이상과 비판적 탐구활동, 민주주의, 세속주의, 인본적 윤리를 증진하려는 학생들과 학생 커뮤니티를 지원하고 조직하고 연대하는 것이다. 우리는 무신론자 학생들이 공적 토론에서 대변자로 그리고 비합리성과 도그마에 맞서는 세속주의 운동의 임무에서 핵심 파트너로 존경받는 미래를 꿈꾼다."

회의주의자협회 및 스켑틱 잡지 The Skeptics Society and Skeptic Magazine (http://www.skeptic.com/): "회의주의자협회는 초자연적 현상과 유사과학 그리고 모든 종류의 기이한 주장들을 검증하는 선도적인 전문가들을 지원하고, 비판적 사고를 촉진하며, 건전한 과학적 관점을 갖기를 원하는 사람들을 위한 교육 자료를 제공하는 비영리 과학교육기관이다. 우리와 함께 일하고 있는 이들은 자신의 분야에서 최고의 전문성을 가진 과학자들, 학자들, 탐구적인 저널리스트들, 역사학자, 교수들과 교사들이다. 우리의 노력들이 모든 사람들에게 비판적 사고와 평생에 걸친 지적 열망을 증진하는데 도움이 되기를 희망한다."

〈세속적 법률지원 단체〉

정교분리 미국인 연합 Americans United for Separation of Church and State (https://www.au.org/): "정교분리 미국인 연합은 초당파적 교육기관으로 모든 미국인들의 종교적 자유를 보장하는 유일한 방법인 정교분리의 헌법 원칙을 지키고자 한다."

종교로부터의 자유 재단 Freedom From Religion Foundation (FFRF; http://ffrf.org/): "서구문명의 역사는 거의 모든 사회적 도덕적 진보가 종교로부터 자유로운 사람들에 의해 이루어져왔다는 사실을 보여준다. 현대에도 교도소 개혁, 인도적인 정신질환 치료, 사형제 폐지, 여성 투표권, 불치병의 존엄사 권리 그리고 피임할 권리, 불임시술 및 낙태의 자유에 대해 최초로 외쳤던 자유 사고자들이 있었다. 노예제 폐지를 최초로 요구하였던 사람들과 같은 사람들이다. 재단은 종교로부터 자유로운 사람들의 보호자로서 헌신하며 오랜 염원인 정교분리의 원칙에 전념하고 있다."

군인 종교 자유 재단 Military Religious Freedom Foundation (MRFF; http://www.militaryreligiousfreedom.org/): "군인 종교 자유 재단은 미국의 모든 군인들이 미국 헌법 제1조의 헌법정신에 의해 모든 미국인들에게 적용되는 헌법상의 종교자유를 온전히 누릴 수 있도록 노력한다."

〈전국적인 참여 기회들〉

미국 무신론자들 American Atheists (http://atheists.org/about-us): "1963 출범한 미국 무신론자들은 무신론자의 민권운동과 완전하고 절대적인 정교분리를 위해 일해 온 최초의 조직이다. 이 조직은 1959년 머레이 가족의 공립학교에서의 기도 금지 소송에서 시작되어… 현재는 50년이 넘게 활동하고 있으며, 무신론자들의 시민권 확장과 정교분리, 무신론 확산을 위해 노력하고 있다."

탐구 센터 Center for Inquiry (http://www.centerforinquiry.net/): "탐구 센터의 사명은 과학, 이성, 탐구의 자유, 그리고 휴머니즘 가치에 바탕을 둔 세속적 사회를 발전시키는 것이다. 과거의 신화적인 이야기들, 현재의 도그마들에 반대하고 이를 대체하면서, 과학과 이성과 탐구의 자유 그리고 휴머니즘 가치들을 증진하는 시대적 요청에 전념하는 기관이다."

세속적 인본주의 회의 Council for Secular Humanism (http://www.secularhumanism.org/index.php): "우리의 사명은 과학과 자연주의 철학 그리고 인본주의적

윤리에 뿌리를 두고 비종교적 인생관을 강화하고 주창하는 것이며 이러한 삶의 철학을 가진 사람들을 지원하고 후원하는 것이다."

믿음을 넘어 재단 Foundation Beyond Belief (http://foundationbeyondbelief.org/): "우리들의 삶을 개선하기 위한 노력들을 지원하면서 휴머니즘의 최고의 실현을 도모하고 상부상조와 공동의 책임을 포함한 인본주의의 최고의 원칙들을 구체화하기 위해 도전한다."

종교로부터의 자유 재단 Freedom From Religion Foundation (http://ffrf.org/) (앞쪽 참조)

미국을 위한 세속 연합 Secular Coalition for America (http://secular.org): "미국을 위한 세속연합은 미국 세법 501(c)(4) 적용을 받는 조직으로 미국에서 반신론적 커뮤니티의 힘을 키우고 다양성을 확장하기 위해 일하고 있다. 워싱턴 D.C.에 본부를 두고 정부, 활동가 파트너들 그리고 언론과 관계하며 활동하고 있다. 스텝들은 우리와 뜻을 같이 하는 사람들의 관심사인 여러 이슈를 가지고 미국 의회에 로비활동을 하고 있다."

〈대중문화〉

미래 세계를 다루는 드라마와 영화들이 신이 없는 세상을 묘사하는 것은 단지 우연의 일치가 아니다.

바빌론 5 Babylon 5 (1993~1998년 총 5시즌 동안 방송되었던 미국의 SF 드라마-옮긴이)

블레이크스 7 Blake's 7 (영국 BBC가 제작 방송한 SF 드라마, 시즌 7은 1978~1981년에 방송되었다-옮긴이)

파스케이프 Farscape (호주와 미국에서 공동으로 제작한 SF 드라마-옮긴이)

스타게이트 유니버스 Stargate Universe (캐나다와 미국이 공동 제작한 군사과학 드라마, 2009~2011년까지 방송되었다-옮긴이)

스타트랙 Star Trek (미국의 대표적인 SF 드라마로 1966년에 처음 방송된 이후 TV 시리즈로 오랫동안 방송되었고, 영화로도 12편이 넘게 만들어졌다-옮긴이)

주

1장

1. 신앙을 포함하여 미덕으로 간주되는 여타의 거짓들이 많이 있다. 확고한 믿음의 중요성; 근본적 주관주의; 인지적, 문화적 그리고 인식론적 상대주의; 면밀히 조사하고 그런 다음 최종적으로 우리에게 벌과 상을 주는 형이상학적 존재; 사막에서 신의 계시를 받았다고 주장하는 남자나 황금판을 통해 계시를 받았다는 남자; 신성모독을 하지 말 것, 다른 신앙에 근거한 망상들에 대한 경배나 감응을 하지 말 것; 알지 못하는 것을 수치스럽게 생각할 것; 판단을 할 때 스며드는 맹목적인 평등주의; 사후에 일어나는 일에 대한 입증되지 않는 믿음 등등.

2. 2010년 9월 10일. 내 친구 스티븐 브루터스는 오리건주 포틀랜드에 있는 포틀랜드 예술대학 졸업식에서 연설을 했다. 길 위의 인식론의 비전에 대한 완벽한 개요가 들어있기에 일부를 여기에 소개한다.

"하드 보일드Hard-Boiled의 의미는 사건을 정직하게 보는 것이다. 솔직하게 대한다. 괜히 꾸며대지 않고, 약삭빠르게 대하지도, 사정을 봐주지도 않는다. 있는 그대로의 명백한 진실을 본다. 상황을 솔직하게 기술한다. 그것은 건강한 회의주의다. 여러분은 수사관이다—스스로를 조사하는 사설탐정이다. 여러분은 형사다—그래서 자신을 취조하는 법을 배워야 한다. 여러분은 이제까지와는 다른 거친 곳으로 간다. 그곳에는 여기저기 나쁜 사람들 천지다. 독종들, 얼간이들, 깡패와 팜므파탈 그리고 음흉한 사람들 등등…

터프 가이는 비열한 세상에서 도덕을 신봉한다. 물론 그 자체가 도덕적 가치는 아니고, 거기에는 어떤 가치도 없다. 거친 반항아들은 자신을 둘러싼 거의 모든 것들과는 완벽하게 다른 것을 옹호한다. 그는 침묵의 세상에 항의하는 정의의 용사다. 영혼과 정신과 명예를 갉아먹는 세상에서 자존심과 인간성을 지키는 것, 그것이 바로 필립 말로(레이먼드 챈들러의 추리소설에 등장하는 주인공 사설탐정으로 가장 매력적인 탐정 캐릭터 중의 하나—옮긴이)다.

터프 가이 영웅들은 언제나 예외적이고, 독립적이고, 강하고, 용기 있고, 자립적인 한 마리 늑대다. 그들은 약간 바보 같고, 고립되어 있고, 사람들과 잘 어울리지도 않고, 있는 곳은 늘 주변부 바로 도덕이 없는 비열한 거리에 있다. 하지만 그들은 언제나 자신의 입장과 행동규칙과 세계관을 가지고 있다. 그들은 산전수전을 다 겪었지만 움츠러들지 않았고, 온갖 장벽에 가로막혔지만 원칙을 버리지 않았다. …

강인했고 역경을 버텨냈으며 맞고도 끝내 일어났기에, 그들은 예외적인 사람이 되었다. 하지만 그것이 다가 아니다. 그들은 스스로를 위한 싸움이 아니라 대의를 위한 싸움을 했다는 것이 중요하다. 그들은 지조가 있었고, 자부심, 명예, 자존감을 가지고 있었다. 하지만 그것들을 내세우지 않는다. 자신의 위대함에 대해 말하지 않는다. 남을 위해 한 일을 떠벌이지 않는다. 그저 할 뿐이다. 설교하지 않고, 행동한다.

터프 가이 영웅들은 '내면 지향적inner directed'이다. 그들은 심리학자들이 말하는 '내적 통제위치inner locus of control'(사람들이 결과에 대한 원인을 분석할 때 능력이나 노력 등 내부에서 찾거나 운이나 여건 등 외부에서 찾는 두 가지 경향이 있는데, 사건 통제의 위치가 자신에게 있다고 생각하는 전자의 성향—옮긴이)를 갖고 있다. 다른 사람이 자신을 어떻게 생각하는지 크게 걱정하지 않는다. 최선을 다해야 한다는 것을, 스스로 어려움을 견뎌야 한다는 것을, 홀로 서야 한다는 것을, 남들과 다를 바 없이 평범하다는 것을 그들은 알고 있다.

여러분이 강인해지길, 그리고 자신감을 갖고 어려움에 물러서지 않고 실패에 굴하지 않고 포기하지 않는 내적인 힘을 키우길 바란다.

소크라테스는 지혜가 행복의 열쇠라고 했다. 우리가 행복하지 못한 것은 지혜를 갖지 못했기 때문이라고 보았다. 자신이 알고 있는 그 누구도 지혜를 갖지 못했다고 그는 생각했다. 여러분이 나를 포함해 선생들에게 배운 것이 무엇이든, 물론 그것들이 매우 훌륭한 것들이길 바라지만, 나는 그것은 지혜가 아니라고 생각한다. 지혜는 현실이라는 학교에서 스스로 찾아야 한다. 찾게 되더라도, 여러분 스스로 찾아낸 것이어야 한다. 방법 또한 스스로 배워야만 한다. 배우는 것도 스스로의 방식에 달려 있다. 그것을 찾게 된다면, 우리에게 모든 사람에게 말해 주어야 한다. 할 수 있는 데까지 최대한 많은 사람들을 도와주어야 한다.

2장

3. 앨마서 The Book of Alma는 모르몬경의 일부이다. 정식 명칭은 "앨마서: 앨마의 아들 The Book of Alma: The Son of Alma"이다.
4. 종교적 믿음은 의미론을 사용하여 방어막을 치는 경우가 많다. 이러한 술수에 주의할 점은 두 가지다. 신자들은 황당한 한 두 개의 구체적인 교리에 의문을 제기하면, 자신들의 변함없는 믿음과는 상관없이 우리를 곤경에 빠지게 하려고 "그래요. 당연하죠. 난 그것을 믿지 않아요."라고 하기도 한다. 더 나아가, '심오한 듯 말하기'로 답하거나 아니면 증거가 부족함에도 불구하고 '왜' 그것을 믿는지 여러 이유를 댈 것이다. 이 확고한 자세는 무한반복의 쳇바퀴를 돌 뿐이다. 자신의 신앙에 대한 감정적 친밀감을 지키기 위해 무의미한 단어들을 마구 사용하는 사람들은 자기기만을 하고 있는 것이다.(이러한 종류의 '대화'에는 상대가 아예 없다. 대화를 가장한 독백이다.) 종교적 믿음에 대한 정서적 만족은 실제 있는 문자를 곧이곧대로 해석하면서 얻고, 그러한 믿음의 인식원리에 대한 결정적인 방어는 문자적 의미를 따르지 않는 해석으로 대응한다. 이러한 인지적 분열로는 진리로 다가갈 수 없다.

교양 있는 기독교 신자라는 사람들 태반이 이처럼 두 가지 입장을 왔다 갔다 하면서 동시에 자신을 속이고 있다: 그들은 결코 믿지 않는다—물론이죠, 예수는 물 위를 걷지 않았다. 반면에 흔들리지 않는 확신을 말한다—세계는 고결한 힘이 창조하였다. 인식원리를 방어할 때는, 특별한 존재의 필요를 문자적인 의미대로 따르지 않으며 믿음을 설명한다. ("신은 우리를 사랑하신다."의 의미는 "사랑이 최고이다." "결국 사랑이 승리한다"는 의미다. 등등.) 그러고 나서 인식원리에 대한 도전이 납득되고 나면 곧바로, 그들은 그 믿음을 글자 그대로 재구성한다. ("신은 우리를 사랑하신다."의 의미는 "우리를 사랑하는 특별한 사람이 있다."는 뜻이다.)

나는 신앙의 실상에 대한 비판보다 두 번째 문제에 대해 비판하는 것이 훨씬 중요하다고 생각한다. 그것은 우리가 생각하는 것 보다 훨씬 더 일반적인 (지식인에 한정되지 않는) 현상이다. "당신은 정말 이해 못한다."라고 짧고 모호하게 말하는 것으로 비판에 대응하는 것은, 평범한 반응에 불과하다. 그들은 "당신은 내 종교의 문화, 역사 그리고 신학에 대해 제대로 잘 알지 못한다."라고 하기도 한다.

조금 다른 성질의 것이지만, 이렇게 말하는 것과 다를 바 없다. 스타 트랙 Star Trek이 소설이라고 지적하는 누군가에게 "나 같은 트레키Trekkie(스타 트랙의 광팬—옮긴이)가 되어 구체적이고 풍부한 경험을 하게 된다면 당신은 그렇게 말할 수 없을 것이다." 물론, 터무니없는 말이지만.

5. 히브리서 11장에서는 신앙을 이렇게 정의한다. "믿음은 바라는 것들의 확신이요, 보이지 않는 것들의 증거입니다." 흥미로운 점은 이 문장에서 '증거elenchus/evidence'라는 용어의 쓰임이다.

"엘렝코스elenchus"는 기원전 8세기 호메로스Homer의 작품에 다양하게 나타난다: 망신을 주다, 괄시하다, 틀렸음을 지적하기 위해 질문하다, 비난·견책하기 위해 질문하다, 누군가를 기소하다, 유죄판결하다(이는 장군이 일반 사병들을 야단칠 때 빈번하게 사용되고 있다). 법정에서 법률용어로도 사용되었다: 고발하다, 기소하다, 또한 증거·증언을 제시하다, 설득력 있는 증거를 제시하다. 그리고 파르메니데스(기원전 5세기 초) 같은 소크라테스 이전시기의 사람도 이것을 소크라테스가 사용한 용법과 거의 동일하게 쓰고 있다. 반박이나 반증을 목적으로 한 논증, 조사, 반대심문을 하다의 의미로 사용한 것이다.

코이네Koine(고대 그리스의 공통어. 이 언어로 신약성서를 기록하였다—옮긴이)에서 동사 엘렝코elencho는 "나는 추궁하다, 철회하다, 꾸짖다" 그리고 또한 "나는 폭로한다, 죄를 입증할 것이다. 나는 증명하다"는 뜻이다(공개적으로 거짓이라고 주장하는 의미에서 쓰였다). 이것은 요한복음 3:20; 고린도전서 14:24; 에베소서 5:11, 13; 야고보서 2:9에도 나온다. 소우터 사전Souter's Lexicon의 목록에 엘렝코스elenchus는 "증명, 가능한 신념"(Souter 1917)으로 나와 있다. 이러한 사실들을 볼 때 우리는 명료한 결론에 도달할 수 있다. 사도 시대에, 단어 엘렝코스elenchus는 히브리서에 나타나는 것 같은 새로운 의미를 가지며 중요하고 새로운 맥락에서 의미가 확장되었고, 즉 사람들은 새로운 방식으로 이 단어를 사용하기 시작했다. 그들은 이러한 뜻으로 쓸 것을 주창하고, 반복 사용하면서 'elenchus'라는 단어가 확산되도록 했다. 반면에 소크라테스는 이 용어를 논리의 정밀한 적용을 통한 추론의 엄격한 프로세스로 사용하였다. 새로운 의미의 elenchus는 확신이나 설득력 또는 의지의 일종으로 그리고 납득할만한 진술의 뜻으로 사용되었다. 즉 어떤

주 241

논증도 없었고, 소크라테스적인 정확한 논박의 프로세스를 거치지도 않았다.

소크라테스는 철학적 심문으로부터 얻어진 결론만을 주장하였다. 하지만 익명의 히브리서 저자는 신앙은 희망하는 것에 대한 확신이라고, 그리고 보이지 않는 것에 대한 확신이나 신념이라는 뜻으로 썼다. 소크라테스가 이 구절을 들었다면, 추측컨대 이렇게 말했을 것이다. "이것은 확신은 되겠지만, 논증은 아니고, 반대 심문도 없었고 철저한 조사를 통한 검토도 없었고, 어떠한 정당화도 없이 불쑥 나온 것이다. 이것에 무슨 미덕이 있단 말인가?"

6. 자세한 이해를 원하면, 미국의 수학자 제임스 A. 린제이의 〈베이즈 정리로 신앙 정의하기 Defining Faith via Bayesian Reasoning〉(Lindsay 2012)을 보라. 린제이는 베이즈 정리를 사용하여 신앙에 대한 설득력 있는 분석을 제공한다.

7. 이것에 대한 예외는 아는 체 하지 않는 사람들이다. 이 사람들은 망상적이지도, 대안적 생각이나 다른 인식원리를 접하지도 못한 전적인 무지의 피해자도 아니다. 이슬람 세계에 있는 많은 사람들은 무지의 피해자라는 범주에 속한다. 예를 들면, 사우디아라비아 사람들 대부분은 코란에 대해 모르면서 아는 체 하지 않는다. 그들은 진정으로 실재를 알기 위한 경쟁적인 방법들을 접할 기회도 갖지 못했고, 경험하지도 못했다. 엄밀히 말해, 그들은 인식론적 피해자들이다. 그럼에도 불구하고, 근본주의자 부모 밑에서 자란 사람이 이례적으로 세뇌에서 계몽으로 힘겹게 나아가는 것은 칭찬받아 마땅하다.

8. 신앙 옹호자들의 최근 흐름은 '믿음faith'이라는 단어의 사용을 피하고 대신에 '신뢰trust'라는 단어를 사용하고 있다. '신앙'이라는 단어에 내재된 문제점들을 고려할 때, 이것은 탁월한 전략으로 보인다. 이에 대한 반박도 별반 다르지 않다. "충분한 증거도 없이 어떻게 신뢰할 수 있는가?" "충분한 증거들이 있다"고 대답하면, 응수는 이것이다. "그러면 믿음이 필요 없겠군요."

9. 이와 비슷한 것으로, 신앙은 "우리가 모르는 것에 대한 하나의 태도(사고방식)"라는 정의도 만날 수 있다. 도대체 그게 무슨 뜻인지 설명을 요구하면, 그것은 일종의 자신감, 확언, 흔들리지 않는 확신 같은 것이라고 한다. 이

것은 보통의 어법에서는, "알고 있다"라고 말하는 것에 타당한 이유를 가지고 있을 때 하는 태도들이다.

신앙을 "우리가 모르는 것에 대한 태도(사고방식)"로 정의하는 것의 문제는, 이것이 우리가 알고 있는 것들에 취하는 사고방식과 똑같이 기능한다는 것이다. 비판을 위한 질문은 이것이다. "주장을 입증할 만큼 충분히 정당화되지 못한 사고방식이 어떻게, 실제로 충분한 정당화가 된 사고방식과 똑같이 믿음을 보증할 수 있는가?" 주저할 필요는 없다. 그럴 수는 없다.

신앙을 어떤 태도로 받아들이는 사람들에게, 이렇게 말하는 것은 과한 것이 아니다. "당신이 가진 확신이나 자신감을 입증하지 못했다. 이런 사실을 아무렇지도 않게 생각한다는 것은 진리에 충실하려는 마음이 전혀 없음을 의미한다. 사실, 당신은 진실을 두려워하거나 진실을 알고자 하는 의지가 없다. 솔직하게 이렇게 말해야 한다. '나의 믿음은 지식 같은 것이 아니다. 정당화되지 않는다. 어쩌면 (관대하게 볼 때) 하나의 선택 같은 것이다.'"

10. '무신론자'에 대한 또 다른 정의는 "우주 창조와 같은 문제들에 대해 알지 못하는 것을 아는 체 하지 않는 사람"이 될 수 있다.

11. 미국의 역사학자 리처드 캐리어는 하나의 정체성으로 무신론을 본다(Carrier 2012). 다른 사람들, 샘 해리스 같은 이는 그렇게 보지 않는다. 나의 의견은 무신론자로서의 자기 정체성은 개인적인 선택이라고 본다. (개인적으로, 나는 가정과 일을 균형 있게 하려고, 또는 밤에 충분한 잠을 자는 것에 관심이 더 많다.)

무신론이 나의 정체성의 일부인지 아닌지 자주 질문을 받는다. 대답은 언제나 "아니다"이다. 이상한 듯 보이지만, 이 책의 내용, 나의 활동, 대화를 통한 중재, 무신론 모두는 나의 정체성의 일부가 아니다. 마찬가지로 내가 레프러콘을 믿지 않는 것 또한 내 정체성의 일부가 아니다. 나는 내가 무엇을 믿는가, 무엇을 믿지 않는가로 나를 규정하지 않는다. 내가 하지 않는 것들은 너무 많다. 나는 태극권을 하지 않는다. 일상에서 태극권을 믿지 않는 것 또한 나의 정체성의 일부가 아니다.

또한 나는 다른 사람들과 대조하는 용어를 써서 나를 규정하지 않는다. 대부분의 사람들이 무신론자로 자처한다 하더라도, 나는 무신론자로 나를 지칭하지 않을 것이다.

무신론자인 내 친구들이 집으로 오면, 우리는 신을 입증할 만한 충분한 근거가 없다는 사실에 대해 이야기 하면서 시간을 보내지도 않는다. 마찬가지로 우리가 태극권을 하지 않는다는 사실을 가지고 한가하게 빈둥거리지도 않는다.

내가 증거를 토대로 믿는 것에 충실하다는 것은 인식원리의 문제이고, 인식원리 이외의 그 어떤 것도 의미하지 않는다고 보기 때문에 무신론자가 내 정체성이라고 생각하지 않는다. 나는 신성한 창조자가 있을 가능성이 없다고 본다, 나는 좋은 사람이다, 나는 개에게 잘해 준다, 나는 인내심 많은 아빠다, 나는 과학소설에 대해 어마어마한 지식을 갖고 있다, 나는 파티에 가는 걸 좋아한다, 나는 주짓수를 잘 한다 같은 진술들과 추론과정에서든 결론에서든 별반 다르지 않다. 만일 '훌륭한 비판적 사고자'가 무신론자를 대체하는 말이라고 한다면, 무신론은 누군가 신의 존재를 입증할 만한 증거들이 충분하다고 믿지 않는다는 사실 말고는 더 이상의 의미는 없다는 점을 명확히 할 것이다.

무신론자인지 유신론자인지는 도덕성과 아무 관계가 없지만, 그럼에도 여전히, 도덕적인 의미 부여가 빈번하게 무신론자와 유신론자에게 행해지고 있다. 예를 들면, 최근 무신론 플러스Atheism+라고 부르는 (희망적이게도) 잠깐 유행했다 사라진 운동이 있었다. 무신론 플러스의 교리에는 사회 정의, 여성 권리 옹호, 인종주의에 대한 저항, 동성애자와 성전환자 옹호, 비판적 사고와 회의주의 등이 들어 있다(McCreight 2012). 이들의 문제는, 마시모 피글리우치가 정확히 지적한바 있다. "무신론의 명료한 의미는 신(들)이 존재한다는 믿음이 없는 것이다. ... 믿음의 없음은 어떠한 의미 있는 견해들을 포함하지 않는다. 그것들과 아무런 논리적 연관성이 없기 때문이다."(Pigliucci 2012). 많은 사람들이 무신론에 다른 무엇을 집어넣으려고 애쓰고 있다. 무신론은 인종주의, 동성애혐오, 태극권 훈련에 관한 것이 아니라, 그것은 단지 신의 존재를 믿을만한 충분한 증거가 없다는 것을 의미한다. 무신론은 인식원리, 증거, 솔직함, 진실함, 이성, 탐구에 관한 것이다.

마지막으로, 나는 무신론을 눈동자의 색 같은 변하지 않는 특성이라고 보지 않기 때문에, 그것을 정체성으로 생각하지 않는다. 나는 마음을 바꿀 의사가 있다. 유일신이나 신들의 존재에 대한 설득력 있는 증거들이 나온다면, 마음을 바꿀 것이다. 신자들이 절대로 마음을 바꿀 생각이 없다고 주장할 때마다, 많은 유신론자들이 왜 신앙을 자신들 정체성의 일부로 생각하는 지 이해할 수 있다. 그들은 정체성을 바꾸지 않는 그 어떤 것으로 생각하는 경향이 있기 때문이다.

12. 이메일을 통해, 미국의 물리학자이자 베스트셀러 작가인 빅터 스텐저 박사에게 그가 도킨스의 무신론 스펙트럼 어디에 속하는지를 물었다. "8이다. 이것은 믿음의 문제가 아니다. 이것은 지식의 문제다. 나는 신은 없다는 신뢰할 만한 의심을 넘어선 지식을 가지고 있다."라고 답했다. (개인적 의견교환, 2012. 8. 15.). 그가 왜 이렇게 생각하는지는 〈신 없는 우주 God: The Failed Hypothesis〉(Stenger 2007). (김미선 옮김, 바다출판사, 2013)를 보라.

13. 아퀴나스의 다섯 가지 신 존재 증명은 이렇다: 1. 운동(스스로 운동하는 사물은 없기 때문에 반드시 다른 것을 운동하도록 만드는 첫 번째 것이 존재해야 한다.) 2. 능동 원인(원인 없이 존재하는 것은 없고, 모든 것을 있도록 한 첫 번째 능동 원인이 존재해야 한다.) 3. 우연적 존재와 필연적 존재(존재할 수도 존재하지 않을 수도 있는 우연적인 존재가 있지만, 이러한 우연적 사물의 근원이 되는 필연적인 존재가 필요하고 따라서 필연적인 하나가 존재해야 한다.) 4. 존재의 등급(등급이 있기 때문에 최고의 정점에 있는, 완전함이라는 무언가가 존재해야만 한다.) 5. 목적론(자연적인 개체들은 어떤 목적을 향해 작동하기 때문에, 그들을 지시하는 하나의 지적인 존재가 필요하다.)

'파스칼의 내기'는 4장의 주 36을 참조하라.

〈프로슬로기온 II Proslogion II〉에서 안셀름의 존재론적 논증: "그러므로 어리석은 사람도 그것보다 더 큰 것을 생각할 수 없는 어떤 것이 적어도 사고 속에 존재한다는 것을 확신한다. 그는 이것을 들을 때 이해하고, 이해된 것은 무엇이든지 사고 안에 존재하기 때문이다. 그리고 확실히 그것보다 더 큰 것을 생각할 수 없는 어떤 것은 단순히 사고 속에만 존재할 수는 없다. 왜냐하면 만일 그것이 사고 속에만 존재한다면, 실제로도 존재하는 것이 생각될 수 없고, 이것은 사고 속에만 존재하는 것보다 더 큰 것이기 때문이다. 만일 그것보다 더 큰 것을 생각할 수 없는 어떤 것이 단지 사고 속에만 존재한다면, 그것보다 더 큰 것을 생각할 수 없는 어떤 것에 대해 그것보다 더 큰 것이 생각될 수 있을 것이다. 그러나 이것은 확실히 불가능하다. 그러므로 아무 의심 없이 그것보다 더 큰 것을 생각할 수 없는 어떤 것이 사고 속에 뿐만 아니라 실제로도 존재한다."

미세조정 논증fine-tuning argument은 7장의 주 61을 보라.

칼람의 우주론적 논증Kalām cosmological argument은 7장의 주 59를 보라.

14. 인문대의 한 동료 교수가 "신앙이 인식론의 전형적인 특징을 갖고 있지 않다면, 왜 인식론이라 하는가? 인식론이 되기 위해서는 반드시 실증적인 증거들이 의미 있는 역할을 해야 하는가?"라고 물었다. 그가 하고 싶었던 말은 신앙에서는 경험적인 증거가 아무런 역할도 못하는데(철학적으로 말하면, 신앙은 인식론으로서의 "조건을 충족시키는데 실패"하였다), 왜 그것을 인식론이라고 하는가?이다.

경험적 증거에 의존하지 않는 합리주의와 실용주의 같은 많은 인식론들이 있다. 데카르트는 합리주의 인식론을 가졌다. 데카르트의 경우 세계에 대한 경험 없이도 이성은 그 자체로 앎knowledge의 기원이다. "나는 세상 속으로 갈 필요가 없다. 컴퓨터에 연결된 통속에 든 뇌가 되어, 단지 혼자 생각하는 프로세스를 통해 세상에 대한 앎을 얻을 수 있다." 이것이 기본적으로 합리주의자의 입장이다. 흄, 로크 그리고 버클리는 이런 입장을 거부하고 반박한다. "아니다, 이성 그 자체가 경험을 조직하지만, 앎의 기원은 아니다. 경험한 것을 아는 기원은 유일하고, 그것은 감각을 통해 만난 물리적이고 실증적인 우주, 바로 경험적 인식이다."

칸트학파는 이와 연관된 또 다른 학파이다. 그들 입장은 합리주의와 경험주의 양자 모두 부분적으로 옳다고 본다. 칸트에게는, 경험 없는 개념은 공허하고 개념 없는 경험은 맹목적이다. 즉 지식은 정신 작용과 감각 재료들을 조직한 복합물이다.

그리고 실용주의 학파, 오류가능주의fallibilism(경험, 관찰, 실험을 통한 주장도 오류가능성이 있다는 철학적 견해—옮긴이), 아울러 직관주의자inuitionist(대상에 대한 체험을 통해서가 아니라 '순수한 자아' 등의 상태에서 본질을 파악할 수 있다는 철학적 견해—옮긴이) 등 앎의 다양한 원리와 방법을 주장하는 학파들도 있다. 이들 학파 모두는 앎을 조금씩 다르게 정의하고 있다.

신앙은 인식론으로 사용되고 있기 때문에 하나의 인식론이다. 인식론으로 쓰인다는 것은, 사람들이 세계에 알고 해석하는 방법으로 신앙을 사용한다는 것이다. 예를 들면, 북아메리카에 사는 사람들 3분의 1 정도가 성경은 신성한 계시라고 생각하며, 절반 이상의 사람들이 하나님이 실제로 말한 것이라고 생각한다(존스, 2011). 그들은 대개가 천사나 영혼의 인도(1602년 카라밧지오가 묘사한 성 마태오와 천사 Saint Matthew and the Angel) 또는 복음서 작가의 귀에 속삭이는 천사(렘브란트의 1661년 작품 천사의 영감을 받는 마태 The Evangelist Matthew Inspired by an Angel, 조반니 지로라모 사볼도 1534년 작품 성 마태오와 천사, 귀도 레니의 1640년 작품 마태와 천사 St Matthew and the Angel)를 믿는다. 결론적으로, 기독교 신자들은 그들의 수많은 믿음들을 성경의 신빙성으로 뒷받침한다. 그 믿음은 신뢰할 수도 없거나 신빙성이 없고 단지 신앙에 대한 신뢰도만 떨어뜨릴 뿐이지만, 그렇다고 신앙이 인식론이 아니라는 것을 의미하지는 않는다.

세계에 대한 탐구에 신앙을 이용하지 않는 사람들 중 많은 수가, 신앙이 신뢰할 수 없는 추론의 프로세스라는 것을 제대로 알고 있지 못하다. 그들은 신앙을 인식원리로 보지도 않고, 신자들이 그것을 인식원리로 실제 사용하고 있다고 생각하지도 않는다. 인식원리가 아니라 뭔가 다른 것, 기이한 것, 개인적인 것, 악의적인, 구원적인 것쯤으로 생각한다.

하지만 그 근본에 있어, 신앙은 여전히 인식원리다. 그것은 사람들이 세계를 이해하고, 해석하고, 알기 위해 사용하는 인식원리이다.

신앙은 지식 주장들을 만들어 낸다. 이성의 닻을 활짝 펼친 인식원리들이 낳은 주장들은 바로 세계에 대한 사실을 주장한다는 점에서 다른 인식원리에서 생겨난 주장들과 다르지 않다. 신앙 주장들은 특정한 집단에게만 수용되고, 기괴하고 전혀 믿을 신뢰할 수 없는 주장이지만, 그래도 지식 주장인 것은 분명하다.

15. 하나의 예외가 코란에서의 소위 '악마의 시Satanic verses'(마호메트가 코란을 신의 계시를 받아 쓸 때 어떤 부분을 실수하여 이를 나중에 고쳐 쓰면서 앞서의 부분을 악마에 의한 계시였다고 한데서 생겨난 말이다—옮긴이) 문제다. 초기의 수라 sura(코란의 한 장)에서, 무하마드는 기존의 다신들을 인정하는 타협을 보인다. 후에 그는 '악마의 시'로 불리는 이 절을 폐기하고, 앞서의 계시를 대체하는 새로운 계시에 따른 새로운 신조를 만들었다. 따라서 세계에 대한 주장 어떤 것이 참이고 거짓인지를 알아낼, 증거나 근거를 사용하지 않는 다른 방법이 생겼다. 새로운 신조는 가장 나중의 계시에 의해 마련되었다. 나중에 쓰인 것이 이전의 수라를 대체하였다. 불행하게도 더 전투적인 문구들은 이 수라에서 나온다.

16. 이런 주장을 하는 신자들을 나는 결코 이해할 수 없다. 이 경우에, 다른 무슬림들은 코란을 정확하게 해석하지 못하고 있다고 주장하는 무슬림들이 좋은 예이다. 증거 없는 믿음체계를 따를 경우에, 코란에 대한 정확한 또는 틀린 해석이 있다는 주장의 근거가 무엇인지는 명확하지 않다.

17. 우리 스스로에게 이로운 것이 무엇인가 그리고 우리가 어떤 사회를 만들어야 할 것인지를 합리적으로 결정할 수 있는 여러 방법들이 있다. 예를 들면, 〈정의론 The Theory of Justice〉에서, 미국의 철학자 존 롤즈는 우리에게 이상적 정치경제 시스템으로 가는 방법을 추론하기 위한 철학적 사고실험을 제시한다. 그는 정의의 원칙들에 대한 상호 동의를 이끌어내는 방법을 상세히 제시한다.

18. 사람들이 자신에게 무엇이 좋은가를 잘못 생각하는 극단적인 사례를 찾으려 애쓸 필요는 없다. 패드 다이어트Fad diets(특정 음식이 특별한 효과가 있다고 근거 없이 믿고 따르는 식이요법들—옮긴이)가 정곡을 찌르는 예이다. 나는 몇 년 전 체육관에서, 살이 빠지고 건강해질 것이란 일념으로 매일 몇 파운드의 수박을 먹는 사람을 만난 적이 있다. 그는 살을 빼지도 못했다. 아무 성과가 없었던 것은, 매일 몇 파운드의 수박을 먹는 것이 건강이나 체중감량에 도움이 되는 합리적인 방법이 아니기 때문이다.

3장

19. 덴마크 철학자 키르케고르는 불안이 인간 경험의 정수라고 했다. 대부분의 사람들이 불안을 느끼는 것을 두려워하고, 그것을 벗어날 수 있다면 무엇이든 하려 한다. 그러나 키르케고르는 온전하고 의미 있는 삶을 살고 싶거든 불안을 느끼고 붙잡아라 그리고 그냥 흘려 버리지 말라고 말한다. 불안을 우리 삶에 적극성을 불러일으키는 것으로, 모든 경험의 매순간마다 무지를 자각하고, 나아가 그것들을 이해하려는 욕구를 불러일으키는 것으로 활용하라는 것이다. 키르케고르는 불안을 느끼고 움켜잡는 것이 충만한 삶을 위한 열쇠라고 보았다.

20. 논리적으로 신앙에 빠져들지 않았을 경우에, 사람들을 신앙에서 빠져 나오도록 설득하는 것은 매우 어렵다.
대부분의 사람들이 논리적 사유와 상관없이 신앙을 갖게 되었다. 신앙에서 벗어나도록 설득하기 위해서는, 먼저 그들이 논리적으로 사유하는 것을 배우고, 그리고 이러한 새로운 기법들을 자신의 인식 과정에 적용하는 것을 배워야 한다. 이러한 노력들은 모두 무척 힘든 도전이지만, 행동하는 무신론자들의 목표는 사람들이 희망을 갖게 하는 것이다. 이성은 해방의 가능성을 갖고 있다.

〈종교 설명하기 Religion Explained〉(이창익 옮김, 동녘사이언스, 2015)에서 보이어의 설명은 이러한 전략을 이해하는데 시사점을 제공한다(Boyer 2001). 보이어는 일반적으로 신경신학자neurotheology로 불리는 사람들 중에서 선구적인 인물이다. 조너선 하이트, 마이클 가차니가 그리고 보이어 같은 사상가들은 인류학, 언어학, 인지과학, 신경학, 실험심리학 분야를 연구하고 있다. 그들은 모두 비슷한 방향으로 나아가고 있는데, 인간사에서 종교의 출현에 대해 환원주의적인 설명을 찾는 것이다. 그들은 다음의 질문들에 대해 이론적인 것이지만 흥미로운 답들을 제공하고 있다: 종교는 어디서부터 왔는가? 그것은 어떤 기능을 담당하는가? 진화생물학의 관점에서 이러한 주제들을 어떻게 보아야 하나? 어떤 요인들이 종교의 적자생존을 도왔는가? 문화적 관점에서 볼 때 종교의 생존가survival value(생태학에서 개체가 가진 특성들이 생존경쟁에 적응하기 위해 가지는 기능 또는 효과를 정량적으로 분석한 값—옮긴이)는 무엇인가? 왜 인간의 문화들은 다양한 종교적 미신과 이데올로기들을 발전시켰는가? 등등.

21. 필요하지도 않은 물건을 구매하도록 사람들을 설득하고 믿게 만드는 것과 관련된 판매, 마케팅, 광고 관련 폭넓은 연구들이 있다. 소비자의 구매행동에 어떻게 영향을 미칠까를 알아내기 위해 관련 업계 전체가 매달리고 있다. 이러한 동향과 기법에 대해 알고 싶다면, 미국 PBS의 프론트라인Frontline 다큐멘터리: "설득자들 그리고 냉철한 상인들The Persuaders and The Merchants of Cool"를 보라.

22. 정보 원천과 믿음의 태도에 대한 흥미롭지만 매우 전문적인 논문은 발탕크, 로덴하우저, 스메츠의 "믿음정정 조치들로서의 믿음의 태도 Doxastic Attitudes as Belief-Revision Policies"이다(Baltag, Rodenhäuser, & Smets 2011). 그들은 "이 논문은 한 사람의 '정보 통풍관information uptake'(무엇에서 새로운 정보를 얻나)은 대체로 정보 원천에 대한 그 사람의 태도—원천에 대한 그의 신뢰성 평가에—의존하고 있음을 탐구하고자 한다."(p.1)고 밝히고 있다. 그들의 연구는 고대 문서들이 증거로 믿을만하다는 생각에서 도출되는 여러 신앙에 기반한 믿음들을 다루는데 도움을 준다. 논문은 아울러 정보의

출처에 대한 태도를 집중적으로 다루는 새로운 중재의 가능성에도 시사점을 준다.

덧붙여서, 사회심리학자 아리 크루클랜스키가 '닫힘(종결)의 욕구the need for closure'와 관련하여 쓴 다수의 저작들을 추천한다. 크루클랜스키는 일반인들이 읽기에 벅차긴 하지만, 폐쇄적 사고의 요인들에 대해 많은 논문을 발표했다.

23. 믿음 닫힘의 또 다른 유형은 자아ego와 나르시시즘과 연관이 있다. 예를 들면 우리의 판단에 너무 자기도취적으로 몰두하는 경우가 많고, 자존심이 판단에 개입하고 또는 논쟁에서 이기고 싶어서 우리가 오랫동안 지지했던 의견에 대해 독설을 퍼붓거나 반대의견을 고려하지 않는 경우도 있다. 단지 이러한 문제들을 분명히 인식하는 것뿐만이 아니라, 우리가 가진 믿음들을 왜 계속 지지하고 있는가라는 물음을 스스로에게 진지하게 던지는 것이 중요하다. 진실함은 성찰하는 삶에 없어서는 안 되는 것이고 아울러 충실한 인간관계를 만드는데도 꼭 필요하다.

24. 전문적인 용어는 아니지만 '툭 부러짐snapping'(Dubrow-Eichel 1989, p.195) 그리고 '해빙unfreezing'(김병서 1979, p.210)은 사람들이 인지적으로 종교적 광신에서 벗어나는 성공적인 재교육의 순간을 묘사하는 용어이다.

25. 오렌스테인은 초자연적 현상에 대한 믿음과 종교적 믿음, 예배 참석의 상관관계에 대해 연구했다. 오렌스타인은 흥미로운 관찰 결과를 보여준다: "특별히 이 데이터들이 보여 주는 흥미로운 대조는 종교적 변수와 교육 수준과의 관계이다. 초자연적인 현상에 대한 믿음을 근절하기 위해 과학교육을 업그레이드 하라는 수많은 요구가 있었지만, … 하지만 과학교육의 효과가 너무 미미했기 때문에 합리적 사고보다는 가치관과 신앙이 초자연적 현상에 대한 믿음을 만드는 요인이 되고 있다. 더 나아가, 초자연적 믿음이 종교적 믿음과 연관이 밀접할수록 이러한 경향은 커지고, 초자연적 믿음에 회의적인 입장을 취하는 학교는 종교적인 이유에 근거한 반대를 불러일으킬 위험에 처하게 된다. 많은 연구자들이 과학의 정당성 그 자체가 초자연적 현상을 믿는 사람들에 의해 공격 받고 있다고 말한다."(Orenstein 2002, p.309).

〈믿음의 탄생 The Believing Brain〉(김소희 옮김, 지식갤러리, 2012.)에서 마이클 셔머는 과학교육이 왜 초자연적인 현상에 대한 믿음을 뿌리 뽑는데 아무런 도움이 못 되는가에 대해 논한다(Shermer 2011). 그는 초자연적 믿음은 과학적 지식과는 아무 연관이 없고 과학적 방법과 관련된 것이라고 설명한다. 나는 전적으로 그의 주장에 동의하는데, 우리는 단지 과학적 지식을 기억하게 하는 것이 아니라, 어떻게 과학자들처럼 생각할 것인지를 가르쳐야 한다.(셔머의 Skepticism 101 program: http://www.skepticblog.org/2011/08/30/skepticism101/을 보라).

4장

26. 비행기 여행은 행동하는 무신론자에게 최상의 기회를 제공한다. 사우스웨스트 항공이나 좌석제를 운영하지 않는 다른 항공사를 이용할 때, 나는 되도록 비행기에 조금 늦게 탑승하여, 종교관련 책을 읽는 승객 곁에 앉는다. 신자들 곁에 앉을 기회는 가운데 좌석에 앉을 때 높다.

27. 비적대적인 관계를 형성하는 것이 성공적인 치유의 필요조건이다. 이성에 대한 전적인 의존 그리고 심사숙고하려는 의지, 이 두 가지는 신자들이 완벽하게 회복하는데 있어 매우 중요한 치료 후의 태도이다.

28. 이것은 일반 신자들에게서는 쉽게 발견되지만 교계 지도자들에게선 잘 보이지 않는다. 나는 여전히 지적이고 유명한 종교 옹호론자들이 그들이 믿어야 한다고 주장하는 것을 진심으로 전적으로 믿지 않는다고 생각한다. 덴마크의 시인 디네시 드수자가 가식적인 사람들의 좋은 예이고, 라비 자하리스는 진실하기는 하나 특유의 망상을 앓고 있는 듯하다.

종교 옹호론자들과의 대화가 끝날 때쯤이면 대개, 그들이 믿음을 정당화하기 위해 줄곧 했던 말이나 취했던 입장들을 자신에게는 적용하지 않는다는 의심을 여전히 씻을 수 없다. 대화 중에 나의 동의를 기다리며 잠시 침묵하다가, 내가 동의하지 않을 때 실망하는 모습을 보면서 나는 기괴함을 느낀다.

마이클 셔머는 똑똑한 사람들이 그럴듯한 이유를 만들어내는데 능하다는 것에 주목했다. 나도 같은 생각이다. 똑똑한 종교 옹호자들은 비합리적인 믿음이 왜 진실인지에 대한 논리를 만들어 내는데 아주 능하다. 그것을 위

주 251

해 그들은 각고의 노력을 하고 있다.

29. 많은 경우, 사람들마다 무엇이 믿을 만한 증거인가에 대한 생각이 다 다르다. 알프레드 멜레의 〈자기 기만인가 착각인가? Have I Unmasked Self-deception or Am I Selfdeceived?〉(Mele 2009, 특히 p.264.)을 참조하라. 인용구가 처음 나오는 문헌은 이것이다. Trope, Y., & Liberman, A. (1996). "사회적 가설 검증: 인지와 동기 메커니즘 Social hypothesis-testing: Cognitive and motivational mechanisms," in E. T. Higgins & A. W. Kruglanski (Eds.), 〈Social psychology: Handbook of basic principles〉(pp.237-270). New York: Guilford Press.

30. 믿음과 증거와의 관계를 개념화하는 하나의 방법은 심리학자이자 경제학자인 대니얼 카너먼의 '시스템1과 시스템2 사고'이다〈생각에 대한 생각 System 1 and System 2 thinking〉(이진원 옮김, 김영사, 2012). 시스템1 사고(직관)은 자발적, 자동적, 잠재의식적, 감정적 유인성 수준의 사고로, 시스템1 사고는 습관적으로 나타나고 큰 변화가 없다. 시스템2 사고(추론)는 좀더 느리고, 바뀌기 쉽고, 의식적이고, 좀 더 많은 노력을 요구한다. 많은 믿음은 시스템1의 빠른 사고에 의해 만들어진다. 믿음 닫힘은 사람들이 시스템1 사고에 증거를 다시 투입하는 체계적인 능력이 모자랄 때 생겨난다. 즉, 그들의 시스템1 사고는 시스템2 사고에 끄덕도 하지 않는다. 시스템1 사고의 믿음을 통찰하는 시스템2 사고를 수행하는 능력을 발전시키지 못한 것이다.

31. 도킨스는 창조론자들과는 토론하지 않겠다고 공개적으로 말했다(Dawkins 2006b). 스티븐 굴드의 충고를 언급하면서 그는 썼다. "그 짓은 하지 마라. 중요한 것은 그들이 말하는 것처럼, 당신이 이기기도 하고 지기도 했다는 데 있지 않다. 승리란 창조론자가 현실적으로 열망하는 것이 아니다. 그들에겐 토론이 이루어졌다는 그 자체로 충분하다. 그들이 필요한 것은 공론화이다. 우리는 그렇지 않다. 그들의 당연한 지지자들인 잘 속아 넘어가는 대중들에게, 그들의 편이 진짜 과학자들과 나란히 연단에 있는 것을 보여주는 것으로 충분하다. '창조론에는 뭔가가 틀림없이 있다거나, 누구누구 박사는 동등한 조건에서 그 문제를 토론하려고 하지 않았다'라는 반응을 노린다."

나는 이것을 뛰어넘어야 한다고 생각하고, 저명한 과학자들에게 비윤리적

이기까지 한 창조론자들과 공개적으로 토론할 것을 요구한다. 병적인 믿음으로 고통을 겪는 사람들에게 토론의 무대를 넘겨 주는 것은 창조론자들을 더욱 더 망상 속으로 밀어 넣는 것이 될 수 있다.

32. 좀 더 알고 싶다면, 시크와 본의 공저 〈이상한 것들을 어떻게 봐야 하나 How to Think about Weird Things〉(Schick & Vaughn 2008)를, 특히 pp.179-189의 타당성 기준criteria of adequacy: 시험 가능성testability(180), 실효성fruitfulness(182), 범위scope(185), 평이성simplicity(186), 보수주의conservatism(189)을 보라.

무엇이 충분한 증거인가 그리고 타당한 증거는 무엇인가 대한 토론은 대개 엉뚱한 데로 빠져 버리곤 한다. 이러한 혼란은 옹호론자들이 잘 쓰는 수사적 전술이다. 무엇이 신뢰할 만한 증거인가에 대한 토론을 하고자 한다면, 세심하게 시크와 본의 책을 읽을 것을 권한다.

33. 이것은 특히, 지적이고 조리 있게 말하는 옹호론자에게 들어맞는 말이다. 지적이고 논리 정연할수록, 더 뛰는 신자일수록 인지적으로 확증편향에 허약하다.

34. 나를 포함하여 모든 사람들이, 크고 작은 확증편향을 갖고 있기 때문에 믿음 중립이라는 위치에서 출발하기는 어렵다. 종교 옹호론자들의 글을 읽을 때마다 나는 고개를 절래 절래 흔들게 되고, 지적이고 사려 깊은 사람들이 그런 허튼 소리를 진지하게 받아들이는 것이 불가사의할 정도다. 하지만 그들이 제시하는 증거와 더 중요하게는 결론을 도출하는 그들의 추론과정을 보기 위해 열린 자세를 가지려 무던히 노력한다.

서로 경쟁하는 생각들에 대해 진심으로 열린 마음을 갖는 것이 지적 활동에서 대단히 중요한데, 스스로가 '믿음 닫힘'에 빠지지 않기 위해서다. 이 태도를 어떻게 형성할 것인가 하는 문제는 매우 복잡하고, 개인적, 심리적, 사회적, 감정적으로 다양한 변수들이 연관되어 있다.

35. 무엇이 존재하고 무엇이 존재하지 않는가, 이 문제가 형이상학적 논의의 핵심이다. 토론에 형이상학적 문제들을 끌어들이는 것은 대개가 성과 없이 끝난다. 그리고 반증 가능한 문제라 할지라도, 몇몇 경우는 사람들의 신앙과 형이상학적 망상을 한층 더 강화시킨다. '존재하는 것에 대해 어떻게 아는가'에 대한 토론이 아니라, '존재하는 것'에 대한 토론은 인지적 성

향에 미치는 영향력이 크지 않다. 왜냐하면 의문스러운 존재들이(신, 천사, 악마) 실제 자연에서 흔적을 찾기 어려운 속성을 가지고 있기 때문이다. 이러한 조건에서 출발하면 토론이 진전되어 갈 수는 없다. 결론적으로, 이러한 토론들은 변함없이 갑론을박의 쳇바퀴를 돌다 만다.

신의 존재를 믿는다고 말하는 사람들 중 '도킨스 척도' 높은 숫자에 해당하는 사람들이 많은 이유는, 그들이 형이상학에서 출발하여 그들의 방식으로 인식론으로 돌아갔기 때문이다. 다시 말해, 사람들은 신이 존재한다는 믿음에서 출발한 다음, 스스로에게 어떻게 알게 되었는지를 묻는다. 이것이 확증편향이다. 존재하는 것에 대한 대안적 설명(신은 있을 수 있지만 전지전능하지 않을 수 있고, 신은 있었을 수 있지만 우주를 창조하고 나선 사라졌다 등)들에 대한 토론들도 마찬가지로 이러한 자기중심적인 성향과 형이상학과의 결합을 떼어 놓지 못한다.

36. 흥미로운 질문은, 진리를 절대 도출할 수 없는 하나의 인식원리를 의도적으로 사용하는 것이 가능한가이다. 예를 들면, 자동차 배터리를 더 잘 만드는데 양을 제물로 받치는 행위가 아무런 도움도 안 된다는 것을 어떤 사람이 알고 있는데, 그 사람에게 희생양 의식이 자동차 배터리를 잘 만드는 믿을만한 방법이라고 믿게 할 수 있는가? 하는 문제이다. 여기에는 클리포드와 제임스의 상반된 입장이 있다.

클리포드는 기본적으로 플라톤이 〈테아이테토스 Theaetetus〉에서 제시한 '지식=정당화된 참된 믿음'이라는 개념을 사용한다(Clifford 2007). 지식은 우리가 결정하거나 말거나 할 까다로운 것이 아니다. 클리포드에게는 누구도 어떤 것을 믿을 지를 결정할 수 없다. 당신에게 주어진 문제에 대한 사려 깊은 생각에 따라, 많은 것들 중에서, 그것을 믿을 수밖에 없기 때문에 한 명제를 믿는 것이다. 클리포드에 따르면, 무엇인가를 믿도록 스스로에게 강요하면 인식론적 병을 갖게 된다.

윌리엄 제임스는 매우 다른 입장을 취한다(James 1897). 제임스에 따르면, 우리는 언제나 사실을 알고 있거나 믿고 있지 않으며, 증거들을 검증하면서 세계를 평가하는 것이 아니다. 우리의 삶을 어떻게 살 것인지에 대한 우리의 태도가 전부이다. 제임스는 부모님 집으로 떠나, 믿음에 대한 질문을 하며 수년 동안 머물렀다. 제임스는 클리포드와 반대의 결론을 도출했다: 누군가 어떤 것을 믿을 것인지를 결정할 수 있다. 무언가를 믿을지 여부를 결정할 수 있다. 실용주의자로서, 제임스의 관심은 어떤 믿음이 진리의 절대적인 기준에 부합하는 것인지 여부가 아니다. 그의 관심은 어떤 믿음이 그 사람의 삶의 목적에 기여할 수 있는지의 문제이다. 따라서 제임스와 클리포드의 대답은 정반대 방향이다. 이 논쟁의 쟁점은 우리가 가진 어떤 능력이 과학적 추론을 대체할 수 있는가 또는 과학적인 증거가 가진 어떤 진가들이 우리의 지각들을 대체하여야 하는가의 문제이다.

특정한 명제를 믿는 것을 선택하는 것을 철학에서는 '믿음 자발주의'라고 말한다. 이전 저작들에서 제임스는, 믿음의 선택을 설명하기 위해 건강 문제를 예로 든다. 제임스는 주장한다. "우리 의지가 어떤 노력을 하는 것에 의해서나 그것이 사실이길 얼마나 강하게 원하는 가에 의해서가 아니라, 침대에서 류머티즘으로 신음하고 있을 때 좋아질 것이라고 더 잘 믿는다."(James 1897, p. 5). 어쨌든 사람들이 심각하게 아플 때 실제로 더 잘 믿는다는 증거들이 많다(Livneh, 2009; Vos & de Haes 2007). 이것이 의식적인 선택인지는 불명확하다. 반대로 사람들은 건강할 때도 자신들이 아프다고 믿는 경우도 많긴 하다.

이러한 현상을 설명하는 흥미로운 논증의 하나가 인류학자의 용어 '문화연계 증후군culture-bound syndromes'이다. 이 용어는 최근 DSM 편람-Ⅳ에 포함되었다(Bernstein & Gaw 1990). 문화연계 증후군은 특정한 문화나 사회에서만 발견되는 병이다. 예를 들면, 코로Koro(음경소실 공포증)는 성기가 자신의 몸속으로 들어가서는 결국에는 사라져버린다는 지속가능하지 않는 믿음이다(Edwards 1984). 코로는 주로 중국과 서남아시아와 일부 다른 문화권에서 지금까지도 나타나고 있고, 지적장애자에게서도 나타난다(Faccini 2009).

구체적으로 신에 대하여 믿음을 선택하는 문제와 관련하여, 이와 유사하고 흥미로운 논증은 '파스칼의 내기'이다. 내기에 이긴다면 모든 것을 얻게 되고 져도 잃을 게 없기 때문에, 파스칼은 신이 존재하는데 걸어야 한다고, 그리고 결론적으로 신이 존재한다고 믿고 살아가야 한다고 말한다. 이것에 대한 반론은 그 어떤 것도 신을 믿도록 자신을 몰아가지 못한다는 것이다. 샘 해리스는 워싱턴 포스트에 기고한 "공허한 내기 The Empty Wager"라는 글에서 비판한다(Harris 2007). "내기의 가장 큰 문제점은… 합리적인 사람이 자기가 확신하지도 않는 어떤 명제를 스스로가 의도적으로 믿게 할 수 있는가 하는 점이다. 어떤 사람이 자신이 좋아하는 종교적 신념을 고백할 수는 있지만, 당연하다. 하지만 무언가를 진심으로 믿기 위해서는 그가 고려하고 있는 믿음이 진실이라고 반드시 믿어야 한다." 이 비판에 많은 기독교 옹호자들, 몇몇 세속적인 작가(Braithwaite 1998, pp. 37-44)들은 동의하지 않을 것이다.

이러한 류의 '신 존재' 논증들의 공통된 맥락은 신이 존재한다고 믿을 것을 스스로에게 강요한다는 것이다. 내가 아는 한, 신이 존재한다고 믿도록 스스로를 강제하는 것이 가능한지, 또 더 쉽게 할 수 있는 방법은 뭔지, 신을 떠나 사소한 명제라도 믿게 하는 게 가능한지(버거킹 햄버거 빵보다 맥도날드 햄버거 빵에 깨가 더 많은지 아닌지 같은)를 설명하는 실증적 연구는 없었다. 더 나아가 다양한 명제들과 관련하여 스스로에게 믿도록 강제하는 것이 가능한 지를 어떻게 검증할 것인지도 명확하지 않다.

37. 잘 알려진 몇몇 예들은 이렇다. 테드 해저드 히로뽕을 맞고 남창과 섹스, 피터 포포프 불법 도청 혐의로 제임스 랜디에게 고소당함, 지미 스와가트 창녀와 섹스, 머피 신부 수많은 어린이들을 성폭행, 그랜트 그의 신도들에 대해 마술적 속임수를 통해 신앙치료, 토마스 라울린 신부 미성년자 성추행, 윌리엄 린 추기경 성직자들의 성추행과 강간 등의 수많은 사건들을 은폐하고 당사자들을 다른 교구로 발령, 버니 힌 NBC 데이트라인에 고소당한 텔레비전 신앙요법사, 제임스 헌터 주교 마약 판매로 체포, 테리 혼버클 여신도들 강간과 마약복용, 안소니 마르티네즈-가르두노 자신의 교회에서 히로뽕 판매 및 데이트 강간, 리안 제이 무에하우저 두 명의 동성애자를 치료한다는 미명하에 그들의 성적 지향에 대해 카운슬링을 하면서 성적 희롱, 오스카 페레즈 소년 신도들을 성적으로 학대.

38. 이는 '진실한 신앙'을 가진 사람이라면 그런 비도덕적인 일을 하지 않을 것이다 라는 말이다. 이것은 영국의 철학자 안토니 플루의 '진실한 스코틀랜드인 누구도' 오류의 또 다른 버전이다: 한 스코틀랜드인이 아침에 신문을 읽는 것을 상상해 보자. 그는 스코틀랜드 사람이 순수에 반하는 비열한 행동을 하였다는 기사를 본다. 그는 "진짜 스코틀랜드 사람이라면 누구도 그런 일을 하지 않을 거야."라고 반응한다. 다음날 신문에서, 스코틀랜드 사람이 훨씬 더 끔찍한 일을 저지른 기사를 보게 된다. 그는 다시 외친다. "진실한 스코틀랜드 사람이라면 결코 이런 일을 저지르지 않을 거야."

비도덕적인 신자들의 예를 제시하지 않으면 이런 반응은 잘 나오지 않는다. 그러나 예를 들라치면, "하지만 진실한 신자들은 아무도 그런 일을 하지 않는다."고 반응한다. 이러한 논리적 오류를 벗어나려면 상대에게 그들 자신의 실례를 이야기하도록 하는 편이 낫다.

39. 미국의 철학자 맷 매코믹은 이러한 변종들에 대한 그가 명명한 '취소가능성 검사'The Defeasibility Test(McCormick 2011)를 제안한다. 정독할 만한 주장이다. (나는 토론하길 즐기는 이들에게 "당신이 신앙을 포기하려면 무엇이 필요한가?"라고 묻는다.)

매코믹은 이렇게 이야기 한다. "내가 신에 대한 나의 마음을 바꾸려고 한다고 가정해 보자, 거기에 어떤 고려사항, 논증, 증거, 근거들이 있는가? 내가 확보할 수 있는 광범위하고 많은 일련의 증거들을 아주 조심스럽게 그리고 신중에 신중을 더해서 곰곰이 생각한 결과로, 신에 대한 나의 지금의 관점이 잘못이라는 것을 도출할 수 있는 아주 적은 가능성이라도 있는가? 다시 말해서, 나의 믿음은 취소가능한가? 만일 대답이 '노'라면, 더 이상의 토론은 필요 없다. 당신과의 대화에는 어떤 유익함도 생산적이고 흥미로운 사실도 없을 것이다. 당신이 하는 모든 말은 궤변이다. 우리는 당신의 정보를 궤변의 달인이자 어떤 문제의 모든 측면을 수사학적으로 능수능란하게 방어하려드는 변호사의 노력과 다름없는 것으로 보고, 더 이상 진지하게 받아들이지 않겠다. 당신은 진실에는 관심이 없고, 오직 토론 점수에 또는 (바람에 금세 날아갈) 정교한 수사적 성을 쌓은 데만 관심이 있다."

2012년 종교로부터의 자유 재단 전국대회에서 나는 취소가능성 버전을 간단히 토론했다.

40. '리얼타임 위드 빌 메이허Real Time with Bill Maher'(미국의 코미디언 빌 메이허가 진행하는 토크쇼. 그는 공공연한 무신론자로 여러 종교를 비판하고 풍자하는 다큐멘터리 영화 Religulous에 출연하기도 했다—옮긴이)에서 빌 메이허는 어떤 일이 있어야 믿음을 갖게 될 것인가라는 질문에, "예수가 슈퍼볼 하프타임에 하늘에서 내려와 나쵸를 빵과 물고기로 만들어 보이면"이라고 유머러스하게 답했다.

41. 조금만 생각해도 다음을 어렵지 않게 해결할 수 있다: 신자들과 무신론자 모두 동일한 명제들(2+2=4, 나무에서 사과는 직선으로 떨어진다. 지구는 태양 주위를 돈다 등등)을 믿는다. 하지만, 신자들은 여러 개의 추가적인 명제들에 자

주 257

신의 믿음을 준다(갠지스 강에서 목욕하는 것을 통해 죄를 씻을 수 있다. 바하울라 Bahá'u'lláh는 신의 메신저다). 무신론자가 믿는 것은 (대개의) 신자들이 믿는 것의 부분집합이다. 당연히 창조론 주장들과 여타 반과학적인 주장들은 믿지 않을 것이고, 반면에 대부분의 종교적인 사람들이 믿지 않는 것을 무신론자도 믿지 않을 것이다. 신자들은 특별한 명제들을 기꺼이 믿는다.

42. 누군가에게 무엇을 하도록 동기를 부여하는 데 있어, 당신이 좋은 이유라 생각하는 것이 상대방에게는 좋은 이유가 아닐 수 있다. 그 반대도 마찬가지다.

몇 년 전, 나는 늦은 밤에 24시간 운영하는 주유소에 들렀다. 마약에 취한 듯 한 젊은 여자가 다가왔다. 염증자국 투성이 얼굴로 담배를 물고 있었다. "좀 태워주실래요?"라고 불쑥 물었다. 나는 셔츠를 끌어올리는(수술로 인해 큰 흉터가 있다) 것으로 답했다. 그리고 "당신을 태워주고 싶은데, 지난번 내가 여자를 태워줬을 때 아내가 나를 찔렀다."라고 했다. 그녀는 무슨 말인지 알아들었다는 듯 고개를 끄덕였다. 그리고 다른 차로 갔다. 그녀에게 완전히 먹혀 든 것이다. '그들의 처지에서 만나라'에 대한 보기이다.

또 다른 예도 있다: 아들이 등에다 참수당한 예수를 문신하려한다고 친구가 전화를 했다. 좀 말려 달라는 거였다. 전화를 하자, "피터, 엄마가 전화하라고 부탁한 것 알고 있어요. 근데, 별로 소용없을 거예요."라고 답했다. 나는 곧바로 아직도 마리화나를 피우고 있냐고 물었다. "예, 그게 뭐 어떻데요?" "근데, 이거 한번 생각해 봐라, 사법 당국이 수배를 내린 범죄자가 될 수도 있다는 걸." "아저씨, 언제나 그 빌어먹을 일을 생각하고 있다고요." "좋아, 그래서 경찰이 FBI가 너를 뒤쫓는다고 생각해 보자, 네 등에 참수된 예수 문신을 하고 있다면 너를 찾기가 쉽겠냐 어렵겠냐?" 그는 문신을 하지 않았다. '그들의 처지에서' 사람들을 만나야 한다.

43. 소크라테스는 "사람들은 모르는 것은 욕망하지 않는다"고 했다(Symposium 200a–b; Lysis 221d). 즉, 큰 코에 대한 인식이 없다면, 큰 코를 원치 않는다는 것이다. 마찬가지로, 그가 진실을 알고 있다고 생각한다면, 그는 탐구를 멈춘다.

44. 중독 치료 분야의 최근 경향은, 한 환자를 부정의 단계에 있다고 말하지 않고 숙고전단계에 있다고 본다. 내가 들은 연구 발표에서, 알코올중독의 심각한 형태를 앓고 있는 사람들이라 할지라도 규칙적이고 일상적이고 자

발적으로 금주를 결심하고, 그런 다음에 금주를 실제로 하고 있다는 것이다. 매년 엄청난 수의 알코올 중독자들이 이렇게 하고 있다고 한다. 심각한 상태에 있는 것으로 보이는 외견상으로 구제불능의 알코올중독자라 할지라도, 자발적으로 자신을 진정시킨다. 초이론적 모델에서는, 이를 부정의 단계에 있지 않고 숙고전단계에 있다고 본다. (이것은 또한 동기부여 상담자가 어떻게 환자의 상태를 이해하고 접근할 것인가의 문제이기도 하다.)

5장

45. 소크라테스는 〈플라톤의 대화〉에서 이야기를 이끌어가는 주동적 인물이다. 대부분의 학자들은 소크라테스가 책을 쓰지 않았다고 본다. 또한 소크라테스 문답법이라는 방법을 제시한 적도 없다. 이후에 학자들이 말하기 대신에 질문하기를 통해 이루어지는 교수법을 소크라테스 문답법이라고 명명하였다.

46. 소크라테스 문답법을 통한 중재에서, 그리고 오직 이 맥락에서만 나는 '가설hypothesis'과 '믿음belief'을 같은 뜻으로 쓰고 있다.

47. 우주에 다른 지적생명체가 있는지 없는지 모든 사람들이 궁금해 한다. 왜 우리는 외계인들을 만나지 못하는가? 이 질문을 개념화 한 것이 드레이크 방정식the Drake Equation이다. 드레이크 방정식은 우주에서 과학적으로 문명화된 지적생명체의 수를 계산한다.

$N = R^* \times f_p \times n_e \times f_l \times f_i \times f_c \times L$

N = 은하계에 존재하는 교신이 가능할 정도의 기술을 가진 문명의 수
R^* = 항성의 생성율과 수(항성이 생겨날 비율)
f_p = 그 항성들이 행성을 갖고 있을 확률
n_e = 항성에 속한 행성들 중에서 생명에 적합한 환경을 가진 행성의 수
f_l = 조건을 갖춘 행성에서 실제로 생명체가 발생할 확률
f_i = 생명체가 지적능력을 가지게 될 확률
f_c = 과학기술이 발달한 문명체의 확률(자신의 존재를 알리는 신호를 우주로 보

낼 수 있는 과학기술)

L = 우주로 감지할 수 있는 신호를 보내는 그 문명체가 존속할 수 있는 기간

변수에 최적의 추정치를 대입하여, 은하계의 지적인 생명체, 문명화된 생명체의 수를 계산할 수 있다. 추정치를 최소로 잡아 계산하더라도 그 수는 1보다 크게 나온다.

그렇다면 왜 지적 외계 생명체에 대한 증거를 우리는 목격하지 못하고 있는가? (이 질문은 미국의 발명가 레이 커즈와일의 기술발달의 수확가속의 법칙(정보기술의 발전이 어느 시점에 이르면 기존의 속도와는 비교도 안 될 정도로 기하급수적으로 빨라지는 현상-옮긴이)을 가지고 보다 기이하게 만들어지기도 한다.)

이에 대한 하나의 대답은, 우리가 생각하는 우주 모델이 뭔가 잘못된 것일지도 모른다는 것이다. 우리가 이해하지 못하는 무언가가 있거나, 예를 들면 통속의 뇌brains in a vat(영화 매트릭스 경우처럼) 또는 스웨덴 출신 철학자 닉 보스트롬이 가정하는 것처럼 우리는 모의현실(우리가 발전된 문명체가 설치한 거대한 모의실험 공간에 거주하는 존재일 수 있다는 가설이다. 이는 가상현실과는 다른 개념으로 진정한 현실과 구별이 불가능한 완벽하게 모의된 시뮬레이션 논리에 따르게 된다-옮긴이)에서 살고 있는 것일지도 모른다(Bostrom 2003). 이에 반하여 생명체가 반드시 통과해야 하는 "있을 수 있는 장벽probability barrier" 같은 것이 있다는, '그레이트 필터Great Filter' 주장도 가능하다.

한슨은 어떤 생명체가 발생하여 진화를 거듭할 때 9가지의 단계를 거친다고 보며, 진화 경로의 최고의 단계는 "우주공간의 대부분을 점령하는" 단계라고 상정한다.

1. 적절한 행성계(유기체들을 가진)
2. 자기복제가 가능한 분자 구성물(예를 들어 RNA)
3. 단순한 단세포 생명체
4. 복잡한 단세포 생명체
5. 성 분화로 자기복제
6. 다세포 생명체
7. 큰 뇌와 도구를 사용하는 동물
8. 현재 인류의 모습

9. 우주공간 점령

그레이트 필터 가설은 하나 또는 그 이상의 단계로 올라가는 것은 "가능성이 대단히 낮을very improbable" 수밖에 없다고 말한다(Hanson 1998). 만일 가능성이 낮지 않다면, 우리는 지적 외계 생명체의 증거를 목격했어야 한다.

다행스럽게도, 보스트롬은 다른 지적 생명체와의 만나지 못한 것이 인간에게는 행운이라고 한다. 그레이트 필터가 우리의 과거에 있지 않고 우리의 미래에 있을 가능성이 크다는 의미에서다(Bostrom 2008). 이 말은 앞서의 단계에 있는 생명체에게 어려운 일이라면, 그러면 우리보다 나중단계에 있는 생명체에게 우주여행은 매우 쉬운 일일 것이다. 지적생명체로부터 무소식이 희소식이고, 우리의 미래에 좋은 징조라는 것이다.

48. 사람들이 신앙에서 벗어나도록 하는 소크라테스 문답법 효과를 입증하는데 커다란 장애물이 있다. 소크라테스 문답법의 신앙치유 유효성에 대한 연구가 전혀 없다는 점이다. 사람들을 신앙에서 벗어나도록 하는 중재에 소크라테스 방법을 적용한 기록이 없다고 하는 게 정확하다.

이유는 이렇다. 사람을 대상으로 실험을 진행하기 위해서는 연구자는 반드시 IRB의 승인을 거쳐야 한다. 대학들이 연합하여 만든 이 단체는 독립된 연구윤리 심사위원회로 인간이 실험의 대상이 되는 연구를 심사하여 승인한다. 인권을 침해하는 연구를 방지하기 위한 것이다.

현실적으로 사람들이 신앙에서 빠져 나오도록 돕는 연구가 IRB 승인을 받기는 거의 불가능하다.

이러한 유의 연구를 제안하는 것은 격렬한 논란을 몰고 올 것이 뻔하고, 인권을 침해한다고 여겨질 것이다. 따라서 아무도 그런 연구를 IRB로부터 승인받으려 하지 않을 것이다.

어떤 사람이 소크라테스 방법을 신앙에서 빠져 나오도록 돕는데 사용할 수 있고, 친구들에게 성공과 실패에 대해 말하고, 자신의 블로그에 글을 올리고, 그것을 교육적 중재의 하나로 수업에 활용할 수 있다. (나는 수많은 사람들에게 신앙을 버리고 앞으로 가는 신뢰할 수 있는 인식원리를 갖도록 도왔다.) 하지만 IRB의 승인이 없기에, 전문가 연구검증 학술지peer-reviewed journals 에 실리지도 않을 것이고, 물론 대학이 연구를 허용하지도 않을 것이다. 이러한 이유로 인해, 신앙을 극복하는데 활용된 소크라테스 문답법 효과에 대한 연구가 보고되지 못하는 것이다.

다행스럽게도, 소크라테스 기법이 신앙의 제국 밖으로 나오는 행동 변화를 이끌어낸다는 명백한 증거들이 있다. 소크라테스 문답법이 교도소 재소자들의 범죄 재발을 막는데 도움을 준다는 여러 연구(Boghossian 2004; 2006a; 2010)가 있고, 소크라테스 문답법이 어떻게 작용하는지에 대한 연구도 있다(Boghossian 2002a, 2002b, 2003, 2012). 최근 내가 했던 연구는 오리건 보건과학대Oregon Health Science University 당뇨병 클리닉센터에서 환자들의 사유 과정을 명확하게 설명하기 위해 그리고 건강관련 목표들을 달성하기 위해 반증사례를 제시하면서 치료 순응도를 높이는 것이었다. 인지적 태도의 변화(Froján-Parga, Calero-Elvira, & Montano-Fidalgo 011)와 비판적 사고 및 추론의 증진(Boghossian 2004)에 소크라테스 문답법의 유효성을 연구한 사람들도 많다. 머지 않아 사람들이 신앙을 극복하는 목적으로 사용되지 못한다 하더라도, 교정, 중독 분야와 심리학 분야에서 유사한 인식행동 중재의 폭넓은 기반이 마련될 것이다.

최근의 여러 연구문헌들에서는 결정적 치료법은 아니지만, 추론의 문제점을 바로잡는 데 자발적 교정 메커니즘으로 사용될 수 있다고 추천하고 있다. 우리는 소크라테스 문답법이 무엇인지, 어떻게 작동하는지, 그것의 성공사례들을 알고 있다. 신앙에 대한 치유에 소크라테스 문답법이 사용된 것이 전문적인 학술지에 보고되지는 않았지만, 유효성을 입증하는 다수의 문헌들이 있고, 그리고 종교적 광신도 재교육에 성공한 사례(Dubrow-Eichel 1989, pp. 43-49, 195)도 있어 이 문답법을 신앙에 대한 신뢰할 수 있는 치유수단으로 볼 수 있다. 하지만 신앙을 미덕으로 생각하는 사람들의 인식 때문에, 종교적 자유를 위협한다는 우려(Robbins & Anthony 1982, p. 292)로 인해, 그리고 연구윤리(IRB)가 개입되면서, 신앙에서 빠져 나오는 것을 돕기 위한 목적의 연구가 어려워지고, 중재의 효과에 대한 계획적인 연구도 전무한 상태이다.

6장

49. 우리 부모 세대 그리고 짐작컨대 그 이전 세대들은, 아이들에게 가장 좋

은 것이 무엇인지 알고 있다고 주장하는데 주저함이 없었다. 진보적이라 할 수 있는 나의 부모님도 이러한 태도를 갖고 있었다. 나의 희망사항은 아내와 내가 키우는 아이들이 우리 이전 세대들에게 만연해 있던, 그런 확신에 의해 속박 받지 않도록 하는 것이다. 사실 과거의 그 어느 때보다 지금이 부모와 자식들이 보다 평등한 관계에 있다고 생각한다.

50. 회의주의적 사고를 하는 아이로 키우는 문제를 포함하여, 종교와 신앙에서 회복하는 것과 관련된 많은 연구가 있어야 한다. 더 나아가 다른 것에 의해서가 아니라 바로 논리적 사유와 증거에 의해 뒷받침되는 믿음의 가치를 옹호하는 예방 및 억제전략을 발전시키는 일은 혁신적이고 성취감을 주는 학문적 성과가 될 수 있다. 이 분야는 학문의 미개척지라 할 수 있다.

51. 죽음으로 인한 슬픔에 관한 책들이 도움이 된다. 특별히 스위스 출신 미국인 정신의학자 엘리자베스 퀴블러로스와 데이비드 케슬러의 〈상실수업 On grief and grieving〉, 2005. (김소향 옮김, 이레, 2007)을 권한다. 상실에 대한 그녀의 심오한 이해를 신앙에 대해 활용하면서, 나의 중재는 깊고 풍부해졌다.

52. 신자들이 소크라테스, 니체 그리고 '네 명의 기사'들로부터 중요한 교훈을 배우도록 만들자. 이 사람들은 엉터리 추론과정, 확신, 종교적 독실함의 위험에 대해 앞서 깨달았던 이들이다. 확신에 찬 믿음이 우리를 더 나은 사람으로 만든다는 현재의 세계관 대신, 알지 못하는 것을 아는 체 하지 않는 것이 미덕이 되는 사회를 만드는 것이 우리들 일이다.

53. 나의 부모님이 살았고 어머니가 돌아가셨던 네바다주에는 '존엄사법 Death of Dignity Law'이 없다. 신자들이 내 어머니를 포함해 서서히 고통스럽게 죽어가는 많은 사람들의, 떠날 시간을 선택하여 품위 있게 떠나고자 하는 희망을 짓밟아버렸다. 2013년 현재, 오리건주와 워싱턴주에만 존엄사법이 있으나 그 또한 매우 제한적이다.

비극적이게도 지독한 고통 속에 있는 임종을 앞둔 환자들이 자신의 삶을 빠르게 고통 없이 마무리하지 못하는 가장 큰 이유는, 참혹한 고통을 며칠을 몇 주를 또는 몇 달을 견디도록 만드는 이유는, 신앙이 만들어 낸 거짓 확신과 관련이 있다. 이것은 너무도 심각한 문제인데, 신자들이 신앙을 갖지 않는 사람들에게까지 자신들의 신앙이 명하는 것을 따르라고 강요하는 것이다. 존엄사 조치들에 반대하는 가톨릭교회의 캠페인이 이를 명백하게 보여 주고 있다.

54. 이러한 나의 선호는 어쩌면 성에 대한 나의 자유주의적 성향 때문일 것이다. 만일 내가 청소년기부터 종교적 도덕적 이유로 섹스를 자제해 왔다면, 72명의 처녀들이 훨씬 더 유혹적일 수 있을 것이다.

55. 포틀랜드주립대학교에서 학생들과 함께 이와 관련된 일을 했었다. 라이언 마르케스, 애나 윌슨, 르네 바넷, 카이 팩, 스티브 헬스 그리고 다른 몇몇과 함께 공립고등학교에서 비판적 사고를 가르쳤다. 1년 넘게 숱한 어려움을 뚫고 열심히 했지만, 아쉽게도 우리 프로젝트는 중단되었다 (가장 큰 이유는 예산 삭감 때문이었다). 하지만 학교에서 학생들이 받았던 그 교재들은 계속 쓸 수 있고, 크리에이티브 커먼즈Creative Commons (http://creativecommons.org/ 특정한 조건에 따라 저작물의 배포를 허용하는 저작물 사전 이용 허락 표시로, 저작자 표시, 비영리, 변경금지, 동일조건 변경 허락 등의 일정 조건을 지키면 자신의 창작물을 얼마든지 이용해도 좋다는 저작권자의 승인이다―옮긴이) 표시도 하였다. 우리가 제안한 프로그램을 원하는 누구라도 모든 학생들에게 이를 활용할 수 있고, 교재로도 쓸 수 있다. 우리는 독자들이 지역의 고등학교에서 이 프로젝트를 다시 시작하고 발전적으로 활용하길 진심으로 바란다.

56. 내가 자원들을 보다 큰 위험에 집중하지 않고 불균형적으로 쓴다고 주장하는 근거는 많은 범죄 관련 연구들에 뿌리를 두고 있다. 언뜻 납득이 잘 안 될 수도 있지만, 증거는 명확하다. 저위험군 범죄자가 교도소나 커뮤니티에서 치료를 받을 때, 그들의 재범률은 실제로 올라간다. 저위험군 범죄자는 처음에는 '결단난 상태broken'가 아니다. 그들에게 필요하지 않은 프로그램을 시도하는 것은 그들에게 '결단났다'고 말하는 것이고, 그들을 화나게 만들고, 실제로 그러한 상태이고 다른 사람들에게 악영향을 끼치는 고위험군 범죄자들과 그들을 섞어버리는 것이다.

한 연구에 따르면, 최소한의 치료 조건에서 고위험군 범죄자의 재범률은 평균 92퍼센트지만, 집중치료 조건에서는 25퍼센트까지 떨어진다. 반면 저위험군의 경우 최소치료 조건에서 12퍼센트의 재범률을 보이고, 집중치료 조건에서는 29퍼센트까지 그 비율이 올라간다(Andrew & Friesen 1987). 많은 메타분석이 우리들의 직관과 반대되는, 고위험군 범죄자는 적절한 치료를 받으면 점점 나아지고, 저위험군 범죄자는 실제로 점점 나빠진다는 패턴을 확인해 주고 있다(Andrews, et al., 1990).

저위험군 사람들을 교도소에 수감함으로써 그들의 재발위험을 낮추게 하는 요인들인, 헌신적인 아내, 아이들, 품격 있는 일자리, 친사회적인 친구들 등등과 떼어 놓는 것이다. 고위험군 범죄자들은 끝장났지만, 적절한 치료를 받을 경우 재범률은 내려간다. 이를 '위험의 원칙'이라 한다. 이 원칙은 한정된 치료 자원이 어디에 집중되어야 하는지를 교정당국에 말해준다. 바로 고위험군 재소자들이다. '필요의 원칙'은 당국에게 누가 가장 도움이 필요한지 가장 중요한 일이 무엇인지를 말해준다.

정신건강, 가난, 그리고 자존감 결핍은 범죄의 원인이 아니다. 가난하고 낮은 자존감을 가진 대부분의 사람들은, 그리고 정신적 우울로 고통 받고 있는 대부분의 사람들은 범죄를 저지르지 않는다. "범죄를 야기하는 결핍"으로 알려진 다른 '결핍 영역'은 범죄 가능성을 높인다. 예를 들면, 반사회적 태도·가치·신념을 가진, 반사회적 친구들이 있는, 반사회적 인성(충동성, 자제력 부족, 나르시시즘 특성) 또는 약물남용 문제를 가진 개인들은 범죄를 일으킬 소지가 높고 도움이 필요하다. 위험과 필요의 원칙은 효과적인 교정 프로그램을 만드는 여러 원칙들 중에 혼동하기 쉬운 것들이다(Andrews, et al., 1990; Bogue, Diebel, & O'Connor 2008; Bonta & Andrews 2010; McNeil, Raynor, & Trotter 2010).

7장

57. 신앙을 옹호하는 논증들을 넘고 난 이후에, 신 존재 논증을 다루어야 한다. 해리슨의 명쾌한 저서 〈사람들이 신을 믿는 50가지 이유들 50 Reasons People Give for Believing in a God〉(Harrison 2008). (윤미성 옮김, 다산초당, 2012)을 강력하게 추천한다. 나는 이 책을 나의 포틀랜드주립대학교의 무신론 수업의 교재로 쓰고 있다. 아울러 미국의 수학자 존 알렌 파울로스의 〈반종교: 수학자가 설명하는 신존재 논증이 허점투성인 이유 Irreligion: A Mathematician Explains Why the Arguments for God Just Don't Add Up〉 (Paulos 2008)를 권한다. 이 간략한 책에서, 파울로스는 고전적 현대적 신 존재 논증들을 반박한다.

58. 로렌스 크라우스의 아무 것도 없음은 불안정하고 그리고 이내 무에서부터 무언가가 솟아난다는 논증을 나는 거론하지 않는다. 첫째, 이 주장은 나의 개념적 이해력의 한계를 느끼게 한다. 둘째, 이 입장에서 논쟁해야 할 이론적 물리학에 대해 잘 모른다. 이러한 개념들과 물리학을 잘 알지 못한다면, 이 논증을 사용하지 않는 게 좋다.

크라우스의 책 〈무로부터의 우주: 왜 무보다는 유가 더 나은가 A Universe from Nothing: Why There Is Something Rather than Nothing〉(박병철 옮김, 승산, 2013)은 중요하다. 여기에 담겨 있는 주장들은 중재에서보다 학문적 논쟁에 더 적합하다.

59. 이것은 또한 칼람Kalām(이슬람 사변신학—옮긴이)의 우주론적 논증을 부수는 치명타이기도 하다. 이 논증은 최근 기독교 변증론자들의 총애를 받고 있는데, 논증은 이렇게 전개된다.

전제 : 존재하는 것들 중에, 시작이 있는 모든 것들은 원인을 갖는다.

전제 : 우주는 시작이 있었다.

결론 : 우주는 원인이 있다.

60. 이것은 영국의 철학자 버틀란트 러셀의 '차 주전자teapot' 버전이다. 러셀은 다음과 같이 비유한다. 아주 작은 차 주전자, 그래서 망원경으로도 볼 수 없는 주전자가 지구와 화성 사이에서 타원 궤도로 태양 주위를 돌고 있다. 만일 이런 차 주전자가 있다는 것을 당신이 반증할 수 없다면, 이것의 존재를 인정하겠는가? 개인적으로 이 러셀의 비유는 내가 자주 쓰는 비유만큼 많은 성공을 가져오지는 못했다. 아마도 사람들이 우주에 떠도는 감지할 수 없는 어떤 물건에 대해 정신을 집중할 수 없기 때문이거나, 한정된 공간에서 볼 수 있는 몇몇 물질들의 증가하는 모순에 반응하기가 쉽기 때문일 것이다. 만일 나의 비유보다 러셀의 차 주전자 비유가 보다 효과가 있다면, 그것을 사용하라.

61. 누군가 신의 존재에 대한 '증거'를 제시하려 할 때마다 떠오르는 유력한 용의자들이 있는데, 바로 그 유명한 미세조정fine-tuning 그리고 복잡성complexity 논증이다. 기본적으로, 미세조정 논증은 신(들)이 우주의 최초의 조건을 생명이 생겨나도록 조율하였다고 말한다. 물리학자 빅터 스텐저는 쉽게 읽을 수 있는 〈미세 조정의 허구: 왜 우주는 우리를 위해 설계되지 않았는가 The Fallacy of Fine-Tuning: Why the Universe Is Not Designed for

Us〉(Stenger 2011)에서 이 논증을 완벽하게 해체해 버렸다.

가끔 '시계조립공 논증Watchmaker Argument'이라고도 불리는 이 복잡성 논증에 깔린 기본 생각은, 시계 내부의 작동방식은 너무도 복잡해서 그들 스스로 만들어지기 어려운 것처럼, 우주의 작동방식도 마찬가지라는 것이다. 우주는 정말 너무도 복잡해서 설계자 없이는 생겨날 수 없다는 주장이다. 도킨스와 여러 사람들이 이 생각에 대해 자세하게 다뤘다.

입증되지 않는 믿음을 믿는 사람들을 교정하는 중재에서 자주 사용하는 것으로, 동료들의 많은 도움으로 정리한 나의 반박은 토네이도 이야기다. "토네이도를 본 적이 있어요? 신이 버튼 위에 손가락을 얹고 이러한 놀랍도록 얽히고설킨 자연현상을 디자인했다고 생각하나요?" 복잡성은 시스템의 자연적 결과로 떠오를 수 있는 것으로, 한 존재에 의해 설계되거나 지휘되는 것이 아니다.

62. '틈새의 신God of the gaps' 논증은 우리가 과학적으로 설명하지 못하는 현상들에 대한 설명에 신을 끌어들이는 것이다. 예를 들면, 오늘날의 과학이 번개에 대해 설명할 수 없다면, 신자들은 "신이 하는 일이다."라고 말할 것이다. 우리가 과학적으로 번개의 메커니즘에 대해 말하면, 그들은 다른 현상과 그 현상의 원인으로서 신의 속성으로 계속 옮겨갈 것이다. 이 논증을 '신의 틈새'라고 부르는 것이 더 적절한데, 왜냐하면 우리의 과학적 지식이 틈새를 하나 둘 메워 가면 신이 기여할 수 있는 것은 더 작고 좁은 틈새(자연현상)만 남게 될 것이기 때문이다.

최근에는, '지적 설계 ID, intelligent design'가 틈새의 신 논증의 한 형태로 제시되고 있다. 이것의 기본적인 생각은 이렇다. "당신은 생명이 어떻게 탄생하고 지속되는지 알지 못한다. 그러므로 생명을 만들고 지속시키는 데에 신이 관여한 것이다." 생명의 기원에 대한 틈새의 신 논증이라고 할 수 있는데, "우리는 무생물로부터 살아있는 유기체가 자연적으로 발생한 그 프로세스를 알지 못한다. 따라서 그 원인은 신이다."라는 주장이다.

63. 사람들이 나에게 이것이 왜 예외적인 주장이라고 생각하는지를 물었을 때, 처음에는 놀랐다. 많은 사람들에게서 숱하게 질문을 받다보니 무감각해져서 이제 더 이상 놀랍지도 않다. 죽음에서 부활하는 것이 매일 일어나는 일이거나, 아주 흔한 일은 아니지만 죽음에서 누군가 다시 살아나는 것이 기대되는 일이라면, 그렇다면 죽음에서 다시 살아나지 않는 것이 예외

적인 일이 될 것이다. 우리는 사람들이 죽었다가 다시 살아나는 일이 자주 있거나 늘 일어나는 우주에 살고 있지 않다. 따라서 누군가 죽음에서 다시 살아났다는 주장은 깜짝 놀랄만한 주장이다.

죽음에서 다시 살아났다는 주장이 예외적인 증거를 요구하는 놀랄만한 주장이라고 말할 때, 나는 성경은 증거의 믿을만한 출처가 될 수 없다고 말하는 것은 아니다. 물론 그것도 또한 예외적인 증거이고 따라서 믿음을 입증하는 충분한 정당화로 받아들일 수 있다. 나는 이렇게 답한다. "벽을 통과할 수 있는 한 여자에 대해 들었다고 가정하자. 또 당신이 그것이 진실인지를 밝혀내는 임무를 받은 형사라 가정하자. 당신은 무엇을 하겠는가?" 나는 무엇보다도, 성경에 나오는 주장들은 참이라고 믿는 사람들에게, 오늘날의 형사들이 가지고 있는 증거의 기준을 똑같이 적용할 것을 주문한다. 증인들의 이름은 무엇인가? 그들은 어디에 살고 있는가? 그들에 대한 평판은? 이것을 본 증인들은 몇 명인가? 당신은 그들과 직접 인터뷰를 했는가? 그들이 믿음직한 증언을 한다고 어떻게 아는가? 그 문제들과 증인들이 개인적 관계는 무엇인가?

이러한 질문들을 한다면, 많은 사람들은 성경은 이 예외적인 주장들을 정당화 할 수 있는 믿을만한 출처가 아니라는데 동의할 것이다. 대화는 대개는 '믿음을 갖는 것'이 중요하다는 것으로 다시 돌아갈 것이고, 이는 신뢰할 수 없는 인식원리라고 공략하면 된다.

하지만 중재에서 나는, 예수의 부활과 이 주장을 지지하는 증거들에 대해 계속 토론하는 대신에, 마호메트가 날개 달린 말을 타고 하늘로 간 이야기를 한다. 엄밀하게 말하면 마호메트가 역사적인 인물이라는 반박할 수 없는 증거들이 있는데, 왜 이 신앙에 근거한 명제는 믿을 수 없는 지를 묻는다. 이처럼 자신의 신앙 전통에서 개념적으로 거리를 유지하도록 하는 것은 예외적인 증거들이 만들어내는 예외적인 주장들을 객관적으로 평가하는데 많은 도움을 준다.(이것은 존 W. 로프터스의 〈믿음에 대한 외부자의 테스트〉에서 아이디어를 빌려온 것이다).

64. 아나사지Anasazi(미국 애리조나, 뉴멕시코, 콜로라도 인근 지역에 있었던 고대 문명을 만든 민족-옮긴이), 이스터 아일랜드족Easter Islanders(남태평양의 이스터 섬 주민-옮긴이), 마야족Mayan 그리고 그린란드 노르만족Norse Greenlanders(그린란드에 이주하여 살던 고대 스칸디나비아인-옮긴이) 등이 그 예들이다. 그린란드에

이주하였던 이들이 실패했던 이유 중의 하나는, 종교적 이유로 조개류와 지역에서 쉽게 구할 수 있는 먹을거리를 못 먹게 했기 때문이었다. 간단하게 말하면 종교적 금기 음식(유대교 그리고 무슬림이 돼지고기를 금하는 것 같이)이 종족의 실패와 성공을 갈랐다.

65. 간단하지만 빈틈없이 핵심을 정리하고 있는 톰 바틀렛의 "신 털어내기 Dusting Off God"(Bartlett 2012)는 안타깝게도 자주 인용되고 있지 않다.

66. 신자들이 원하고 그들이 알고 있다고 주장하는 것은, 태초에 우주가 의미나 목적 같은 추상적인 특성들과 함께 한 묶음으로 생겨났다는 것이다. 우주에 이 추상적인 특성들이 처음부터 기본으로 제공되었다고 생각하는 것의 가장 큰 문제점은 삶의 의미를 만들어가야 하는 우리의 책임을 폐기해 버린다는 것이다.

빅터 프랭클의 〈죽음의 수용소에서 Man's Search for Meaning〉(이시형 옮김, 청아출판사, 2005)에서, 그는 자신과 동료 수감자들이 아우슈비츠에서 발견했던 의미들을 이야기 한다. 이 책은 우리가 삶에서 어떻게 의미를 찾고 있냐를 이해하는데 지대한 영향을 주었다. 즉 삶의 의미가 얼마나 철저하게 맥락적인지, 어떻게 우리 스스로의 의미와 목적을 만들 것인지, 그리고 어떻게 삶의 매 순간마다에서 의미를 찾을 수 있는지를 이해하게 해준다.

67. 강단 좌파는, 개인적인 신앙에 대해 질문을 받자마자 우울해지는 신자들을 측은하게 생각하려 애쓴다. 그들은 신앙에 대한 공격을 지적 헤게모니의 한 유형으로 또한 인식론적 제국주의(8장을 참조하라)로 이해하려 든다.

68. 무신론과 나치즘은 동일하다는 단순하고 환원주의적인 주장들이 있다. 예를 들면, "무신론은 히틀러/나치즘을 초래한다"와 비슷한 말이다. 비슷한 다양한 버전들이 만들어져왔다. 나치즘은 필연적으로 다윈을, 루터를, 베르사유 조약을, 바그너의 오페라를, 헤겔을 낳았다는 것이다. 이러한 것들은 명백한 반대사례를 견뎌내기 어렵다. 나치가 되지 않는 수많은 무신론자, 다윈주의자, 루터교도, 베르사유 조약 반대자, 바그너 추종자, 니체주의자, 헤겔주의자들이 있기 때문이다. 이것들은 모두 역사기술적인 관점에서 생겨난 멍청한 논증이다.

아돌프 히틀러는 무신론자였나? 그를 교회에 다니는 기독교인이라 부를 수는 없다. 하지만 무신론자의 예로 사용되는 것 또한 어렵다. 청소년기에 반기독교 교육을 받았다고 보기도 어렵고, 독실한 어머니와 함께 예배에 참석하고 성가대원도 하고, 그것을 매우 즐거워했다. 사실 교회의 장엄함과 화려한 행사가 나치의 집회와 의례에 상당한 영향을 끼쳤다.

로마 가톨릭을 믿는 가정에서 나고 자란 히틀러는 이후로 명목상의 가톨릭 신자로 남아 있었다. 그는 공식적으로 교회나 교인임을 포기하는 선언을 하지 않았지만, 그는 약자, 노약자, 정신 장애자에 대한 교회의 돌봄 행동에 적대적이었고, 그들을 제거해 버리길 원했다. 그렇다고 이런 일로 히틀러는 기독교를 불법화하지는 않았다.

히틀러는 나사렛 예수의 신성을 의심하지 않았고, 다만 유대인이 아닐까 의심하며, 그가 실제로 아리안인이라고 믿으려 했다. 수많은 미국인들의 거실을 장식하고 있는 정갈하게 손질한 머리, 파란 눈의 예수의 초상화는 한 점 의심도 없이 히틀러의 승인을 받았다.

다음은 히틀러가 무신론자였다는 주장들을 반박하는 구체적인 사례들이다.

- 당비서 마틴 보르만이 에바 브라운의 숙모가 수녀로 있던 수녀원을 폐쇄하자, 히틀러는 그런 조치들은 유익하기 보다는 유해하다며 원상회복하라고 명령했다.
- 히틀러는 독일 군대가 전장에 나갈 때 가톨릭과 프로테스탄트 군종 신부와 군목을 허용했다. 모든 군인들이 차고 있던 벨트의 버클에는 독일 독수리가 안고 있는 만(卍)자에 둘러 새겨진 글 "신이 우리와 함께 있다 Gott mitt uns."가 새겨져 있었다.
- 히틀러는 '유대인 문화'가 스며있는 성경이 독일 기독교인들에게 끼치는 영향을 안타까워했다. 끝없는 루머들이 자신의 주변에 있었지만, 히틀러는 한 번도 무신론자이다거나 이슬람의 아브라함 신, 유대교, 그리스도교를 믿지 않는다고 고백한 적이 없다. 그 셋 중에, 이슬람에 대한 특히 그것의 군사적 전통에 대한 최고의 경배를 품고 있었다.
- 히틀러는 24번의 암살 음모와 시도에 살아남아서는, 원대한 사명을 다 하라고 자신을 살려준 "신의 섭리" 그리고 "전능하신 하느님"에게 공을 돌렸다. 소련을 침공하기 전날 밤에 즉 정복과 박멸의 전쟁이 시작되기 전에, 군인들에 대한 연설을 이 말로 끝맺었다. "우리 군대에 전능하신 하느님의 영광이!"

- 나치 독일의 첫 외교정책에서의 쿠데타는 정치 불간섭을 조건으로 교회의 독립과 가톨릭학교의 지속적인 운영을 허용하는 '바티칸과의 협약'이었다. 이는 나치 체제에 대한 결정적인 인정이자 초기의 합법화였다. 교회는 또한 바르바로사 작전Barbarossa(소련 침공 작전 암호명-옮긴이)으로, '신이 없는 소비에트에 대한 캠페인'이 시작되었을 때, "그 방법을 환영한다"고 했다. 히틀러, SS대장 하인리 힘러 그리고 홀로코스트 기초자 라이하르트 하이드리히 이름뿐인 신도였던 이들은 교황법정Holy See에서 제명되지 않았다. 오늘에 이르기까지, 그들은 하나뿐인 진실한 교회의 신성한 눈 안에서 가톨릭 신분을 유지하고 있다.
- 예배 참석을 규제하는 것에 대해서는, 그런 주장들이 제기되자 히틀러는 "내 어머니가 살아 계시다면, 그녀는 꾸준히 교회에 나가는 사람이 되는 걸 의심하지 않았을 것이고, 나도 어머니를 감추길 원치 않았을 것이다."라고 말했다. 지나치게 열성적인 나치당 당원들이 바바리아 교실의 벽에서 십자가상을 철거했을 때, 히틀러는 원상회복을 명령했고 십자가상들은 다시 걸렸다.

히틀러를 둘러싼 여러 의혹들은 부정확하고 허술한 시중의 소문들을 모은 것들에 기인한다. 이런 잡담들은 히틀러가 측근들과 나누었던 대화로 둔갑되어 책에 실렸다. 이러한 텍스트들의 몇몇 버전은 독일어 원본에는 없는 날조된 진술들이 포함된 채 외국어로 번역되었다.

이완 케르쇼우, 알란 블록 그리고 다른 히틀러 자서전 저자들은 여러 모를 고려할 때 전반적으로 반교회적인 히틀러와 나치즘을 묘사하고 있다. 하지만 이것들은 히틀러의 종교적 관점으로 인해서나 종교적 신심의 부족 때문이 아니라, 그의 정치적 대응으로 이해되어야 한다. 히틀러는 가톨릭 교회를 존중했거나 잠재적인 라이벌(제도적으로 나치당이나 독일국가와 연관된 것으로)로 심지어 두려워했다. 사회주의자 또는 공산주의자 노동조합원들과 더불어, 유대인들은 말할 나위 없이, 실천적인 가톨릭교인들은 자유로운 선거가 있었던 시기에 나치당을 결코 지지하지 않을 사람들이었다. 아마도 이런 단순한 이유 때문에 히틀러는 가톨릭 교계와 그의 목적에 가장 필요한 시점에 협상에 매달렸다.

프로테스탄트는 훨씬 더 나치즘으로부터 많은 지원을 받았는데, 이는 히틀러가 프로테스탄트 교회를 보다 유순한 것으로 보았기 때문이다. (그는 또한 그들을 경멸하였다). 하지만 히틀러의 프로테스탄트 교회를 포섭하려는 시도는 마지막에는 실패했다. 이에 대응하여 이른바 고백교회Confessing Church가 만들어졌고, 나치에 저항하는 중심으로 성장하였다. 바르트, 니묄러, 본 회퍼 등이 그 중심에 있었다. 아마도 상당부분은 오스트리아 작은 마을에서 자란 그의 문화적 편견이 가톨릭 교계제도에 그리고 (대개가 북독일과 프러시아인 이었던) 프로테스탄트와 관련하여 양자 모두에게 작용했다고 본다.

69. 공산주의 도그마와 종교는 둘 다 믿음을 필요로 하는 이데올로기이다. 그것들에겐 자기교정의 메커니즘이 없다. (공산주의자 교육과 관련해서는 맑시스트의 이념훈련을, 종교교육에는 가톨릭교회의 교리문답을 생각하면 된다.) 무신론은 도그마가 아니라 회의주의의 토대 위에 있고, 결코 의심을 제한하지 않는다.

8장

70. 고전적 자유주의가 자유를 강조하는 반면에, 사회적 자유주의는 자유가 권력에 의해서뿐만 아니라 사회적 처지에 의해 빼앗기고 있다고 인식한다. 다시 말해, 사회적 자유주의는 어떠한 요소(인종, 젠더, 성적 지향, 종교)들이 자유를 제한하고 있는 것을 인정하고, 따라서 많은 사회적 자유주의자들은 정부의 개입을 주장한다(예, 1964년의 시민권법). (선거권, 각종 시설 이용권, 교육, 고용, 연방기금 이용 등에서의 인종, 피부색, 종교, 성별, 출신국가에 따른 차별을 불법으로 규정하여 시민권의 획기적 진전을 이룬 미국의 법안—옮긴이). 사회적 자유주의자들은 공평한 경쟁의 장을 보장하고 고전적 자유주의 원칙들을 지키는 것이 필요하다고 주장한다.

현대의 강단 좌파가 주장하는 또 다른 자유의 제한은 사회적 태도이다. 태도들은 어떤 개인이 특정한 그룹에 속해 있다는 단순한 이유 때문에 여러 기회를 제한한다. 사람들의 기회를 제한하는 사회적 합의를 인정하라고 다른 사람들에게 요구하는 것은 정당하고, 아울러 그 사회적 합의를 깨려고 시도하는 것도 정당하다. 그들이 속한 그룹에 근거하여 사람들에 대해 편견을 갖는 것(이러한 편견은 사람들을 겨냥하기에 나쁘다)과 문화에 대한 비판(이것은 생각을 겨냥하기에 좋다)은 분명히 다르다. 미국의 철학자 오스틴 데이시는 자신과 같은 그룹의 사람들에게서 피해를 당하는 것에 우리가 침묵하는 것이 얼마나 심각한 일인지를 강조한다. 이에 대한 적절한 예가 바로 무슬림들이 무슬림들의 표현의 자유를 억압하는 것이다.

71. 이 용어들은 비판적 성찰의 통찰력으로—누구도 이전에는 보지 못했던 특권을 폭로하면서 시작하였다. 하지만 최근의 돌연변이 형태에서 그들은 자신들이 대변해야 하는 가치들의 목을 조르면서 비판적 성찰과 합리적 분석의 힘을 약화시켰다.

72. 역사적으로, 철학은 진리를 찾는데 매진하였다. 최근의 철학들은 의미에 매달린다. 의미는 주관적이다. 이는 세계와 세계에서의 우리의 경험을 다루지 않고, 그 경험을 기술하는 언어를 다룬다. 사고의 급격한 변화이자 전환이다. 객관성, 진리, 형이상학에서 등을 돌려 서사, 개인적 경험, 의미, 그리고 주관성으로 향하고 있다(Tassi 1982).

이러한 해석적인 논의 장에서는, 개인적인 경험은 인식주체와 독립되어 존재하는 세상에 대해 우월적이 된다. 주관성을 최우선으로 하는 해석에는 어떤 의견의 오류(믿음의 오류)도 있을 수 없게 된다. 하나의 객관적인 세계가 존재하지 않기에 가설의 참과 거짓을 판정하는 것이 불가능하기 때문이다. 주체로부터 독립되어 존재하는 세계 없이는, 영국의 철학자 프란시스 베이컨의 유명한 말처럼, "자연을 질문하라"는 불가능하다. 다시 말해, 독립된, 객관적인 세계 없이는 가설이 참인지 거짓인지를 판정할 수 있는 정확한 절차와 방법이 있을 수 없다는 것이다. 가설의 옳고 그름을 판정할 수 없기 때문에, 모든 가설들은 선호의 문제라는 지위를 획득한다. 따라서 "남자는 여자보다 갈비뼈 하나가 더 있다"거나 "홀로코스트는 일어나지 않았다" 같은 명백하게 실증적인 가설조차도 참과 거짓에서 자유로울 수 있게 된다.

"체리 파이는 정말 싫다" 또는 "레드 제플린의 '천국으로 가는 계단'은 아름다운 노래다" 같은 개인적인 선호들도 이제 모든 가설들처럼 똑같이 동등한 인식론적 지위를 가진다. 주관적인 렌즈를 통해 해석된 생각은 한 인식주체에게 진실일 수 있고 또 다른 주체에게는 거짓일 수 있다.

73. 인식론적 상대주의는 사실의 문제에 대한 상대주의로까지 확장되었다.

내가 읽었던 상대주의에 대한 최고의 반박은 미국의 심리학자 크리스 소이어의 "누구에게 진실True For"(Meiland & Krausz 1982)이다. 이 짧지만 심오한 글에서 소이어는 어떤 것이 한 사람에게 참일 수 있고 또 다른 사람에게 거짓일 수 있다는 생각을 완벽하게 분쇄한다.

상대주의가 중재의 맥락에는 대개 이렇게 나타난다. "근데요, 그것은 단지 당신에게만 그렇죠." 이 말을 들을 때마다 나는 당신이 아플 때 마법사에게 가겠느냐 아니면 의사에게 가겠느냐고 묻는다. 만일 그들이 마법사에게 간다고 말하거나 둘이 차이가 없을 거라고 답하면, 진실한 사람으로 보지 않는다고 말한다.

74. 문화적 다원주의는 다원주의의 왜곡된 형태가 되었다. 다원주의는 다양한 의미를 가진다. 최근의 맥락에서 이해하면, 다원주의는 소수자들이(인종, 젠더, 성적 지향, 종교) 법적인 권리를 가진다는 생각이다(Lamb 1981). 다원주의는 고유한 이점이 있고 문명사회에서 필수적으로 요청된다. 문화적 다원주의와 다원주의는 칭찬할 만한 사회적 목표들, 그러니까 집단에서 다름을 설명하면서 이러한 목표들을 도출하여 달성하고자 노력하고 있다.

75. 이러한 관점에서 아이들 양육을 생각할 수도 있다. 좋은 부모는 아이들의 행동을 비판하지 아이를 비판하지는 않는다.

76. 지나친 관용은 또한 비판적 판단을 하지 말 것을 강요하기도 한다.

77. 놀랍게도, 자유주의자들은 이것은 미국의 대외정책 때문이다고 말할 것이다. 어쨌든 이 사태의 원인은 주제가 아니다. 문제는 이러한 사회에 대한 나의 설명의 정확성이다.

78. 이와 관련된 또 다른 생각은, 서구사회는 룰을 따르지 않으면서 일방적으로 자신들에게만 강요하기 때문에 무슬림 극단주의자들이 극악하게 날뛴다는 것이다. 이러한 룰을 일방적으로 강요하는 시도는 물론 반관용이다. 그럼에도 불구하고 많은 좌파들 그리고 온건한 자유주의자들 또한 관용의 부족으로 코란에 대한 '신성모독'을 해석한다. 어쨌든, 관용이 어떤 믿음체계를 받아들이지 않는 사람들에게까지 그 믿음체계의 룰을 따라야 함을 의미하는 것은 아니며, 의미할 수도 의미해서도 안 된다.

79. 좌파는 이를 공감을 불러일으키기 위해 의도적인 주장의 일환이라고 답할 것이다. "의분은 정당하지 않다Indignation is not Righteous"에서, 롱사인과

나는 숙고, 토론, 조사, 비판으로부터 관념들을 지키려는 시도는 마땅히 논리적 궤변으로 판정되어야 한다고 주장한다.

80. 최근의 강단 좌파들이 문화적 상대주의자처럼 문화에 대해 판단을 전혀 하지 않는 것은 아니다. 그들은 어떤 문화가 외국에서 왔던 외계에서 왔든 그 수준에 대해 평가하지 않거나 그것들이 서구사회에 의해 부당하게 취급당하거나 오해받고 있다고 인식하고 있다. 이슬람은 최근 좌파들에 의해 비판해서는 안 되는 믿음과 종교의 대제사장 맨 꼭대기에 올랐다.

좌파 학자들은 서구의 문화의 여러 요소들을 열심히 심판한다. 예를 들면, 강단 좌파들은 서구의 제도들, 서구 재정 시스템, 서구 기업들을 비난하는 것에서 긍지를 느낀다. 북아프리카의 음핵절제 풍습에 대해서는 판단하지 않지만, 학술토론회에서 연사의 성불균형에 대해서는 소리 높여 비난한다.

81. 오스트레일리아 철학자 러셀 블랙포드의 "이슬람, 인종주의자 그리고 정당한 토론 Islam, Racists, and Legitimate Debate"(2012)에서 이 문구를 처음 읽었다. 블랙포드는 미국의 철학자 잔 카제즈의 글에서 이를 인용했다고 밝히고 있다.

'의제 따돌림 하기'는 좌파의 경우에 있어서는 특히 이슬람에 대한 비판 관련하여 집중된다. 현대의 좌파들은 영웅 역할 놀이를 하고 있다. 예를 들면, 이슬람(사상)에 대한 비판을 2차 대전 시기에 일본계 미국인(사람)들을 포로수용소로 보낸 것(미국은 진주만 공습 이후 미국에 거주하는 일본계 이민자들을 적성국 시민으로 간주하여 포로수용소에 감금하였다. 1988년 레이건 정부에서 이를 공식 사과했다—옮긴이)과 도덕적으로 동일하게 취급한다.

82. 개인과 그룹의 권리와 보호를 강화하기 위해, 많은 대학에서는 '다양성' 관련 부서와 기관들을 만들어왔다. 이들이 일을 처리하는 시스템은 대개 기존의 절차를 건너뛰어, 단과대학 차원에서 운영되지 않고 총장 직속으로 운영된다. 대학의 다양성 부서가 전통적인 대학시스템과 달리 총장 직속으로 운용된다는 사실은 이것을 뒷받침하는 이데올로기가 매우 특권적이고 중요하게 취급되고 있음을 보여준다.

83. 영국의 철학자 길버트 라일은 '범주오류 category mistake' 개념을 최초로 제시하였다. 다른 범주에 속하는 것들을 같은 범주에 속하는 것으로 생각하는 오류를 일컫는다. 예를 들면, "그 의자가 화가 났다." 또는 "숫자 16은

촉감이 부드럽다." 등이다.

84. 추천하는 감동적인 책은 이븐 와라크의 〈이슬람을 떠나며: 배교자의 고백 Leaving Islam: Apostates Speak Out〉(2003)이다. 와라크는 이 책에서 이슬람을 떠나기로 한 사람들에 대해 자세한 설명을 하고 있다. 그가 펼치고 있는 서사는 밤을 새울 만큼 흥미진진하다.

85. 미국 국무부, 민주주의·인권·노동국에 따르면, "특히 신성모독 발언과 이슬람에서 다른 종교로 개종, 배교로 간주되는 행위에 대해 아프가니스탄, 이란, 파키스탄, 사우디아라비아에서는 사형까지 당한다."(United States Department of State 2011a). 배교는 물론 다른 곳에서도 사형을 당하기도 한다. 모리타니의 형법전(Mauritania's penal code) 306조에서는 배교를 금하고 있다. "어떤 무슬림의 범죄가 발각되었을 때 그에게 3일 동안 회개의 기회가 주어진다. 만일 그가 회개하지 않으면, 당사자에게 사형이 언도되고 그 사람의 재산은 국고로 몰수된다."고 명시하고 있다.(United States Department of State 2011b).

86. 이 내용은 〈철학자 매거진the Philosophers' Magazine〉에 발표되었다. (Boghossian 2012)

87. "만일 그들이 여전히 이해하지 못한다면"이라고 쓰지 않은 것에 주목하길 바란다. 가르칠 때, 문제를 학생들의 이해력의 측면에서 보는 것이 아니라 당신의 설명의 측면에서 접근하는 것이 중요하다. 예를 들면, 나는 "이해하나요?"라는 말 대신에 "내가 명확하게 설명했나요?"라고 묻는다. 명료함의 책임이 내게 있다는 것이고, 학생들이 자신들의 이해력에 문제가 있다고 생각하지 않을 때 보다 더 자발적이고 적극적이 된다. 아울러 이런 말도 자주한다. "명확하지 않다면 말해 달라. 그것이 내가 설명을 좀 더 잘 할 수 있도록 돕는 것이다."

9장

88. 왜 우리들이 진리에 관심을 가져야 하는지에 대해서는, 미국의 철학자 해리 프랑크푸르트의 짧지만 매력적인 책 〈진리에 대하여 On Truth〉(프랑크푸

르트 2006)를 보라. 그는 이렇게 썼다. "진실에 대해 이렇게 적은 관심을 갖는 사회가 어떻게 그것의 공적 업무의 가장 적합한 처분과 관련되는 최적의 판단들과 결정들을 제대로 할 수 있겠는가?"

89. 우리의 언어를 정화하고 종교시대의 흔적을 제거해야 한다. 우리가 자주 사용하는 표현 중에 더 이상 사용하지 않아야 한다고 내가 주장하는 것들은 다음과 같다.

God bless you 축복이 있길, May the Lord have mercy 자비가 있길, The devil is in the details 악마는 디테일에 있다, Thank God 감사합니다, Soul searching 반성, For God's sake 제발, God helps those who help themselves 먼저 최선을 다해 노력하라, God only knows 아무도 모른다, God willing 별일이 없는 한, Thank God for small favors 천만다행, God's gift to women/men 굉장히 매력적인 여자/남자, Godspeed 성공하길, Our thoughts and prayers are with you 깊은 위로를 드린다, God dammit 이런 젠장, Bless you 축복이 있길, Leap of faith 일단 믿어라, Act of faith 소신 있는 행동, To act in bad/good faith 불성실하게/성실하게 하다, Show good faith 선의를 보여라, Take it on faith 믿어주세요, An article of faith 신념, An act of God 불가항력, Count your blessings 누리는 것에 감사하라, Have faith in me 나를 믿어라, Match made in heaven 천생연분, 등등이다. 또한 다양한 영역에 스며들어있는 표현들도 있다. 법학(Act in bad faith 부정한 짓), 보험(Act of God 천재지변), 미식축구(Hail Mary pass 마지막 승부수), 컴퓨터(Daemon 데몬, 주기적인 서비스 요청을 처리하기 위해 계속 실행되는 프로그램-옮긴이), 컴퓨터 게임 God mode 강력한 상태), 물리학(The God particle 신의 입자), 인간관계(Soul mate 절친) 등등이다.

이러한 종교적 언어들을 쓰지 않는 것은 충분히 가능하다. 여성운동으로 인해 일상적 용어와 호칭들이 한 세기만에 바뀌었다. Mrs.에서 Ms.로, spokesman이 spokesperson으로, stewardess가 flight attendant로 fireman이 firefighter로 등등.

90. 루드비히 비트겐슈타인은 〈철학적 탐구 In Philosophical Investigations〉에서, 언어게임Sprachspiel, language game이라는 개념을 확산시켰다. 언어게임이 말하고자 하는 기본 생각은 단어의 쓰임에 다양성이 있다는 것이다. 즉,

사람들은 같은 단어를 다양한 맥락에 쓸 수 있다. 어떤 단어도 고정된 뜻을 가지지는 않는다는 것이다.

91. 2015년부터는 포틀랜드주립대학교 나의 '무신론' 강좌가 온라인 공개수업 MOOC이 될 수 있을 것이다. 이런 강좌는 무료로 누구나 볼 수 있어야 한다.

92. 많은 사람들이 현대 사회에 의해서 생겨났다고 할 수 있는 삶의 무의미함에 고통스러워하고 있다. 상대주의의 망령이 개인들에게 '헛되고 쓸모없다'는 똑같은 답을 생각하게 만들었다. 신앙심이 깊은 사람들은 상대주의를 하나의 적으로 그리고 목표의 상실을 신에서 고립된 존재의 피할 수 없는 결과로 본다.

니체와 같은 사람들이 우리에게 가르치는 것은 의미의 상실은 신화적 사고에 의존한 천년의 결과라는 것이다. 신화가 거짓이라고 밝혀졌을 때, 우리가 그것에 너무도 오래 의존하여 있었기 때문에 그 결과는 절망감이었다. 의미의 상실에서 한 발짝 빠져 나오기 위해 새로운 신화(뉴에이지, 사이언톨로지, 모르몬교)에 의존해서는 안 된다. 누군가 말했거나 행하였거나 약속했던 것에서 의미를 찾는 진절머리 나는 일을 멈추고 삶의 자존감과 강인한 정신에 기대야 한다. 우리는 스스로 의미를 찾아야 한다.

신화에서 탈출하기는 의존, 절망, 재각성, 강인한 정신의 삶에 대한 가치를 기꺼이 받아들이는 자존감의 순서로 진행된다.

93. 일례로 포틀랜드주립대의 한 기독교 학생조직은 루이스 팔라우 운동Louis Palau's crusade을 후원한다. 천명에 이르는 청소년들이 스포츠나 음악 행사를 빌미로 꾐에 빠진다. 그들은 복음주의라는 심각한 쓴 약을 먹어야 한다. 나는 이 행사에서 한명의 피켓 시위자도 아직 보지 못했다. 몇 십 명일지라도 사인보드와 함께 입구에 피켓시위를 하면서 이 행사는 세상을 변화시키는 그런 류의 행사가 아니라고 부모들에게 경고해야 한다. 확신에 찬 사고를 하는 사람들이 하는 화려하고 공공연한 공습인 종교적 프로파간다가 넘치고 있다. 많은 사람들이 피켓시위를 할 의사가 있지만, 소수만이 그 일에 실제로 나서고 있다. 시위에 나설 사람들을 찾고 함께 참여해야 한다.

94. 나는 최근에 리처드 도킨스 재단RDFRS, 제임스 랜디 교육재단JREF과 연

구 파트너십을 맺었다. RDFRS와의 협력으로 나의 새로운 무신론 강좌에 등록한 학생들이 RDFRS의 홈페이지에 글을 올릴 수 있게 되었다. JREF 와의 파트너십은 학생들이 아이패드로 접속하여 글을 올릴 수 있게 되었다.

이것은 사소한 성과가 아니다. 이러한 파트너십들은 이성과 합리성을 확산하는데 열정을 가지고 있는, 헌신하고자 하는 학생들을 만날 수 있게 한다. 학생들에게는 글쓰기를 향상시키는 기회이자, 이러한 주제에 대한 깊이 있는 공부를 하게하며, 대학원 진학시 독특한 강점을 만드는 좋은 기회이기도 하다.

95. 미국 질병통제예방센터CDC, Centers for Disease Control and Prevention의 홈페이지에도 인식론 학자가 빠지지 않고 등장한다: "당신이 먹는 음식에서 마시는 공기까지, 당신이 있는 어디서든 안전하도록, CDC의 사명은 일상의 생활 모든 측면에 관여하는 것이다. CDC의 연구자, 과학자, 의사, 간호사, 경제학자, 커뮤니케이터, 교육자, 기술자, 인식론 학자 및 다른 분야의 많은 전문가들이 자신들의 전문성을 공공 보건의 증진을 위해 기여하고 있다."

우리가 치명적인 인식론들에 의한 인지적 오염을 처리하기 위한 방법들을 제도화해야 한다. 이전의 세대들이 천연두와 소아마비 근절의 중요성에 주목했다면, 같은 차원에서 미래세대는 인식론적 전염병의 근절을 생각하게 될 것이다.

96. 12년제 교육시스템에서 인식론적 정확성을 높이는 교육을 더 강화해야한다고 아버지께 말하자, 회의적인 대답이 돌아왔다. "정말 그럴까? 거의 모든 도시들에서 고등학교 중퇴율이 33퍼센트를 웃돌고 있다. 우리는 지금 학생들에게 읽는 법 조차 가르치지 못하고 있다. 이제 우리가 인식론적 정확성을 가르치는 것이 성공적일 거라고 무슨 근거로 그리 생각하는데?"사람들이 인식론적 정확성의 중요성을 알게 하는 일이 성공하느냐 못하느냐는 실증적인 질문이다. 나는 대중문화를 통해 달성될 수 있다고 자신한다. 예컨대, 새로운 영웅, 인식론적 기사, 새로운 악당, 신앙 몬스터 등이 등장하는 어린이용 만화나 TV쇼 등을 통해서다.

97. 이와 관련된 세수는 이성을 증진하고 신앙을 억제하는 공공의료 프로그램에 투입될 수 있다. 추가적인 예산들과 인센티브들은 다음의 목적들에

쓸 수 있다. 이성을 재건하고 이성과 과학의 대중적 이해를 위해 지역에서 봉사하는 사람들의 임용과 승진 등 교육기관의 개혁; 12학년제 교육시스템에서 비판적 사고를 위한 커리큘럼 제도화; 신앙을 의미를 재규정하는 공공 캠페인에 대한 후원; 신앙(신자들이 아닌 신앙의 프로세스와 결론에 대한)의 부정적 측면을 다루는 음악, 영화, TV 쇼 제작지원 등등.

98. 독일 그리고 아일랜드와 이탈리아에서, 가톨릭교회가 가진 주식과 기부 금품, 부동산에 세금부과를 지지하는 사람들이 늘어나고 있다. 미국에서는 내가 보기엔, 앞으로 5년 안에 이런 흐름이 만들어지지 않을 것으로 생각한다. 미국의 어떤 현명한 공무원이 가난한 사람들에게 음식을 제공하거나 암 치료와 예방에 헌신하고 있는 비영리조직에 세금을 부과하는 것의 부조리함을 인정하는 것을 아직은 상상할 수 없다. 반면에 사이언톨로지교는 면세혜택을 받으며 그들의 제국을 지속적으로 건설하고 있다. 면세에 대해 사회적 가치를 평가하면서 이러한 개혁을 요구해야 한다.

99. 종교로부터의 자유 재단이나 미국인 연합이 1달러를 쓰는 동안, 기독교 기관들은 150달러 이상을 쓰고 있다(Brown 2012; A. Seidel, personal communication, December 5, 2012). 그들은 특별 이익단체 로펌을 고용하고 있고, 그 로펌의 최우선적 업무는 공립학교에서의 종교 교육을 위한 자유시간(종교 관련 교육과 과외활동을 위해 교외로 나가도 되는 시간—옮긴이) 문제에서부터 낙태 금지, 피임을 막기 위한 프로그램에 이르기까지 다양한 주제들에 대한 법률조언을 하고 항소법원이나 연방대법원에 소송이나 고소를 제기하는 것이다.

100. 미국 정신의학회는 〈정신질환의 진단 및 통계 편람〉에 대해 다음과 같이 설명한다. "DSM은 정신질환의 설명, 증상 그리고 여러 진단의 기준들을 담고 있다. 진단을 위한 이러한 기준들은 정신질환자를 치료하고 있는 전문가들인 임상의들에게 공통의 언어를 제공한다. 정신질환의 기준들을 명확히 정의함을 통해서, 하나의 진단이 정확하고 일관되도록 한다. 예를 들면, 조현병 장애에 대한 진단은 한 임상의와 다른 이에게 일관되어야 하고, 두 임상의에게 같은 현상은 같은 의미를 가진다. 이들이 미국에 거주하든 세계 어디에 있든 상관없이 말이다. 편람에 정리된 진단 기준은 개별 환자에 대한 검사와 평가에 그리고 임상의 교육에 정확하게 사용되는 것이 중요하다"(American Psychiatric Association 2012).

감사의 글

가장 먼저, 아내에게 고마움을 전한다. 그녀의 지칠 줄 모르는 지원이 없었다면 이 책을 쓰지 못했을 것이다. 그녀는 나의 버팀목이고, 혼돈의 시대에 나의 안전한 보금자리이다. 많은 시간을 함께 해 주지 못했지만 참고 기다려준 딸과 여러 의견을 나누었던 아들도 고맙기 그지없다. 평생 동안 친절과 너그러움과 무조건 적인 사랑을 주신 어머니와 아버지께 감사드린다. 어머니, 당신은 최고의 친구였어요. 당신의 우아함과 유머와 열정이 감당할 수 없을 만큼 그리워요. 당신의 조건 없는 사랑은 내가 평생 따라야 할 모델이에요. 나의 목표는 당신이 내게 주었던 것을 아이들에게 그대로 하는 거예요. 당신의 삶을 나와 함께 해 주어 너무 고마워요. 당신을 사랑하고 영원히 사랑할 거예요.

커다란 도움을 준 제이슨 스티븐스, 매튜 에르난데스에게 감사드린다. 제이슨과 매튜는 사실 확인과 인용 그리고 때때로 잘 모르는 문제들을 찾는데 최선을 다해 도와주었다. 라이언 마르케스, 르네 바넷 그리고 안나 윌슨 또한 머리를 맞대 토론해 주었고 중요한 사항들을 조사해 주었다. 표지와 부록 C를 디자인해 준 코리 벤 후센(그는 나의 프레젠테이션을 위해서도 여러 차례 이미지를 제공해 주었다)에게도 감사드린다. 어릴 적부터 오랜 친구로 지낸 아마추어 역사연구자 지미 패럴이 7장 주 68을 설명하는데 많은 도움을 주었고, 톰 오코너는 6장 주 56을 설명하는데 도움을 주었다. 미카 바놋은 근거를 제시하는데 흔쾌히 도움을 주었다.

늘 영감 넘치는 친구이자 믿음직한 자료들을 도와준 르네 바넷에 고마운 마음을 전한다. 그녀에게는 눈부신 앞날이 있을 것이다. 가이 해리슨, 브롬 앤더슨, 존 로프터스, 모두가 보여준 우정과 나의 질문에 끝까지 답해준 인내에 감사를 전한다. 나의 프레젠테이션에 커다란 도움을 준 아브람 힐러에게도 감사드린다.

많은 도움을 주고 있는 포틀랜드주립대학교의 여러분들께 감사드린다. 그 중에서도 철학과 학과장인 탐 세팔레인의 도움이 가장 힘이 되었다. 나에게 많은 기회를 준 당신에게 다시 한 번 감사드린다. 나에게 "하바드대 비평에서 인정받는 책 10권을 썼다고 하더라도, 여기서 일할 기회를 갖지는 못했을 것이다."고 말해 주던 특별한 사람에게도 고마운 말을 전한다. 그 말이 늘 공부하도록 북돋우는 자극이 되고 있다.

지역적으로는, '탐구센터의 포틀랜드 커뮤니티'와 실비아 베너; '위대한 포틀랜드 휴머니스트'와 델 알렌; '과학과 이성을 찾는 오리건주 사람들'과 제닌 드노마; 조쉬 포스트, 크리스토프 토이셔, 아만다 토마스 모두에게 감사드린다. 이성과 합리성과 비판적 사고, 과학의 대중적 이해를 위해 애쓰는 당신들이 바로 세상을 더 좋은 곳으로 만드는 주역들이다.

전국적으로는, 마이크 콘웰, 엘리자베스 콘웰, 수지 루이스, 조엘 구톰슨, 토드 스티펠, 커트 볼칸, D. J. 그로테, 그렉 스티켈리 씨, 션 페어클로스에게 감사드린다. 당신들이 우리 사회를 보다 이성적이고 사려 깊은 사회로 만들고 있다.

댄 바커, 애니 로리 게일러와 '종교로부터 자유 재단'에, 내가 도저히 할 수 없는 일들에 앞장서 비합리성과 싸우는 헌신적인 노력에 존경의 마음을 전한다. 특히 전선의 맨 앞에 서 있는 앤드류 세이델, 당신이 진정한 지도자이다.

나의 수업에 적극적으로 참여하고 많은 질문을 해 주었던 모든 학생들에게 고마움을 전한다.

이 책의 초고를 읽고 의견을 준 실비아 베네, 스티븐 브루터스, 브루스 카터, 존 디깅스, 스티브 엘틴지, '불평분자의 책략'의 알란 리치필드, 게리 롱사인, 저스틴 바쿠라, 밥 윌리암스 모두에게 감사드린다.

이 책에 자신들의 원고를 인용하게 해 준 마시모 피글리우치와 스티븐 로에게 감사드린다.

나의 오래된 친구이자 편집자, 크리스토퍼 존슨에게 고마움을 전한다. 그가 보낸 이메일 서명이 "가장 친한 친구로부터"였다는 것을 알기 전에는, 우리가 최고의 친구라는 내 생각을 그도 알고 있으리라 오랫동안 추측만 하고 있었다.

내가 페이스북 활동을 하는데 도움을 준 윌리엄 가이 하트에게 고마움을 전한다. 내 글들을 지지해준 '포틀랜드 머큐리'의 스티븐 험프리에게 감사드린다. 사만다 러셀의 사랑스런 그림과 끊임없는 도움에 감사드린다.

특별히 스티브 골드만과 맷 손턴의 귀중한 도움과 자문, 충고 그리고 진정한 우정에 마음에서 우러나는 깊은 감사를 전한다. 내가 철학 관련 궁금함이 있을 때, 스티브는 나의 의지처였다. 스티브와 맷은 이 책 전반에 걸쳐 담겨 있는 우리의 대화 내용과 이메일 의견교환을 인용하게 허락해 주었다.

나의 콘텐츠들을 게재해준 폴 파르디와 '철학뉴스'에 감사드린다. 그는 '이스터 버니' 토크 리뷰를 위해 포틀랜드까지 와 주었고 그리고 나의 첫 팟 캐스트에 나와 인터뷰도 해 주었다.

많은 사람들이 이 책을 쓰는데 도움을 주었다. 감사 인사를 하는데 빠진 분들이 있다면 용서를 구한다. 도움 준 모든 분들께 다시 감사드린다.

　마지막으로, 이 책 출간 후 혹여 도망다녀야 할 경우가 생긴다면, 흔쾌히 자기 집 소파를 내어주겠다고 약속한 분들께 미리 감사드린다.

옮긴이 글

먼저 독자들에게 설명할 것이 있다. 원서와 달리 바뀐 것이 있다. 우선 책의 제목이 〈무신론자 만들기 매뉴얼 A Manual for Creating Atheists〉에서 〈신앙 없는 세상은 가능하다: 무신론자 만들기 매뉴얼〉로 바뀌었다. 이성의 시대를 온전히 만들고 싶은 무신론자들의 꿈과 자신감을 호소하고 북돋우고 싶었다. 그리고 원서명을 부제로 덧붙여 신자들 설득 전략서임을 분명히 했다.

저자는 "길 위의 인식론"이라는 용어로 이성과 과학적 사유 방법을 칭한다. 책이나 강단이 아닌 현장성과 실천성을 강조하고, 신앙을 인식론 문제로 접근하여 치유해야 한다는 점을 분명히 하기 위해서다. 그리고 이 무기를 들고 신자들을 돕는 사람을 "길 위의 인식론자"라 부른다. 그러나 번역본에서는 이를 "행동하는 무신론자"로 바꿨다. 인식론자라는 개념의 생소함을 덜고 설득하는 주체를 명료하게 드러내고 싶었기 때문이다. 우리 사회에 행동주의에 대한 오해가 전혀 없는 것은 아니나, 적극성과 당당함을 표현하는데 더 적절하다고 보았다.

이렇게 바꾸고 보니, 한 가지 걱정이 생겼다. 무신론자를 정체성으로 보지 않는 저자의 생각과 달리 무신론자에 어떤 역할 정체성을 부여하는 것이 아닐까 하는 우려였다. 물론 저자도 무신론자가 정체성인지 아닌지는 선택의 문제라며 여지를 두고 있기는 하다. 또한 '거리의 인식론자'에 어떤 대체 불가능한 특성과 의미가 내포되어 있지 않다고 보았다. 신자들이 신앙에서 벗어나도록 돕는 사람을 지칭하는 정도라면, 좀 더 친숙한 이름을 붙이는 게 좋다고 생각했다. 무신론자란 개념에 어떤 새로운 의미를 부여하지 않는다는 사실에 오해가 없었으면 한다.

'이 책이 필요한 사람들이 누굴까?' 내내 생각을 했다. 결론은, 신자들을 신앙에서 벗어나도록 돕는 방법은 결의에 찬 전투적 무신론자에게만 필요한 것이 아니라, 평범한 무신론자들의 소박한 바람에도 응원과 길잡이가 될 수 있다고 생각했다.

많은 무신론자들은 신자들과 좀 이야기를 나누고 싶을 때가 있다. 종교적 이유로 갈등이 생기지 않더라도, 정말 터놓고 진지한 이야기를 나누고 싶을 때가 있다. 그들의 신심이 너무 두터워 걱정되는 수준이라면, 작은 사명감이 생기기도 한다.

그러나 많은 경우, 우리들은 실패한다. 자신감이 없어 다가가지 못하기도 하고, 강고한 종교적 믿음의 벽에 무력감을 느끼며 스스로가 다치기도 한다. 날선 논쟁이 다툼으로 번져 다시는 그런 일에 나서지 않겠다고 다짐하기도 한다. 그래서 좀 더 준비하고 공부가 필요하다고 느끼면, 진짜 문제 상황을 돌파해야 한다면, 이 책이 도움이 될 것이다.

어떤 일이든 책 한권으로 다 돌파되는 일은 없다. 하물며 삶의 위안과 의미, 죽음 너머의 더 커다란 삶이 걸려 있는 종교적 믿음을 바꾸는 문제 아닌가. 이 책은 그런 토론에 용기를 낼 만큼 자신감을 갖게 하는, 공부하고 준비하여 도전하도록 하는 길잡이라 할 수 있다.

몇 가지 새롭고 전략적인 접근법들을 눈여겨 볼만하다. 신앙을 인식론적 문제로 보고, 사유의 방법과 과정에 집중하여, 믿음의 강고한 닫힘에 틈새를 열고, 의심의 씨앗을 키우자는 전략은 대단히 유효하다. 여기에 소크라테스를 가장 잘 써먹을 수 있는 분야를 예시한 것도 인상적이다.

그래도 유독 마음에 들었던 부분은 저자가 어머니의 이야기를 하는 대목이었다. 여든여덟 평생을 지켜온 '종교 없음'의 신념과 실천을 단 하루를 남기고 본인의 의지와 상관없이 10여분의 의식으로 무화시켜 버리는, 그 종교적 권위와 함성 앞에 무력했던 한 막내아들의 좌절을 떠올리게도 했다. 삶의 여러 결절점에서 기대감으로 간절함으로 혹은 편리함으로 우리는 믿음의 노예가 되어 버린다. 그리고 힘에 부쳐서나 어쩌지 못해 엉터리 믿음에 맞서지 못하기도 한다. 우리는 다 알 수 없고 어쩌지 못하는 것도 있다는 진솔함과 냉철함으로 이야기를 풀어가는 저자가 보다 인간적이었고 더 신뢰할 수 있었다.

이 책에서 저자는 줄곧, 알지 못하면서 아는 체 하지 않는 것, 다 알지 못한다는 것, 그래도 희망은 있다는 것을 강조한다. 이성과 과학의 당당한 논리들 속에서 꽃처럼 피어나 흔들리고 있는, "잘 모르겠어요" "솔직함" "궁금증" "열림" "겸손" "돕다" 등 가만히 읊조려보면 참 좋은 말들을 만날 수 있다. 그리고 시종일관 종교를 벗어난 삶의 무한한 가능성을 새삼스럽게 느끼는 묘한 흥분을 불러일으킨다.

이 책의 번역은 내게 하나의 전환점이기도 하다. 교회의 불빛도 전도사의 끈질긴 방문도 그 흔한 성경책도 없었던 문화적 지리적 환경을 가졌던 주변 사람들이 하나 둘 열렬한 신자로 거듭나는 여정을 지켜보면서, 긴 세월 침울했고 무력했었다. 견디는 길은 그들을 이해하는 것이었다. 어쩌면 외로움 때문이었을 테고 더러는 궁핍 때문이었을 것이다. 삶의 무게를 감당하는 지팡이와 번민과 좌절에 대한 따스한 답이 필요했을 것이다. 그래서 안타까웠지만 이해했고 더 깊이 개입하지 않으려 주춤거렸다.

과연 그뿐이었을까? 어디서부터 어떻게 이야기를 해야 할지 잘 몰라서, 또는 실패에 대한 두려움 때문에 뒤로 물러나 앉아있었던 것은 아닌지, 무지가 필요를 가두었던 것은 아닌지 되돌아보게 된다. 그리고 이제 조금 더 담대해 지기로 한다.

신앙은 조롱과 경멸로는 벗어나게 할 수 없음을 우리는 오래 전부터 알고 있었다. 지적 우위나 성찰의 깊이를 내세운다고, 많은 지식을 들려준다고 되는 일이 아니란 것도 대강은 알고 있었다. 신자들에게 가는 일은 가만히 시를 읽어주듯 그렇게 용기를 내는 일이고, 신선한 숲속 바람을 느끼자고 이끄는 진심어린 소통이라고 어렴풋이 알고 있었다. 다만, 문 앞에서 노크할 용기를 내지 못했고, 발로 차 왕창 부수어버리고 싶더라도 결국에는 제대로 열쇠를 찾아야 한다는 끈기와 정성스러움을 온전히 체득하지 못했다. 찬찬히 생각의 또 다른 문을 열게 하고 햇살 같은 의심의 씨앗을 불러들이는 데는, 겸손과 인내와 공부가 필요하다는 걸 우리들은 제대로 모르고 있었다. 이 책은 그런 공부로 이끌고, 어깨 든든해지는 무기를 손에 쥐어 준다. 우리는 강해질 것이다.

부록 A

비판적 사고 및 이상적인 비판적 사고자에 대한 합의된 설명

우리는 비판적 사고를 해석, 이해, 평가, 추론과 그 판단이 근거하고 있는 증거에 입각하고, 개념적, 방법론적, 표준적 또는 맥락적 측면들을 제대로 고려한 설명을 산출하는, 목적 지향적이고 자기규제적인 판단이라고 이해한다. 비판적 사고는 탐구에 있어 필수불가결한 도구이다. 따라서 비판적 사고는 교육에서는 해방의 힘이며, 개인적, 시민적 삶에서는 강력한 자산이다. 훌륭한 사고와 동의어가 아니지만, 비판적 사고는 널리 퍼져있는 자기교정적인 인간 현상이다. 이상적인 비판적 사고자는 습관적으로 따져 묻고, 잘 알고자 하고, 근거를 중시하며, 열린 마음을 가지며, 유연하고, 평가에 있어서 공정하고, 개인적 편견을 다룰 때 정직하고, 판단할 때 신중하고, 기꺼이 재고하고, 현안 문제들에 대하여 명료하고, 복잡한 문제들을 다루는데 있어서 체계적이고, 적절한 정보를 부지런히 찾고, 기준을 선택하는데 합리적이고, 탐구에 집중하며, 탐구의 주제와 상황이 허락하는 한 최대한 정확한 결과를 찾으려 끈질기게 노력한다. 따라서 훌륭한 비판적 사고자를 육성하는 것은 이와 같은 이상들을 향해 노력하는 것이다. 이의 육성은 비판적 사고 기법들을 터득하는 것과 더불어, 유용한 통찰을 지속적으로 만들어내고 그리고 이성적이고 민주적인 사회의 기반이 되는 이러한 성향들을 함께 기르는 것이다. (American Philosophical Association 1990, p. 2)

부록 B

"소크라테스 되기" 강의 요강

교수:
피터 보고시안

강의 개요 :
8시간에 걸친 비판적 사고 과목에서 여러 의미 있는 질문들을 가지고 함께 생각하고, 이 질문들에 논리정연하게 답하고, 추론들을 평가한다.

목표:
1) 결론을 정당화하는 법을 배운다
2) 문제를 이성적인 사고로 해결하는 법을 배운다(문제해결)
3) 우리의 추론을 평가하는 법을 배운다
4) 우리의 사회적 관계들을 제대로 이해한다
5) 자신의 생각을 명확하게 표현하는 법을 배운다
6) 도덕적 추론을 더 높은 수준으로 발전시킨다
7) 언어 자제력을 키운다
8) 우리의 정체성들이 어떻게 형성되는지 이해한다
9) 우리 삶에서 쾌락추구와 보람을 위해 하는 일들의 역할에 대해 이해한다

강의 구성:
수업은 두 부분으로 구성된다: 1) 질문 토론 그리고 2) 토론 분석

Part I
질문 토론

먼저 25분 동안 플라톤의 〈대화〉에서 뽑은 질문들을 가지고 토론을 시작한다(가끔은 〈대화〉를 읽으면서 시작하기도 한다). 예를 들면, "우리는 자신을 얼마나 통제할 수 있나?" 같은 것이 대표적인 것들이다. 먼저 질문을 통해 생각하도록 하고, 그리고 가능한 답들도 제시할 것이다. 교수는 가이드로 토론을 함께 진행한다.

토론은 발언 순서를 정하지 않고 진행한다. 서로 다른 답변들을 평가하고 이러한 답변들을 분석하는 것이 학습과정의 하나이고 목표이다. 여러분이 이슈들을 가지고 토론 하는 방식에 익숙해질 때까지는, 수업의 구조적 한계로 느낄 수도 있을 것이다. 또한 여러분이 배울 것이 미리 잘 정리되어 있는 정형화된 수업방식에 익숙하다면, 이 수업방식이 처음에는 어려울 수도 있을 것이다. 이것이 유의해야 할 점들이다.

Part II
토론 분석

다음 5분 동안 우리는 토론에 대해 분석한다. 우리들 사고의 단계와 과정을 확인하고, 우리들의 추론을 평가하고, 추론과 이의 표현 두 측면에 걸쳐 어떻게 하면 보다 효과적일 수 있었는지를 찾는다. 여기서 배운 것들을 다음 토론에서 활용한다.

다음을 지켜야 한다:
- 다른 사람들을 존중해야 한다. 이것은 다른 누군가의 관점에 동의하라는 것이 아니라, 그 사람에 대해 비난하지 않으면서 그들이 말할 수 있게 해야 한다는 뜻이다.
- 질문이 있거나 무언가 명확하지 않는 것이 있으면 어떤 것이든 질문한다. 고민스런 것이 있어도 나에게 말해 주어야 한다.
- 토론 중에 내가 "그만" 이라고 할 때는, 토론과 관련하여 여러분에게 도움 될 뭔가를 내가 제시하기 위해 잠시 멈추자는 의미이다.

여러분이 나에게 기대하는 것은 무엇인가?

마지막으로

우리는 모두가 참여하여 가치 있는 경험을 만들어 가게 될 것이다. 이것은 지적인 도전이라는 방식으로 여러 주제들과 생각들을 탐구할 좋은 기회이다. 모두가 궁금해 하던 주제들에 대해 생각하는, 지금까지의 수업들과 달리 깊게 탐구할 수 있는 흔치 않는 기회이기도 하다. 나의 역할은 여러분의 생각을 정확하게 표현할 수 있도록 돕는 것이고, 스스로의 생각에 대해 비판적으로 평가할 수 있는 프로세스를 제공하는 것이다. 하지만 내가 할 수 있는 것이 그리 많지 않다. 궁극적으로, 여러분의 공부는 여러분의 몫이다. 그래서 우리의 첫 번째 질문은 "학업에서 책임이란 어떤 의미인가?"가 될 것이다.

토론할 질문들

아래의 질문들은 수업에서 우리들이 스스로에게 던질 질문들이다. 이 주제들을 뽑은 책들 목록을 제시하니, 원하는 사람은 더 찾아 읽어보기 바란다. 출처에 대해 다른 언급이 없다면, 모두 플라톤의 저작으로 간주하면 된다.

- 어른이 된다는 것은 무엇인가? 도덕적이 된다는 무엇인가? (Apology, Meno)
- 용기란 무엇인가? (Laches)
- 사람들은 알면서도 나쁜 짓을 하는가? (Gorgias, Protagoras, Hippias Minor)
- 정의란 무엇인가? (Republic)
- 다 큰 성인들도 책임져야하는가? (Republic)
- 자신에게 부당해도 되는가? 지나칠 정도로 겸손해야 하는가? (Immanuel Kant, Nicomachean Ethics)
- 왜 법에 복종해야 하는가? (Crito, Republic)
- 그것을 위해 죽을 만한 가치란 무엇인가? (Apology, Crito)
- 처벌이 정당화될 때는 어떤 경우인가? (Gorgias, Crito)
- 인격은 중요한가? 인성을 평가한다는 것은 무슨 의미인가? (Republic, Gorgias, Laws)
- 관습과 전통은 중요한가? 어떤 종류의 관습과 전통들이 있는가(양식, 태도, 법, 사회적 계급)? (Republic)
- 최고의 삶이란? 우리가 할 수 있는 최선의 삶이란 무엇인가? 폭군의 삶은 최고의 삶인가? (Republic)
- 우리 자신을 얼마나 통제할 수 있는가? (Republic)
- 다른 사람들에 대해 어떤 의무를 가져야하는가? (Republic)

- 충성심과 우정의 대가는 무엇인가? (Republic, Lysis)
- 가족에 대한 의무란 무엇인가? (Republic)
- 우리에게 요청되는 삶과 우리가 좋아하는 삶의 방식은 무엇인가? (Republic)

부록 C

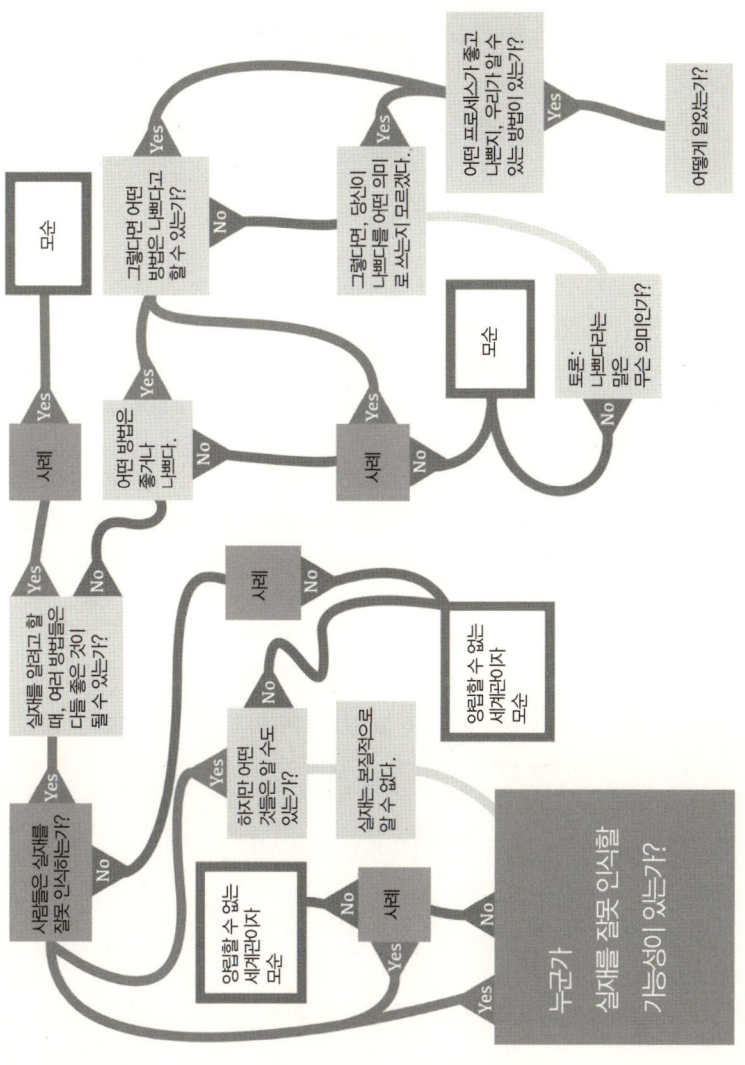

용어 설명

계몽주의 Enlightenment(New Enlightenment)
 "인류 발전의 성장단계로, 유치한 것들을 때려치우는 투지로, 자신의 두 발로 굳건히 서며, 더 이상 보호아래 있지 않으며 그리고 그 무엇보다도, 이성을 사용하고 자신을 위해 생각한다." (Thrower 2000).

과학적 방법 Scientific method
 객관적인 조사가 가능토록 하는 프로세스.

교육학 Pedagogy
 가르치는 것에 대한 방법과 지침.

네 명의 기사 Four Horsemen
 리처드 도킨스, 대니엘 데닛, 샘 해리스, 크리스토퍼 히친스. '네 명의 기사'라는 구절은 요한계시록에서 차용하였다.

논리적 가능성 Logical possibility
 명제가 모순을 내포하지 않으면 논리적으로 가능한 명제가 된다. 예를 들면, "황금산은 존재한다"는 논리적으로 가능하다. 금으로 된 산은 있을 수 있다. 하지만 "네모난 동그라미"는 네모의 정의가 동그란 것을 제외하기 때문에 논리적으로 불가능하다(상상할 수 있는 것들은, 논리의 법칙과 모순되지 않는다).

다원주의 Pluralism
 둘 또는 그 이상의 국가, 독립체, 문화, 현상의 평화로운 공존.

디팩 초프라 Deepak Chopra
 인도에 태어나 미국에서 활동하고 있는 뉴에이지New Age 지도자, 디피티Deepity에 매우 능하다.

디피티 Deepity
 심오한 뜻이 있는 듯 보이지만 얄팍한 애매모호한 말.

루터, 마틴 Luther, Martin (1483-1546)
 독일의 신학자, 프로테스탄트 종교개혁에서 중심적인 인물.

마누 Manu
 힌두 신화에서 나오는 신이 만든 인류의 조상.

망상 Delusion
  1. 정신질환의 진단 및 통계 편람 제5판(DSM-IV)의 망상에 대한 정의는 p, 229에 있다.
  2. 독일의 정신과의사이자 철학자인 칼 야스퍼스(1883-1969)는 망상의 세 가지 기준을 제시한다. 확신성(자신의 생각이 진실이라고 절대적으로 믿는다), 수정 불가능성(그 믿음은 수정이 불가능하다), 불가능하거나 거짓된 내용(기이하거나 극도로 존재할 수 없을 것 같은 내용) (Maher 2001).

매개체 Vector
  전염되는 병원균을 퍼트리는 유기체, 하지만 증상은 보이지 않는다.

무신론자 Atheist
  1. 신의 존재를 입증할 충분한 근거가 있다고 생각하지 않는 사람, 하지만 충분한 근거가 있다면 믿을 수 있는 사람.
  2. 우주의 창조자 문제 등에 대해 알지 못하는 것을 안다고 하지 않는 사람.

문화적 다원주의 Multiculturalism
  한 사회가 포함하고 있는 복수의 문화들은 평화롭게 공존할 수 있음을 표방하는 신조.

믿음 닫힘 Doxastic closure
  수정할 수 없는 믿음이나 믿음의 체계(개인이 가진 믿음과 믿음체계에는 확고함의 정도가 있다.)

믿음 열림 Doxastic openness
  수정 가능한 하나의 믿음이나 믿음체계(개인이 가진 믿음과 믿음체계에는 개방성의 정도가 있다.)

믿음의(확신하는) Doxastic
  '믿음의'의 뜻으로 고대 그리스어 '독사 doxa'에서 나왔다.(그리스어 doxa는 사람이 가진 어떤 '생각'을 말한다. 이 단어는 '의견', '억측', '판단', '확신' 등으로 이해되고 번역되고 있다. 대체로 자신의 생각에 대한 확실성을 강하게 가진 '확신'의 뜻에 가장 가깝다. 이에 대해서는 〈메논〉(이제이북스, 2009, p 146-148.)의 번역자 이상인 교수가 doxa를 "맹신과 독단의 가능성을 가진 확신"으로 설명하는 주석을 참조하면 좋다. 이 책의 번역에서는 중의적 의미를 살리기 위해 '믿음'으로 번역하였다. 아울러 doxastic opennes/closure도 간결하면서도 역동적인 느낌을 위해 '믿음 열림/닫힘'으로 번역하였다-옮긴이)

밈 Meme
모방을 통해 문화적 요소가 한 사람에게서 다른 사람에게로 전달된다는 개념.

반증가능 Falsifiable
어떤 것이 거짓임을 보여 주는 것이 가능한의 의미로 보통 가설들에 적용한다.

발생론적 오류 Genetic fallacy
어떤 주장을 그 자체의 가치에 대한 평가로서가 아니라 그것의 과거에 의거하여 주장을 지지하거나 비난하는 오류이다. 예는 이렇다. "매사추세츠 하원의원 마이클 카푸아노는 부자들에게 높은 세금을 매길 것을 주장한다. 맑스도 같은 경제적 사고방식을 가졌었다. 따라서 카푸아노는 틀렸다." 한 생각의 원래의 출처는 진리를 평가하는데 근거가 될 수도 있고 안 될 수도 있다.

방어적 자세 Defensive posture
비판과 개인적 결점 그리고 자신의 관점에 대항하는 어떤 것들에 대한 자기방어 또는 이것을 위협으로 받아들이는 것.

베이즈 정리 Bayes' Theorem
확률을 구하는 하나의 방법으로 사전에 계산된 확률에 새로운 조건들을 더하여 사건이 일어날 확률을 구하는 계산식이다.

병적인 믿음 Pathogenic belief
직접적으로나 간접적으로 감정적, 심리적, 신체적인 병을 만드는 믿음.

불가지론 Agnostic
신(들)이 존재하는지 안 하는지 확신하지 못하는 사람.

비트겐슈타인, 루드비히 Wittgenstein, Ludwig (1889-1951)
오스트리아 철학자. 20세기의 철학에서 가장 중요한 인물로 최근에도 그의 저작들은 현대의 사상가들에게 영향을 끼치고 있다.

비판적 사고 Critical thinking
사유의 일련의 기술과 태도이다. 이에 대한 정의와 주요한 특성은 부록 A의 〈비판적 사고의 정의〉를 참조.

상대주의 Relativism
절대적인 진리는 없거나 또는 절대적인 진리는 알 수 없다는 관점.

선택적 편향 Selection bias
"선택적 편향은 두 개입으로 나타난다. 1) 경험적 연구에 참여하고 있는 연구자나 조사자나 대상자 개개인의 주관적인 선택 2) 특정한 가설을 지지하기 위해 사례와 연구결과의 선택." 〈회의주의자 사전〉: http://skepdic.com/selectionbias.html

셔머, 마이클 Shermer, Michael (1954-)
스켑틱Skeptic 잡지 창간 및 발행인, 회의주의자협회Skeptics Society의 창립자, 사이언티픽 아메리칸Scientific American의 고정 칼럼니스트, 베스트셀러 작가.

쉬리마드 바가바탐 Śrīmad Bhāgavatam (또는 바가바타 푸라나 Bhāgavata Purāna)
힌두의 신성시 되는 문서의 하나.(3장에 나오는 이야기는 닥샤Daksha와 그의 딸 닥샤야니Dakshayani 또는 사티Sati의 이야기다. 그녀는 파괴자 쉬바Shiva의 아내이고 부부행복의 여신이다. 그녀는 자신의 신성한 남편을 위해 충성심의 마지막 행동으로 장작더미에 스스로 뛰어들어 제물이 된다. 그리고 후에 파라바티Paravati로 환생한다. 남편을 위해 행동해야 하는 여성상은 인도의 가장 오래된 텍스트의 하나에서 기술하고 있는 신성한 원형을 따라 정형화되고 있다. 바가바타는 다섯 번째 베다로 불리기도 한다.)

신 God
존재하는 모든 것의 원인이지만 자신은 원인이 없는 감지할 수 없는 형이상학적 존재.

신앙 Faith
1. 증거 없이 믿는 것
2. 알지 못하는 것을 아는 체 하는 것
3. 개연적인 것들을 비합리적으로 비약하는 것

신앙옹호론(변증론) Apologetics
신앙에 대한 옹호.(종종 신앙이나 종교를 가진 것에 대한 변명으로 오해하는 경우가 있다.)

실증적 주장 Empirical claim
현실 세계에 대한 주장.

아우구스티누스 St Augustine of Hippo(354-430)
중세 기독교 교회의 대표적인 철학자로 기독교 사상의 정립에 큰 영향을 끼쳤다.

아잔데족 Azande
중앙아프리카 지역에 살고 있는 민족으로 약 백만 명 정도 된다.

아포리아 Aporia
혼란, 곤혹, 당혹감. 철학적 평가의 를 통해 중단한 상태.(해결책을 찾기 어려운 난관을 의미하는 철학 용어로 그리스어로 '통로가 없는 것', '길이 막힌 것'의 뜻―옮긴이)

양자역학 Quantum mechanics
물리학의 한 분야로 원자와 소립자 차원에서 운동과 에너지의 상호작용에 대해 수학적 설명을 제공한다.

오디팅 Auditing
사이언톨로지교의 한 활동으로 목사나 그에 준하는 훈련 받은 이가 신도들에게 오디팅 과정을 수행한다. 신도의 정신을 감정하고 상담을 통해 "원래의 청정함" 상태로 이끄는 질문 또는 여러 문제해결을 위한 과정이다.

유란시아서 The Urantia Book
"유란시아서는 유라시아 재단에서 1955년 처음으로 발간되었고, 우리 행성, 유란시아(지구)에 온 새로운 계시로서 하늘존재들에 의해서 쓰여졌다. 유란시아서에 적힌 것들은 창세기, 역사, 인류의 운명에 대해 그리고 하느님과의 우리의 관계에 대해 알려주고 있다. 예수의 가르침과 생명에 대한 독특하고 흥미진진한 묘사가 나온다. 인간의 영혼에 시간과 영원의 새로운 지평을 열어주고, 그리고 친근하게 조심스럽게 관리되고 있는 우주에서 우리들의 상승하는 모험의 새로운 방법들을 제시한다." Urantia Foundation, custodian and publisher of The Urantia Book: http://www.urantia.org/urantia-book

인본주의 Humanism
인간의 가치들, 이로움, 주제에 대해 집중하는 관점과 활동. 인본주의자는 결정을 내릴 때, 특히 도덕적 결정에 초자연적인 고려사항들과 완벽하게 독립적으로 결정한다.

인식론 Epistemology
앎의 본질, 기원, 근거, 방법, 범위 등을 탐구하는 학문.

인지적 Epistemic
지식과 아는 것에 관한 또는 이와 연관된 것.

임상시험심사위원회 IRB, Institutional Review Board
인간을 대상으로 하는 모든 임상시험 연구를 승인하고 감시하고 검사한다.

정당화 Justification
믿기에 충분한 근거.

정합론 Coherence theory of truth
하나의 명제가 그것이 논리정연하거나 다른 명제들과 모순되지 않는다면, 그 명제는 진실이라는 학설.

주관적 주장 Subjective claim
참이거나 거짓도 아닌 선호에 대한 진술.

증거 Evidence
믿음을 정당화하는 것 그리고 우리를 진리로 이끌어 주는 것

지식 Knowledge
정당화된 참된 믿음. Justified True Belief(K = J T B.) 지식 주장은 반드시 세 가지 기준을 충족해야 한다. 반드시 정당화 되어야 하고, 참이며, 믿어야 한다. 이러한 지식의 원칙은 플라톤의 〈테아이테토스〉에서 최초로 나타난다.

지식 주장 Knowledge claim
정신과 독립되고 객관적인 세계에 대한 사실의 진술.

진리 Truth
실재와 타당하게 일치하는 믿음들.

진리 주장 Truth claim
사실에 대한 진술.

초자연적 Supernatural
자연 세계 밖의.

치료 동맹 Therapeutic alliance
환자가 치료경과들을 만들어내도록 하는 치료자와 환자 사이의 긴밀한 관계. 이 용어는 에드워드 보딘Edward Bordin의 논문에서 처음 제시한 것으로 '치료적 관계'라고도 한다. "작업동맹에 대한 정신분석 개념의 일반화 가능성 The Generalizability of the Psychoanalytic Concept of the Working Alliance" (Bordin 1979).

치유 Treatment
  손상을 입은 것을 온전하게 만드는 치료상의 과정.

카레이폰 Chaerephon
  소크라테스의 절친한 친구로 플라톤의 〈변명〉, 〈카르미데스〉, 〈고르기아스〉에 나오는 인물이다. 신탁에게 "소크라테스보다 더 지혜로운 사람은 있는가?"라는 질문을 던진 사람이다.

크루즈, 탐 Cruise, Tom (1962–) (테탄: 수조 년)
  미국의 영화배우이자 제작자. 열렬한 사이언톨로지교의 신자로 2004년에 교단으로부터 자유무용훈장 Freedom Medal of Valor을 받았다.

토대론 Foundationalism (Foundationalist theory of truth)
  '기본적'이거나 '근본적'인 믿음에서 추론되는 믿음이 진리가 된다는 학설.

테탄 Thetan
  인간의 몸에 '갇혀' 있다는 영혼으로 사이언톨로지교의 믿음.

페미니즘 Feminism
  여성 평등을 위한 운동.

피티아 The Pythia
  아폴로 신전 Temple of Apollo의 여사제(무녀)로 지혜의 출처이자 신탁을 행한다. 델포이의 신탁 the Oracle of Delphi으로 알려져 있다.

하디스 Hadith
  무슬림 예언자 마호메트가 했던 것으로 여겨지는 말들과 행동들을 기록한 언행록. 코란에 이어 제2의 경전으로 받아들여지고 있다.

해석학적 순환 Hermeneutic circle
  텍스트, 예술 작품, 사건, 현상들에 대한 경험과 객관적인 해석은 그것들에서 독립되어 떨어져있는 것은 불가능하다.

형이상학 Metaphysics
  철학의 한 분야로 '존재' '제1원인' '존재하는 것'들을 연구한다.

확증 Warrant
  주장에 대한 충분한 정당화.

확증 편향 Confirmation bias
  자신의 믿음을 뒷받침하는 증거들만을 선택하는 경향 그리고 덜 확증하는 증거들은 묵살한다.

참고문헌

Acock, A. C., & Bengtson, V. L. (1980). Socialization and attribution processes: Actual versus perceived similarity among parents and youth. *Journal of Marriage and Family*, 42, 501-515.

Agee, J. (2009). *A death in the family* (Centennial ed.). New York, NY: Penguin Books. 〈가족의 죽음〉. 테오리아. 2005.

Ali, M., & Ali, H. Y. (2004). *The soul of a butterfly: Reflections on life's journey*. New York, NY: Simon & Schuster.

American Philosophical Association. (1990). *Critical thinking: A statement of expert consensus for purposes of educational assessment and instruction*. "The Delphi Report." Millbrae, CA: The California Academic Press.

American Psychiatric Association. (2000). *Diagnostic and Statistical Manual of Mental Disorders DSM-IV* (4th ed.). Washington, DC: American Psychiatric Association.

American Psychiatric Association (2012). *APA DSM-5*. Frequently Asked Questions. Retrieved from http://www.dsm5.org/ABOUT/Pages/faq.aspx

Anderson, S. D. (2010). *Living dangerously: Seven keys to intentional discipleship*. Eugene, OR: Wipf & Stock Pub.

Andrews, D. A., & Friesen, W. (1987). Assessments of Anticriminal Plans and the Prediction of Criminal Futures. *Criminal Justice and Behavior*, 14(1), 33-37.

Andrews, D. A., Zinger, I., Hoge, R. D., Bonta, J., Gendreau, P., & Cullen, F. T. (1990). Does correctional treatment work? A clinicallyrelevant and psychologically-informed meta-analysis. *Criminology*, 28(3), 369-404.

Andrews, S. (2013). *Deconverted: A journey from religion to reason*. Denver, Colorado: Outskirts Press.

Argyle, M. (2000). *Psychology and religion: An introduction*. London, England: Routledge.

Baltag, A., Rodenhäuser, B., & Smets, S. (2011). *Doxastic attitudes as belief-revision policies*. (Unpublished manuscript). ILLC, University of Amsterdam. Amsterdam, Netherlands.

Bandura, A. (1990). Mechanisms of moral disengagement. In W. Reich(Ed.), *Origins of terrorism: Psychologies, ideologies, theologies, states of mind* (pp. 161-191). Washington, DC: Woodrow Wilson Center Press.

Bandura, A. (1999). Moral disengagement in the perpetration of inhumanities. *Personality and Social Psychology Review*, 3, 193-209.doi:10.1207/s15327957pspr0303_3

Bandura, A. (2002). Selective moral disengagement in the exercise of moral agency. *Journal of Moral Education*, 31(2), 102-119. doi:10.1080/ 0305724022014322

Bartlett, T. (2012, August 13). Dusting off God: A new science of religion says God has gotten a bad rap. *The Chronicle of Higher Education*. Retrieved from http://chronicle.com/article/Does-Religion-Really-Poison/133457/

Barker, D. L. (Performer). (2012). *Making the case for atheists*. [Web Video]. Retrieved from http://www.youtube.com/watch?v=e7y5slOkwaU&feature=player_embedded

Barker, D. (2008). *Godless: How an evangelical preacher became one of America's leading atheists*. Berkeley, CA: Ulysses Press. 〈신은 없다〉. 치우. 2011.

Bausell, R. B. (2007). *Snake oil science: The truth about complementary and alternative medicine*. Oxford: Oxford University Press.

Bering, J. (2011). *The belief instinct: The psychology of souls, destiny, and the meaning of life*. New York, NY: W.W. Norton & Company, Inc.

Berns, G. S., Bell, E., Capra, C. M., Prietula, M. J., Moore, S., Anderson, B.,... Atran, S. (2012). The price of your soul: Neural evidence for the non-utilitarian representation of sacred values. *Philosophical Transactions of The Royal Society, 367*(1589), 754-762. doi:10.1098/rstb.2011.0262

Bernstein, R., & Gaw, A. (1990). Koro: Proposed classification for DSMIV. *The American Journal of Psychiatry, 147*(12), 1670-1674.

Bishop, B. (2008). *The big sort: Why the clustering of like-minded America is tearing us apart*. New York, NY: Houghton Mifflin Company.

Blackford, R. (2012a, August, 8). Islam, racists, and legitimate debate. Talking Philosophy: The Philosophers' Magazine Blog. Retrieved from http://blog.talkingphilosophy.com/?p=5305

Blackford, R. (2012b). *Freedom of religion and the secular state*. West Sussex, England: Wiley-Blackwell.

Blume, A. W., Schmaling, K. B., & Marlatt, G. A. (2000). Revisiting the self-medication hypothesis from a behavioral perspective. *Cognitive and Behavioral Practice, 7*(4), 379-384. doi:10.1016/S1077-7229(00)80048-6

Boghossian, P. A. (2006c). *Fear of knowledge: Against relativism and constructivism*. Oxford: Clarendon Press.

Boghossian, P. (under review). Doxastic closure: Why I ain't wrong and you is.

Boghossian, P. (2002a). Socratic pedagogy, race and power. *Education Policy Analysis Archives, 10*, 3. Retrieved from http://epaa.asu.edu/ojs/article/view/282

Boghossian, P. (2002b). The Socratic method (or, having a right to get stoned). *Teaching Philosophy, 25*(4), 345-359. doi:10.5840/teachphil200225443

Boghossian, P. (2003). How Socratic pedagogy works. *Informal Logic, 23*(2), TS17-25.

Boghossian, P. (2004). *Socratic pedagogy, critical thinking, moral reasoning and inmate education: An exploratory study*. (Unpublished doctoral dissertation). Portland State University. Portland, OR.

Boghossian, P. (2006a). Socratic pedagogy, critical thinking, and inmate education. *Journal of Correctional Education, 57*(1), 42-63.

Boghossian, P. (2006b). Behaviorism, constructivism, and Socratic pedagogy. *Educational Philosophy and Theory, 38*(6), 713–722. doi:10.1111/j.1469-5812.2006.00226.x

Boghossian, P. (2010). Socratic pedagogy, critical thinking, and offender programming. *Offender Programs Report, 13*(5), 65–80.

Boghossian, P. (2011a). Critical thinking and constructivism: Mambo dog fish to the banana. *Journal of Philosophy of Education, 46*(1), 73–84. doi:10.1111/j.1467-9752.2011.00832.x

Boghossian, P. (2011b). Socratic pedagogy: Perplexity, humiliation, shame and a broken egg. *Educational Philosophy and Theory, 44*(7), 710–720. doi:10.1111/j.1469-5812.2011.00773.x

Boghossian, P. (2011c, July). Should we challenge student beliefs? *Inside Higher Ed.* Retrieved from http://www.insidehighered.com/views/2011/07/192/boghossian

Boghossian, P. (2012). Faith no more. *The Philosophers' Magazine, 59*, 15–16.

Bogue, B., Diebel, J., & O'Connor, T. P. (2008). Combining officer supervision skills: A new model for increasing success in community corrections. *Perspectives, Spring, 2*(32), 30–45.

Bonta, J., & Andrews, D. (2010). Viewing offender assessment and rehabilitation through the lens of the risk-needs-responsivity model. In F. McNeill, P. Rayner & C. Trotter (Eds.), *Offender supervision: New directions in theory, research and practice* (pp. 19–40). New York: Willan Publishing.

Bordin, E. S. (1979). The generalizability of the psychoanalytic concept of the working alliance. *Psychotherapy: Theory, Research, and Practice, 16*(3), 252–260.

Bortolotti, L. (2010). *Delusions and other irrational beliefs.* Oxford: Oxford University Press.

Bostrom, N. (2003). Are you living in a computer simulation? The *Philosophical Quarterly, 53*(211), 243–255.

Bostrom, N. (May/June 2008). Where are they?: Why I hope the search for extraterrestrial life finds nothing. *MIT Technology Review.* Retrieved from http://www.technologyreview.com/article/409936/where-are-they/

Boyer, P. (2001). *Religion explained: The evolutionary origins of religious thought.* New York, NY: Basic Books. 〈종교 설명하기〉. 동녘사이언스. 2015.

Boyer, P. (2004, March/April). Why is religion natural? *Skeptical Inquirer, 28.2*, Retrieved from http://www.csicop.org/si/show/why_is_religion_natural/

Braithwaite, V. & Levi, M. (Eds.). (1998). *Trust and governance (Russell Sage Foundation series on trust, volume 1).* New York, NY: Russell Sage Foundation.

Brock, T. C., & Balloun, J. L. (1967). Behavioral receptivity to dissonant information. *Personality and Social Psychology, 6*(4, Pt.1), 413–428. doi:10.1037/h0021225

Brodie, R. (1996). *Virus of the mind: The new science of the meme.* Carlsbad, CA: Hay House, Inc.

Brown, S. (2012, October 2). The 10 most dangerous religious right organizations.

Network for Church Monitoring. Retrieved from http://churchandstate.org.uk/2012/10/the-10-most-dangerous-religiousright-organizations/

Brutus, S. (2012). *Religion, Culture, History: A Philosophical Study of Religion*. Portland, OR: Daimonion Press.

Carrier, R. (2012). Atheism IS an identity. Retrieved from http://freethoughtblogs.com/carrier/archives/337/

CBS News. (2012, August 16). *More Americans identifying as atheists*. Retrieved from http://www.cbn.com/cbnnews/us/2012/August/More-Americans-Identifying-as-Atheist/

CDC. (2012). *Centers for Disease Control and Prevention*. Retrieved from http://www.cdc.gov/24-7/CDCFastFacts.html

Chambers, A. (2009). *Eats with sinners: Reaching hungry people like Jesus did*. Cincinnati, OH: Standard Pub.

Christian, J. L. (Ed.). (2011). *Philosophy: An introduction to the art of wondering*. (11th ed., pp. 51). Boston, MA: Wadsworth.

Christina, G. (2012). *Why are you atheists so angry? 99 things that piss off the Godless*. Charlottesville, VA: Pitchstone.

Clarke, M. L. (1968). *The Roman mind: Studies in the history of thought from Cicero to Marcus Aurelius*. New York, NY: W.W. Norton & Company, Inc.

Clark, C. M. (1992). Deviant adolescent subcultures: Assessment strategies and clinical interventions. *Adolescence, 27*(106), 283.

Clifford, W. (2007). The ethics of belief. In D. Basinger, W. Hasker, M. Peterson & B. Reichenbach (Eds.), *Philosophy of religion: Selected readings* (3rd ed., pp. 104–109). New York, NY: Oxford University Press, Inc.

CNN. (2008). *Election exit polls*. Retrieved from http://www.cnn.com/ELECTION/2008/results/polls/

Comfort, R. (2009). *You can lead an atheist to evidence, but you can't make him think*. Los Angeles, CA: WorldNetDaily.

Coffey, C. (2009). *As I see it*. Bloomington, IN: AuthorHouse.

Covey, S. R. (2004). *The 7 habits of highly effective people*. New York, NY: Free Press.

Cragun, R., Yeager, S., & Vega, D. (2012). How secular humanists (and everyone else) subsidize religion in the United States. *Free Inquiry, 32*(4). Retrieved from http://www.secularhumanism.org/index.php?section=fi&page=cragun_32_4

Craig, W. L. (n.d.). Christian apologetics: Who needs it? *Reasonable Faith*. Retrieved from http://www.reasonablefaith.org/christianapologetics-who-needs-it

Craig, W. L. (2003). *Hard questions, real answers*. (pp. 35). Wheaton, IL: Crossway Books.

Curtis, J. T., Silberschatz, G., Sampson, H., Weiss, J., & Rosenberg, S. E. (1988). Developing reliable psychodynamic case formulations: An illustration of the plan diagnosis method. *Psychotherapy: Theory, Research, Practice, Training, 25*(2), 256–265.

Dacey, A. (2012). *The future of blasphemy: Speaking of the sacred in an age of human rights*. London: Continuum.

Davis, R. (2012, February 28). Apology for Afghan Quran burning was right. *The Daily Athenaeum*. Retrieved from http://www.thedaonline.com/opinion/column-apology-for-afghan-quran-burning-wasright-1.2801610

Dawkins, R. (Performer). (2005). *Richard Dawkins: Why the universe seems so strange*. [Web Video]. Retrieved from http://www.ted.com/talks/richard_dawkins_on_our_queer_universe.html

Dawkins, R. (2006a). *The god delusion*. London, England: Bantam Press. 〈만들어진 신〉. 김영사. 2007.

Dawkins, R. (2006b). Why I won't debate Creationists. The Richard Dawkins Foundation for Reason and Science. Retrieved from http://old.richarddawkins.net/articles/119-why-i-won-39-t-debatecreationists

Dawkins, R. (2007, October). In W.H. Pryor (Moderator) debate between Richard Dawkins and John Lennox. The God delusion debate, Birmingham, AL. Retrieved from http://old.richarddawkins.net/audio/1707-debate-between-richard-dawkins-and-john-lennox

Dawkins, R., & McKean, D. (2011). *The magic of reality: How we know what's really true*. New York, NY: Free Press. 〈현실, 그 가슴 뛰는 마법〉. 김영사. 2012.

Dennett, D. (2007). *Breaking the spell: Religion as a natural phenomena*. New York, NY: Penguin Group. 〈주문을 깨다〉. 동녘사이언스. 2010.

Dennett, D., & LaScola, L. (2010). Preachers who are not believers. *Evolutionary Psychology*, 8(1), 121-50.

DeWitt, J., & Brown, E. (2013). *Hope after faith: An ex-pastor's journey from belief to atheism*. Cambridge, MA: Da Capo Press.

DiClemente, C. C., & Prochaska, J. O. (1998). Toward a comprehensive, transtheoretical model of change: Stages of change and addictive behaviors. In W. R. Miller & N. Heather (Eds.) *Treating Addictive Behaviors* (2nd ed.) (pp. 3-24). New York, NY: Plenum Press.

Doumit, P. E. (2010). *A unification of science and religion*. Pittsburg, PA: RoseDog Books.

Dozier, V. (2006). C.L. Shattuck & F.H. Thompsett (Eds.), *Confronted by God: The essential Verna Dozier* (pp. 118). New York, NY: Church Publishing Inc.

Dubrow-Eichel, S. K. (1989). *Deprogramming: An investigation of change processes and shifts in attention and verbal interactions* (pp. 43-49, 52-53, 182-216). Philadelphia, PA: University Of Pennsylvania.

Dye, J. (2007, February 7). *Socratic method and scientific method*. Retrieved from http://www.niu.edu/~jdye/method.html

Earley, D., & Wheeler, D. (2010). *Evangelism is...: How to share Jesus with passion and confidence*. Nashville, TN: B&H Academic Publishing Group.

Edwards, J. W. (1984). Indigenous Koro, a genital retraction syndrome of insular

Southeast Asia: A Critical Review. *Culture, Medicine and Psychiatry*, 8, 1–24.

Erikson, J. A. (1992). Adolescent religious development and commitment: A structural equation model of the role of family, peer group, and educational influences. *Journal for the Scientific Study of Religion*, *31*(2), 131–152.

Faccini, L. (2009). The incredible case of the shrinking penis: A Koro-like syndrome in an [sic] person with intellectually disability. *Sexuality and Disability*, *27*(3), 173–178. doi:10.1007/s11195-009-9120-5

Falk, R. (2012, March 9). Koran burning in Afghanistan: Mistake, crime, and metaphor. [Web log message]. Retrieved from http://richardfalk.wordpress.com/2012/03/09/koran-burning-in-afghanistan-mistakecrime-and-metaphor/

Faircloth, S. (2012). *Attack of the theocrats! How the religious right harms us al–and what we can do about it*. Charlottesville, VA: Pitchstone.

Fish, S. (2007, June 17). Atheism and evidence. [Web log message]. Retrieved from http://opinionator.blogs.nytimes.com/2007/06/17/atheism-and-evidence/

Foerst, A. (2001). Do androids dream of bread and wine? In W. Richardson & G. Slack (Eds.), *Faith in science: Scientists search for truth* (pp. 197). New York, NY: Routledge.

Frankfurt, H. G. (2006). *On truth*. New York, NY: Alfred A. Knopf.

Froján-Parga, M. X., Calero-Elvira, A., & Montaño-Fidalgo, M. (2011). Study of the Socratic method during cognitive restructuring. *Clinical Psychology & Psychotherapy*, *18*(2), 110–123.

Gal, D., & Rucker, D. D. (2010). When in doubt, shout!: Paradoxical influences of doubt on proselytizing. *Psychological Science*, *21*(11), 1701–1707.

Gamponia, H. L. (2010). *Great prescriptions to a better you*. Pittsburgh, PA: RoseDog Books.

Gassner, S., Sampson, H., Weiss, J., & Brumer, S. (1982). The emergence of warded-off contents. *Psychoanalysis and Contemporary Thought*, *5*(1), 55–75.

Gervais, W. M., & Norenzayan, A. (2012). Analytic thinking promotes religious disbelief. *Science*, *336*(6080), 493–496. doi:10.1126/science.1215647

Grimley, D., Prochaska, J. O., Velicer, W. F., Blais, L. M., & DiClemente, C. C. (1994). The Transtheoretical Model of Change. In T.M. Brinthaupt & R. P. Lipka (Eds.), *Changing the self: Philosophies, techniques, and experiences* (pp. 201–228). Albany, NY: SUNY Press.

Gross, N., & Simmons, S. (2007). "The social and political views of American professors." Unpublished manuscript, Harvard University, Cambridge, MA.

Habermas, G. R. (1996). *The historical Jesus: Ancient evidence for the life of Christ*. Joplin, MO: College Press Publishing Company, Inc.

Habermas, G. R. (1997). *In defense of miracles: A comprehensive case for God's action in history*. Downers Grove, IL: InterVarsity Press.

Habermas, G. R., & Licona, M. R. (2004). *The case for the resurrection of Jesus*. Grand Rapids, MI: Kregel Publications.

Hallowell, B. (2012, May 15). A world without faith would be a world on the path to tragedy & disaster. *The Blaze*. Retrieved from http://www.theblaze.com/stories/tony-blair-a-world-without-faith-wouldbe-a-world-on-the-path-to-tragedy-disaster/

Hanson, R. (1998, September 15). The great filter: Are we almost past it? Retrieved from http://www.webcitation.org/5n7VYJBUd

Harris, A. (forthcoming). *I Wonder*.

Harris, S. (2004). *The end of faith: Religion, terror and the future of reason*. New York, NY: W.W. Norton & Company, Inc. 〈종교의 종말〉. 한언. 2005.

Harris, S. (2007, April 18). The empty wager [Web log message]. Retrieved from http://newsweek.washingtonpost.com/onfaith/panelists/sam_harris/2007/04/the_cost_of_betting_on_faith.html

Harris, S. (2007b). Aspen Ideas Festival. Retrieved from http://www.youtube.com/watch?v=H9_WbWLiWKg

Harrison, G. P. (2008). *50 reasons people give for believing in a god*. Amherst, NY: Prometheus Books. 〈사람들이 신을 믿는 50가지 이유들〉. 다산초당. 2008

Harrison, G. P. (2013). *50 simple questions for every christian*. Amherst, New York: Prometheus Books. 〈기독교를 믿는다는 것〉. 엑스오북스. 2014.

Haught, J. F. (2008). *God and the new atheism: A critical response to Dawkins, Harris, and Hitchens*. Louisville, KY: John Knox Press.

Henriques, D. B. (2006a, October 11). Religion-based tax breaks: Housing to paychecks to books. *The New York Times*. Retrieved from http://www.nytimes.com/2006/10/11/business/11religious.html?_r=2&oref=slogin&pagewanted=all

Henriques, D. B. (2006b, October 9). Where faith abides, employees have few rights. *New York Times*. Retrieved from http://www.nytimes.com/2006/10/09/business/09religious.html?pagewanted=all

Hitchens, C. (1995). *The missionary position: Mother Teresa in theory and practice*. London: Verso. 〈자비를 팔다〉. 모멘토. 2008.

Hitchens, C. (2007). *The portable atheist: Essential readings for the nonbeliever*. Philadelphia, PA: Da Capo.

Höfele, A., & Laqué, S. (Eds.). (2011). *Humankinds: The renaissance and its anthropologies*. Berlin/New York: Walter de Gruyter GmbH.

Hoge, D. R., Petrillo, G., & Smith, E. (1982). Transmission of religious and social values from parents to teenage children. *Journal of Marriage and the Family*, 44, 569-579.

Holt, J. (2012, August 2). The basic question: Why does the world exist? *The New York Times*. Retrieved from http://www.nytimes.com/2012/08/05/books/review/why-does-the-world-exist-by-jimholt.html?_r=1&emc=eta1

Horowitz, L. M., Sampson, H., Siegelman, E. Y., Weiss, J., & Goodfriend, S. (1978). Cohesive and dispersal behaviors: Two classes of concomitant change in psychotherapy. *Journal of Consulting and Clinical Psychology*, 46(3), 556-564.

Horvath, A. O., & Luborsky, L. (1993). *Journal of Consulting and Clinical Psychology, 61*(4), 561-573. doi:10.1037/0022-006X.61.4.561

Iannaccone, L .R. (1990). Religious practice: A human capital approach. *Journal for the Scientific Study of Religion, 29*, 297-314.

Jacobsen, K. A. (2011). *Yoga powers: Extraordinary capacities attained through meditation and concentration.* Leiden, Netherlands: Brill.

James, W. (1897). *The will to believe: And other essays in popular philosophy.* New York, NY: Longmans Green and Co.

Jaschik, S. (2012, October 24). Survey finds that professors, already liberal, have moved further to the left. *Inside Higher Ed.* Retrieved from http://www.insidehighered.com/news/2012/10/24/surveyfinds-professors-already-liberal-have-moved-further-left

Johnson, N. (2001). *Living with diabetes: Nicole Johnson, Miss America 1999.* Washington, DC: LifeLine Press.

Jones, J. M. (2011, July 8). In U.S., 3 in 10 say they take the Bible literally. *Gallup.* Retrieved from http://www.gallup.com/poll/148427/say-bible-literally.aspx

Kahneman, D. (2011). *Thinking, fast and slow.* New York, NY: Farrar, Straus and Giroux. 〈생각에 대한 생각〉. 김영사. 2012.

Keohane, J. (2010, July 11). How facts backfire: Researchers discover a surprising threat to democracy. *Boston Globe.* Retrieved from http://www.boston.com/bostonglobe/ideas/articles/2010/07/11/how_facts_backfire/

Kim, B. (1979). Religious deprogramming and subjective reality. *Sociological Analysis, 40*(3), 197-207.

Kinast, R. L. (1999). *Making faith-sense: Theological reflection in everyday life.* Collegeville, MN: The Liturgical Press.

Krauss, L. (2012). *A universe from nothing: Why there is something rather than nothing.* New York, NY: Free Press. 〈무로부터의 우주: 왜 무보다 유가 나은가〉. 승산. 2013.

Kübler-Ross, E., & Kessler, D. (2005). *On grief and grieving: Finding the meaning of grief through the five stages of loss.* New York, NY: Scribner.

Kurtz, H. (2005, March 29). College faculties a most liberal lot, study finds.*The washington post.* Retrieved from http://www.washingtonpost.com/wp-dyn/articles/A8427-2005Mar28.html

Lamb, C. M. (1981, March). Legal foundations of civil rights and pluralism in America. *The ANNALS of the American Academy of Political and Social Science, 454*(1), 13-25. doi:10.1177/000271628145400103

Law, S. (2011). *Believing bullshit: How not to get sucked into an intellectual black hole.* Amherst, NY: Prometheus Books. 〈왜 똑똑한 사람들이 헛소리를 믿게 될까〉. 와이즈베리. 2011.

Law, S. (2012). *Really, really big questions.* New York, NY: Kingfisher books.

Leiter, B. (2012). *Why tolerate religion?* Princeton, NJ: Princeton University Press.

Lindsay, J. A. (2012, December 8). Defining faith via Bayesian reasoning. *God Doesn't;*

We Do. Retrieved from http://goddoesnt.blogspot.com/2012/12/defining-faith-via-bayesian-reasoning.html

Livneh, H. (2009). Denial of chronic illness and disability part I. Theoretical, functional, and dynamic perspectives. *Rehabilitation Counseling Bulletin*, 225–236. doi:10.1177/0034355209333689

Loftus, J. W. (2008). *Why I Became an Atheist: Personal Reflections and Additional Arguments*. Victoria, BC: Trafford.

Loftus, J. W. (2010). *The Christian Delusion: Why Faith Fails*. Amherst, NY: Prometheus Books.

Loftus, J. W. (2012). Victor Reppert now says he doesn't have faith! Debunking Christianity. Retrieved from http://debunkingchristianity.blogspot.com/2012/10/victor-reppert-now-says-he-doesnt-have.html

Loftus, J. W. (2013). *The outsider test for faith: How to know which religion is true*. Amherst, NY: Prometheus Books.

Longsine, G., & Boghossian, P. (2012, September 27). Indignation Is Not Righteous. *Skeptical Inquirer*. Retrieved from http://www.csicop.org/specialarticles/show/indignation_is_not_righteous/

Luce, M. R., Callanan, M. A., & Smilovic, S. (2013). Links between parents' epistemological stance and children's evidence talk. *Developmental Psychology*, *49*(3), 454–461. doi:10.1037/a0031249

Lukianoff, G. (2012). *Unlearning liberty: Campus censorship and the end of American debate*. New York, NY: Encounter Books.

Maher, B. A. (2001). Delusions. In H. E. Adams & P. B. Sutker (Eds.), *Comprehensive handbook of psychopathology, third edition* (3rd ed., pp. 312). New York, NY: Springer Science.

Malik, M. (2010, September 14). Benghazi murders: revisit free speech. *SFGate*. Retrieved from http://www.sfgate.com/opinion/article/Benghazi-murders-Revisit-free-speech-3866748.php

McCormick, M. S. (2011). The defeasibility test. http://www.provingthenegative.com/2011/02/defeasibility-test.html

McCormick, M. S. (2012). *Atheism and the case against Christ*. Amherst, NY: Prometheus Books.

McCreight, J. (2012, August 19). Atheism+. *Freethought Blogs*. Retrieved from http://freethoughtblogs.com/blaghag/2012/08/atheism/

McElveen, F. C. (2009). *Faith of an atheist: Do you have enough faith to be an atheist?* (pp. 11). Riverside, CA: Big Mac Publishers.

McGowan, D. (2007). *Parenting beyond belief: On raising ethical, caring kids without religion*. New York: American Management Association.

McGowan, D. (2009). *Raising freethinkers: A practical guide for parenting beyond belief*. New York: AMACOM, American Management Association.

McLaren, B. D. (1999). *Finding faith: A search for what is real*. (pp. 3). Grand Rapids, MI: Zondervan.

McNamara, P. (2009). *The neuroscience of religious experience*. Cambridge, MA, MA: Cambridge University Press.

McNeill, F., Raynor, P., & Trotter, C. (Eds.). (2010). *Offender Supervision: New Directions in Theory, Research and Practice*. New York: Willan Publishing.

Mehta, H. (2012). *The young atheist's survival guide: Helping secular students thrive*. Engelwood, Colorado: Patheos Press.

Mele, A. R. (2009). Have I unmasked self-deception or am I selfdeceived? In C. Martin (Ed.). *The philosophy of deception*. New York, NY: Oxford University Press, Inc.

Meiland, J. W., & Krausz, M. (1982). *Relativism, cognitive and moral*. Notre Dame, IN: University of Notre Dame Press.

Migliore, D. L. (1991). *Faith seeking understanding: An introduction to Christian theology*. (2nd ed.). Grand Rapids, MI: Wm. B. Eerdmans Publishing Co.

Miller, W. R., Rollnick, S. (2002). *Motivational interviewing: Preparing people for change, vol. 2*. New York: Guilford. 〈동기강화 상담〉. 시그마프레스. 2016.

Miller, R. (2006). *Why Christian's don't vote for Democrats*. Maitland, FL: Xulon Press.

Moberg, D. O. (1962). *The church as a social institution: the sociology of American religion*. Englewood Cliffs, NJ: Prentice-Hall.

Muran, J. C., & Barber, J. (Eds.). (2010). *The therapeutic alliance: An evidence based guide to practice*. New York, NY: The Guilford Press.

Myers, S. M. (1996). An interactive model of religiosity inheritance: The importance of family context. *American Sociological Review, 61*, 858-866.

Newberg, A. (2006). The neurobiology of spiritual transformation. In J. Chioino, P. J. Hefner (Eds.). *Spiritual transformation and healing: Anthropological, theological, neuroscientific, and clinical perspectives*(pp. 189-205). Lanham, MD: AltaMira Press.

Norville, R., Sampson, H., & Weiss, J. (1996). Accurate interpretations and brief psychotherapy outcome. *Psychotherapy Research, 6*(1), 16-29.

Nussbaum, M. (1994). *The therapy of desire: Theory and practice in Hellenistic ethics*. Princeton, NJ: Princeton University Press.

Orenstein, A. (2002). Religion and paranormal belief. *Journal for the Scientific Study of Religion, 41*, 301-311.

Partlow, J., & Londono, E. (2011, April 1). Mob protesting Koran burning kills 7 at U.N. compound in Kabul. *The Washington Post*. Retrieved from http://www.washingtonpost.com/world/12-killedin-attack-on-un-compound-in-northern-afghanistan/2011/04/01/AFrb5iHC_story.html

Paulos, J. A. (2008). *Irreligion: A mathematician explains why the arguments for God just don't add up*. New York, NY: Hill and Wang.

Pigliucci, M. (2012, August 29). On A+, with a comment about Richard Carrier's intemperance. Rationally Speaking. Retrieved from http://rationallyspeaking.blogspot.

com/2012/08/on-with-commentabout-richard-carriers.html

Plantinga, A. (2000). *Warranted Christian belief*. New York, NY: Oxford University Press.

Pariser, E. (2012). *The filter bubble: What the Internet is hiding from you*. New York, NY: The Penguin Group.

Previc, F. H. (2006). The role of the extrapersonal brain systems in religious activity. *Consciousness and Cognition*, 15, 500-539.

Prochaska, J. O., Norcross, J. C., & DiClemente, C. C. (1994). *Changing for good: The revolutionary program that explains the six stages of change and teaches you how to free yourself from bad habits*. New York: W.Morrow.

Rawls, J. (2005). *A theory of justice*. Boston, MA: Belknap Press of Harvard University Press. 〈정의론〉. 이학사. 2003.

Ray, D. W. (2009). *The God virus: How religion infects our lives and culture*. Bonner Springs, KS: IPC Press. 〈신들의 생존법〉. 돋을새김. 2012.

Robbins, T., & Anthony, D. (1982). Deprogramming, brainwashing, and the medicalization of deviant religious groups. *Social Problems*, 29(3), 283-297.

Rothman, S. Lichter, S. R., & Nevitte, N. (2005). Politics and professional advancement among college faculty. *The Forum*, 3(1), 1-16.

Ryan, A. (2012). *The making of modern liberalism*. Princeton, NJ: Princeton University Press.

Sampson, H. (1994). Repeating pathological relationships to disconfirm pathogenic beliefs: Commentary on Steven Stern's "needed relationships." *Psychoanalytic Dialogues*, 4(3), 357-361.

Sausa, D. (2007). *The Jesus tomb: Is it fact or fiction? Scholars chime in*. Fort Meyers, FL: The Vision Press.

Schick, T., & Vaughn, L. (2008). *How to think about weird things: Critical thinking for a new age*. (5th ed.). New York, NY: McGraw-Hill Education.

Secular News Daily. (September 6, 2012). "I Wonder" by Annaka Harris teaches children it's OK to question and not know. Retrieved from http://www.secularnewsdaily.com/2012/09/i-wonder-by-annakaharris-teaches-children-its-ok-to-question-and-not-know/

Shermer, M. (1997). *Why people believe weird things: Pseudoscience, superstition, and other confusions of our time*. New York, NY: Henry Holt and Company, LLC. 〈왜 사람들은 이상한 것을 믿는가〉. 바다출판사. 2007.

Shermer, M. (2012). *The believing brain: From ghosts and gods to politics and conspiracies: How we construct beliefs and reinforce them as truths*. New York, NY: Henry Holt and Company, LLC. 〈믿음의 탄생〉. 지식갤러리. 2012.

Sieff, K. (2012, February 21). Afghans protest burning of Korans at U.S. base. *The Washington Post*. Retrieved from http://www.washingtonpost.com/world/asia_pacific/afghans-protest-improperdisposal-of-koran-at-us-base/2012/02/21/gIQAjhBqQR_story.html

Silberschatz, G., Curtis, J. T., Sampson, H., & Weiss, J. (1991). Mount Zion Hospital and Medical Center: Research on the process of change in psychotherapy. In L.E. Beutler & M. Crago (Eds.), *Psychotherapy research: An international review of programmatic studies* (pp. 56–64). Washington, DC: American Psychological Association.

Skonovd, L. N. (1981). *Apostasy: The Process of Defection from Religious Totalism*. Ph.D. thesis. University of California, Davis.

Smith, G. H. (1979). *Atheism: The case against God*. Amherst, NY: Prometheus Books.

Solomon, L. D. (2006). *From Athens to America: Virtues and the formulation of public policy*. Lanham, MD: Lexington Books.

Souter, A. (1917). *A pocket lexicon to the Greek New Testament*. Oxford: Clarendon Press.

Stefanelli, A. (2011). *A Voice Of Reason In An Unreasonable World: The Rise Of Atheism On Planet Earth*. Fairbanks, AK: UAF Publications.

Stefanelli, A. (2012a). *Free thoughts–A collection of essays by an American atheist*. Fairbanks, AK: UAF Publications.

Stefanelli, A. (2012b, October 31). When religious people attribute the acts of Hitler, Stalin and Pol Pot to atheism. *God Discussion*. Retrieved from http://www.Goddiscussion.com/103457/whenreligious-people-attribute-the-acts-of-hitler-stalin-and-pol-pot-to-atheism/

Stenger, V. J. (2007). *God: The failed hypothesis: How science shows that God does not exist*. Amherst, N.Y.: Prometheus Books.

Stenger, V. J. (2011). *The fallacy of fine-tuning: Why the universe is not designed for us*. Amherst, NY: Prometheus Books.

Stenger, V. J. (2013). *God and the atom*. Amherst, NY: Prometheus.

Stenger, V. J., & Barker, D. (2012). *God and the folly of faith: The incompatibility of science and religion*. Amherst, NY: Prometheus Books.

Stewart, K. (2012). *The Good News Club: The Christian Right's stealth assault on America's children*. New York, NY: PublicAffairs.

Strobel, L. (2004). *The case for a creator: A journalist investigates scientific evidence that points towards God*. Grand Rapids, MI: Zondervan.

Sunstein, C. R. (2009). *Going to extremes: How like minds unite and divide*. Oxford: Oxford University Press. 〈우리는 왜 극단에 끌리는가〉. 프리뷰. 2011.

Szimhart, J. (2009). Razor's Edge Indeed: A Deprogrammer's View of Harmful *Cult Activity. Cultic Studies Review, 8*(3), 231–265. Retrieved from the TESC Online Journal database.

Tassi, A. (1982). Modernity as the transformation of truth into meaning. *International Philosophical Quarterly, 22*(3), 185–193.

The Global Religious Landscape. (2012, December 18). Pew *Forum on Religion & Public Life*. Retrieved from http://www.pewforum.org/global-religious-landscape.aspx

Thrower, J. (2000). *Western atheism: A short history*. Amherst, NY: Prometheus Books.

Tillich, P. (1957). *Dynamics of faith*. New York, NY: Harper Collins Publishers, Inc.

Tobin, G. A., & Weinberg, A. K. (2006). Political beliefs & behavior of college faculty. Institute for Jewish & Community Research.

Torres, P. (2012). *A crisis of faith: Atheism, emerging technologies, and the future of humanity*. England: Dangerouslittlebooks.

Turner, S., & Ehlers, T. B. (2003). *Sugar's life in the hood: The story of a former welfare mother*. Austin, TX: University of Texas Press.

United States Department of State, Bureau of Democracy, Human Rights and Labor. (2011a). *July-December, 2010 international religious freedom report* (Excerpt). Retrieved from http://translations.state.gov/st/english/texttrans/2011/09/20110913111820su0.204366.html

United States Department of State, Bureau of Democracy, Human Rights and Labor. (2011b). *International religious freedom report for 2011*(192947.pdf). Retrieved from http://www.state.gov/documents/organization/192947.pdf

Vos, M. S., & de Haes, J. C. (2007). Denial in cancer patients, an explorative review. *Psychooncology, 16*(1), 12–25.

Wade, N. (2009). *The faith instinct: How religion evolved and why it endures*. New York, NY: The Penguin Press.

Warraq, I. (2003). *Leaving Islam: Apostates speak out*. Amherst, NY: Prometheus Books.

Warren, R. (2002). *What on Earth am I here for?* Grand Rapids, MI: Zondervan.

Weiss, J., & Sampson, H. (1986). *The psychoanalytic process: Theory, clinical observation, and empirical research*. New York: Guilford Press.

Williams, T. (2012, March 9). Koran-burning & sacrilege: Religion matters in diplomacy. *Capital Commentary*. Retrieved from http://www.capitalcommentary.org/afghanistan/koran-burning-sacrilegereligion-matters-diplomacy

Winell, M. (1993). *Leaving the fold*. Oakland, CA: New Harbinger Publications.

Wittgenstein, L. (2009). *Philosophical investigations*. (G.E.M. Anscombe, P.M.S. Hacker, J. Schulte, Trans.). (4th ed.). Malden, MA: Blackwell Publishing Ltd.

Wright, L. (2013). Going Clear: Scientology, Hollywood, and the prison of belief. New York: Alfred A. Knopf.

Zuckerman, P. (2009). Why are Danes and Swedes so irreligious? *Nordic Journal of Religion and Society, 22*(1).

찾아보기

ㄱ

가자니가, 마이클(Gazzaniga, Michael)　249
간디, 마하트마(Gandhi, Mahatma)　68
감포니아, 헤르미니오(Gamponia, Herminio)　167
거팅, 게리(Gutting, Gary)　32
게이츠, 빌(Gates, Bill, 84
굴드, 스티븐 제이(Gould, Stephen Jay)　252
그랜트, W. V(Grant, W. V.)　256
그륀바움, 아돌프(Grünbaum, Adolf)　151
그린, 브라이언(Greene, Brian)　151
그린, 토마스 힐(Green, Thomas Hill)　181, 191

ㄴ

니체, 프리드리히(Nietzsche, Friedrich)　41, 219, 263, 278

ㄷ

다니엘스, 케니스(Daniels, Kenneth W.)　44
다윈, 찰스(Darwin, Charles)　269
달라이 라마(Dalai Lama)　32, 228
데닛, 대니엘(Dennett, Daniel)　19, 22, 83, 93, 102, 191, 212, 296
데이시, 오스틴(Dacey, Austin)　209, 273
데카르트, 르네(Descartes, René)　75
도우밋, 피터(Doumit, Peter)　161
도지어, 버너(Dozier, Verna)　153
도킨스, 리처드(Dawkins, Richard)　14, 19, 28, 29, 49, 81, 155, 159, 163, 219, 245, 252, 267, 296
드수자, 디네시(D'Souza, Dinesh)　251
드윗, 제리(DeWitt, Jerry)　44

ㄹ

라울린, 토마스(Laughlin, Thomas)　256
라일, 길버트(Ryle, Gilbert)　275
랜디, 제임스(Randi, James)　34, 256
러셀, 버틀란트(Russell, Bertrand)　266
레녹스, 존(Lennox, John)　163
레니, 귀도(Reni, Guido)　247

레이, 대럴(Ray, Darrel)　211, 222, 226
렘브란트(Rembrandt)　246
로, 스티븐(Law, Stephen)　64
로덴하우저, 벤(Rodenhäuser, Ben)　249
로렌쟈얀, 아라(Norenzayan, Ara)　45
로버츠, 스티븐(Roberts, Stephen F.)　28
로크, 존(Locke, John)　180, 191, 246
로프터스, 존(Loftus, John W.)　24, 36, 44, 46, 52, 148, 268
롤즈, 존(Rawls, John)　248
롱사인, 게리(Longsine, Gary)　274
루터, 마틴(Luther, Martin)　222, 269, 296
린, 윌리엄(Lynn, William)　101
린제이, 제임스(Lindsay, James A.)　242

ㅁ

마르티네즈-가르두노, 안토니(Martinez-Garduno, Anthony)　256
메이허, 빌(Maher, Bill)　257
마호메트(Muhammad)　33, 86, 187, 231, 247, 268, 302
맑스, 칼(Marx, Karl)　298
매코믹, 맷(McCormick, Matt)　102, 257
맥베인, 테레사(MacBain, Theresa)　44
맥엘빈, 플로이드(McElveen, Floyd)　161
머피, 로렌스(Murphy, Lawrence C.)　256
무솔리니, 베니토(Mussolini, Benito)　170
무에하우저, 레이안 제이(Muehlhauser, Ryan Jay)　256
밀, 존 스튜어트(Mill, John Stuart)　40

ㅂ

바그너, 리하르트(Wagner, Richard)　269
바우셀, 바커(Bausell, R. Barker)　59
바커, 댄(Barker, Dan)　44
바틀렛, 톰(Bartlett, Tom)　269
발탁크, 알렉산드루(Baltag, Alexandru)　249
밴두라, 앨버트(Bandura, Albert)　56
버클리, 조오지(Berkeley, George)　246
베이컨, 프란시스(Bacon, Francis)　273
보고시안, 폴(Boghossian, Paul)　209
보고시안, 피터(Boghossian, Peter)　14, 37, 38, 63, 105, 134, 209, 226
보르만, 마틴(Bormann, Martin)　270
보스트롬, 닉(Bostrom, Nick)　260-261
보이어, 파스칼(Boyer, Pascal)　44-45, 249

브라운, 에바(Braun, Eva)　270
브루터스, 스티븐(Brutus, Steven)　38, 238
브링크만, 바바(Brinkman, Baba)　233
블랙포드, 러셀(Blackford, Russell)　275
블레어, 토니(Blair, Tony)　169
블록, 알란(Bullock, Alan)　271
비숍, 빌(Bishop, Bill)　48
비트겐슈타인, 루드비히(Wittgenstein, Ludwig)　41, 277, 298

ㅅ

사볼드, 조반니 지로라모(Savoldo, Giovanni Girolamo)　246
사우사, 돈(Sausa, Don)　155
세이건, 칼(Sagan, Carl)　43, 108
셔머, 마이클(Shermer, Michael)　36, 216, 250, 251, 299
소크라테스(Socrates)　17, 39, 41, 54, 55, 67, 70, 106, 108, 239, 241, 258, 263, 302
손턴, 맷(Thornton, Matt)　69, 180, 192, 218
솔로몬, 루이스(Solomon, Lewis)　167
슐츠, 찰스(Schulz, Charles M.)　157
스메츠, 소냐(Smets, Sonja)　249
스미스, 조지프(Smith, Joseph)　33
스와가트, 지미(Swaggart, Jimmy)　256
스위프트, 조너선(Swift, Jonathan)　43
스짐하르트, 조셉(Szimhart, Joseph)　65-66
스코노브드, 노먼(Skonovd, L. Norman)　66
스탈린, 요세프(Stalin, Joseph)　170
스텐져, 빅터(Stenger, Victor)　36, 178, 245, 266
싱글레톤, 샘(Singleton, Sam)　44

ㅇ

아리스토텔레스(Aristotle)　39
아발로스, 헥터(Avalos, Hector)　44
아우구스티누스(Augustine, Saint)　23, 299
아퀴나스, 토마스(Aquinas, Thomas)　29, 245
안셀름(Anselm)　29, 154, 245
알리, 하나 야스민(Ali, Hana Yasmeen)　165
알트마이어, 밥(Altemeyer, Bob)　42
야스퍼스, 칼(Jaspers, Karl)　297
에이지, 제임스(Agee, James)　139
엘러스, 트레이시 바흐라흐(Ehlers, Tracy Bachrach)　165
오렌스테인, 알란(Orenstein, Alan)　250

오스틴(Austin, J. L.)　159
와라크, 이븐(Warraq, Ibn)　276
요한 바오로 2세(John Paul II)　42

ㅈ

자끄 데리다(Derrida, Jacques)　74
자하리스, 라비(Zacharias, Ravi)　251
제바이스, 윌(Gervais, Will)　45
제임스, 윌리엄(James, William)　254
젠슨, 피터(Jensen, Peter)　170
존슨, 니콜(Johnson, Nicole)　165
주커먼, 필(Zuckerman, Phil)　170, 178

ㅊ

초프라, 디팩(Chopra, Deepak)　23, 296

ㅋ

카너먼, 대니얼(Kahneman, Daniel)　252
카라밧지오, 미켈란젤로 메리시(Caravaggio, Michelangelo Merisi)　246
카레이폰(Chaerophon)　39, 302
카제즈, 쟌(Kazez, Jean)　231, 275
카푸아노, 마이클(Capuano, Michael)　298
칸트, 임마누엘(Kant, Immanuel)　121
칼빈, 존(Calvin, John)　156
캐리어, 리처드(Carrier, Richard)　243
커르쇼우, 이안(Kershaw, Ian)　271
커즈와일, 레이(Kurzweil, Ray)　260
커헤인, 조(Keohane, Joe)　71
컴포트, 레이(Comfort, Ray)　151
퀴블러로스, 엘리자베스(Kübler-Ross, Elisabeth)　263
크라우스, 로렌스(Krauss, Lawrence)　86, 266
크레이그, 윌리엄 레인(Craig, William Lane)　45, 46, 64, 86, 214
크루클랜스키, 아리(Kruglanski, Arie)　250
크리스티나, 그레타(Christina, Greta)　68
클리포드, 윌리엄 킹돈(Clifford, William Kingdon)　254
키르케고르, 쇠렌(Kierkegaard, Soren)　248

ㅌ

터너, 슈가(Turner, Sugar)　165
테틀리안(Tertullian)　45

틸먼, 팻(Tillman, Pat)　84

ㅍ

파르메니데스(Parmenides)　241
파스칼(Pascal)　255
파울로스, 존 알렌(Paulos, John Allen)　265
펠프스, 네이트(Phelps, Nate)　44
포에르스트, 안느(Foerst, Anne)　161
포포프, 피터(Popoff, Peter)　256
폴 포트(Pol Pot)　170, 171
푸앵카레, 앙리(Poincaré, Henri)　172
프라이스, 로버트(Price, Robert)　44
프랑크푸르트, 해리(Frankfurt, Harry)　276
프랭클, 빅터(Frankl, Viktor)　269
프레이저, 엘리(Pariser, Eli)　48
플라톤(Plato)　17, 39, 54, 134, 254, 301, 302
플란팅가, 앨빈(Plantinga, Alvin)　156, 219
플루, 앤소니(Flew, Anthony)　256
피글리우치, 마시모(Pigliucci, Massimo)　43, 244
피쉬, 스탠리(Fish, Stanley)　155

ㅎ

하버마스, 게리(Habermas, Gary)　73
하이드리히, 라이하르트(Heydrich, Reinhard)　271
하이트, 조너선(Haidt, Jonathan)　249
해리스, 샘(Harris, Sam)　19, 36, 150, 200, 216, 243, 255, 296
해리스, 아나카(Harris, Annaka)　139
해리슨, 가이(Harrison, Guy P.)　265
해저드, 테드(Haggard, Ted)　256
헌터, 제임스(Hunter, James)　256
헤겔, 프리드리히(Hegel, Friedrich)　269
호트, 존(Haught, John)　160
혼버클, 테리(Hornbuckle, Terry)　256
홀만, 조(Holman, Joe)　44
훈스베르거, 부루스(Hunsberger, Bruce)　42
흄, 데이비드(Hume, David)　42, 246
히친스, 크리스토퍼(Hitchens, Christopher)　19, 49, 178, 191, 296
히틀러, 아돌프(Hitler, Adolf)　269-271
힌, 버니(Hinn, Benny)　256
힘러, 하인리히(Himmler, Heinrich)　271